あそび／労働／余暇の社会学

言語ゲーム・連字符カテゴリー・
知識社会学を介した行為論

ましこ・ひでのり
Mashiko
Hidenori

三元社

あそび／労働／余暇の社会学
言語ゲーム・連字符カテゴリー・知識社会学を介した行為論

目次

凡例≒構成と注意　9

はじめに　11

Ⅰ部　理念型を介した労働概念の再検討　15

1　はじめに：理念型としての「連字符（ハイフン）労働」の提起　16

2　連字符労働１＝対生命労働（ヒトをふくめた動植物へのはたらきかけ）　21

2-0　対生命労働：ヒトをふくめた動植物へのはたらきかけの本質　21

2-1　対生命労働１：「感情労働」　21

2-2　対生命労働２：「教育／支配労働」　24

2-3　対生命労働３：「ケア労働」　26

2-4　対生命労働４：「救助／救出労働」　32

2-5　対生命労働５：「捕獲／収穫労働」　33

2-6　対生命労働６：「犯罪労働」　33

2-7　対生命労働７：「パフォーマンス労働」　36

2-8　対生命労働８：「政治労働」　39

2-9　対生命労働９：「提供労働」　41

2-10　対生命労働10：「サービス労働」　42

2-11　対生命労働11：「求人／派遣労働」　43

2-12　対生命労働12：「性労働」　44

2-13　対生命労働13：「殺傷／暴行労働」　46

2-14　対生命労働14：「コミュニケーション労働」　48

3 連字符労働2＝対物労働（非生命へのはたらきかけ） 49

　3-0　対物労働：非生命へのはたらきかけの本質　49

　3-1　対物労働1：「加工労働」　49

　3-2　対物労働2：「メンテ（ナンス）労働」　52

　3-3　対物労働3：「発見／発掘－採掘／回収労働」　52

　3-4　対物労働4：「処理労働」　53

　3-5　対物労働5：「文書労働」　54

　3-6　対物労働6：「売買労働」　55

　3-7　対物労働7：「学習労働」　56

　3-8　対物労働8：「完成労働」　57

4 連字符労働3＝対時空労働（時間ないし空間での種々の行為・待機） 58

　4-0　対時空労働：時間ないし空間での種々の行為・待機の本質　58

　4-1　対時空労働1：「待機労働」　59

　4-2　対時空労働2：「監視労働」　60

　4-3　対時空労働3：「制圧／排除／隔離／駆除労働」　61

　4-4　対時空労働4：「抵抗／確保労働」　65

　4-5　対時空労働5：「整理／整頓／清掃労働」　65

　4-6　対時空労働6：「移動／輸送労働」　67

　4-7　対時空労働7：「受忍労働」　68

　4-8　対時空労働8：「破壊労働」　71

　4-9　対時空労働9：「ハイリスク労働」　72

　4-10　対時空労働10：「経営労働」　74

　4-11　対時空労働11：「ゲーム労働」　75

　4-12　対時空労働12：「推理労働」　70

　4-13　対時空労働13：「シミュレーション労働」　76

　4-14　対時空労働14：「調査労働」　77

5 理念型としての連字符労働概念の射程：いわゆるサービス業の解析をとおして　78

　5-1　教員の職務の解析　78

　5-2　主婦・主夫の職務の解析　84

　5-3　アニメーターの職務の解析　87

Ⅱ部　理念型を介したゲーム概念の再検討　91

6 理念型「連字符ゲーム」の提起による「ゲーム理論2」の提起　92

　【コラム：「ゲーム理論」をめぐって】　95

7 連字符ゲーム1：対生命ゲーム（動植物あいてのあそび）　97

　7-0　対生命ゲーム：ヒトをふくめた動植物あいての、たのしみかたの本質　97

　7-1　対生命ゲーム1：「感情ゲーム」　97

　7-2　対生命ゲーム2：「教育／支配ゲーム」　99

　7-3　対生命ゲーム3：「ケアゲーム」　100

　7-4　対生命ゲーム4：「救助／救出ゲーム」　102

　7-5　対生命ゲーム5：「捕獲／収穫ゲーム」　102

　7-6　対生命ゲーム6：「犯罪ゲーム」　103

　7-7　対生命ゲーム7：「パフォーマンスゲーム」　104

　7-8　対生命ゲーム8：「政治ゲーム」　107

　7-9　対生命ゲーム9：「提供ゲーム」　108

　7-10　対生命ゲーム10：「サービスゲーム」　109

　7-11　対生命ゲーム11：「求人／派遣ゲーム」　110

　7-12　対生命ゲーム12：「性ゲーム」　110

　7-13　対生命ゲーム13：「殺傷／暴行ゲーム」　112

　7-14　対生命ゲーム14：「コミュニケーションゲーム」　116

8 連字符ゲーム2：対物ゲーム（非生命へのはたらきかけ）　118

　　8-0　対物ゲーム：非生命へのはたらきかけの本質　118

　　8-1　対物ゲーム1：「加工ゲーム」　118

　　8-2　対物ゲーム2：「メンテ（ナンス）ゲーム」　120

　　8-3　対物ゲーム3：「発見／発掘−採掘／回収ゲーム」　120

　　8-4　対物ゲーム4：「処理ゲーム」　121

　　8-5　対物ゲーム5：「文書ゲーム」　122

　　8-6　対物ゲーム6：「売買ゲーム」　123

　　8-7　対物ゲーム7：「学習ゲーム」　124

　　8-8　対物ゲーム8：「完成ゲーム」　125

9 連字符ゲーム3：対時空ゲーム（時間ないし空間での種々の行為・待機）　126

　　9-0　対時空ゲーム：時間ないし空間での種々の行為・待機の本質　126

　　9-1　対時空ゲーム1：「待機ゲーム」　126

　　9-2　対時空ゲーム2：「監視ゲーム」　127

　　9-3　対時空ゲーム3：「制圧／排除／隔離／駆除ゲーム」　128

　　9-4　対時空ゲーム4：「抵抗／確保ゲーム」　131

　　9-5　対時空ゲーム5：「整理／整頓／清掃ゲーム」　132

　　9-6　対時空ゲーム6：「移動／輸送ゲーム」　133

　　9-7　対時空ゲーム7：「受忍ゲーム」　135

　　9-8　対時空ゲーム8：「破壊ゲーム」　135

　　9-9　対時空ゲーム9：「ハイリスクゲーム」　136

　　9-10　対時空ゲーム10：「経営ゲーム」　137

　　9-11　対時空ゲーム11：「推理ゲーム」　138

　　9-12　対時空ゲーム12：「シミュレーションゲーム」　139

　　9-13　対時空ゲーム13：「調査ゲーム」　141

　　9-14　対時空ゲーム14：「勝利追求ゲーム」　141

10 理念型としての連字符ゲーム概念の射程：いわゆる団体球技ほか
　　の解析をとおして　**145**

　　10-1　サッカーなどフットボールの諸相　**145**

　　10-2　ほかのメジャー球技もふくめた共通点　**149**

　　10-3　競技スポーツの本質を理解するうえでの連字符ゲーム解析と、その含意　**158**

　　10-4　【補論】連字符ゲーム解析からみた AI 主導社会の含意　**161**

Ⅲ部　「連字符労働」／「連字符ゲーム」からみた「労働／あそび／
　　　やすみ」　**165**

　　11　「連字符労働／ゲーム」概念の解析を介した労働／遊戯概念　**166**

　　　　11-1　「連字符労働」／「連字符ゲーム」概念による解析の射程　**166**

　　　　11-2　「連字符労働／連字符ゲーム」概念をとおしてみた、「余暇」「遊戯」　**169**

　　　　11-3　「中範囲の理論」としての「連字符労働の社会学」と「労働の未来」　**181**

　　12　「はたらく／あそぶ」解析からとらえかえす「いきる」　**198**

おわりに　**215**

参考文献　**225**

索　引　**234**

凡例≒構成と注意

1. 表記上のユレを最小限にするため、基本的には、訓よみをさけている。
   「わかちがき」を断念したので、よみづらくないよう一部漢字変換してある。
2. 引用箇所は前後1行あけたかたちで別個の段落がつくられるか、該当箇所だけ「　」
   でくくられ、そのあとには、たとえば（水谷 2013：60-69）（阿部 2010：67）（佐
   藤／今林 2012：277）といった略記で参考文献の書誌情報がしめされる。
   これら参考文献は、それぞれ家族名を第一位とした優先させた50音順配列でリス
   ト化＝対応してあるので、巻末（pp.225-233）を参照されたい。
   　なお、略記の意味は、
   （水谷 2013：60-69）→水谷英夫著『感情労働とは何か』2013年信山社刊の60ペー
   ジから69ページが該当箇所。
   （阿部 2010：67）→阿部浩之の論文「感情労働論：理論とその可能性」が経済理
   論学会編・発行の『季刊経済理論』47巻2号（2010年）に掲載されており、該
   当箇所は67ページ。
   （佐藤／今林 2012：277）→佐藤麻衣／今林宏典の共著論文「感情労働の本質に
   関する試論―A. R. Hochschild の所論を中心として―」が、『川崎医療福祉学会誌』
   21巻2号（2012年刊行）に掲載されており、該当箇所は277ページ。
   などと理解いただきたい。
   　家族名と発行年が一致しているばあいは、個人名ないし共著者の家族名を併記し、
   同一著者が同一年に複数文献を発表しているばあいは、（森村 1983ab）などと発行
   年に abc……を付加していく。
3. 引用箇所で（ママ）とあったら、原文がそうかかれているけど、誤記だとおもう、
   という意味である。また、引用箇所中の省略部分は〔……〕とした。
4. 〔△▼△▼＝引用者注〕とあったら、原文の誤記／不足を訂正／補足したというこ
   とを意味する。
5. 人名は敬称略。

はじめに

　「あそぶ」ことについては、歴史家・社会学者たちが、たとえば『ホモ・ルーデンス』(ヨハン・ホイジンガ 初出1938年＝以下同様)、『遊びと人間』(ロジェ・カイヨワ 1958年) といった古典をのこしている。関連するものとして日本語訳の表題が『楽しみの社会学』(チクセントミハイ) とされた心理学書 (1975年) もあげておくべきだろう。いや、ジンメルなどは、社交自体が社会的遊戯であり、それにより実際に「社会」は「遊戯」となるとした (『社会学の根本問題』1917年)。そもそも社会学は、役割論 (ドラマツルギー) のように、社会を「舞台」になぞらえるモデルを展開してきたのであった。「シナリオ」にそった演技的要素 (虚構性) をかかえているという世界観である。

　これらをうけて、日本でも井上俊『遊びの社会学』(1977年)、同編『仕事と遊びの社会学』(1995年) などの社会学的論集がすでに「古典」化している。

　一方、「はたらく」ことについては、そもそも「労働社会学」という学問領域が膨大な蓄積をつみかさねてきたことは、日本労働社会学会という組織とその機関誌である『労働社会学研究』ひとつとっても、あきらかだろう。たとえば、国立国会図書館の収蔵文書を「労働社会学」と検索すれば480件もの結果をえることができる。

　さらに「いきる」にいたっては、ネット検索をかけることがためらわれるような概念といえるだろう。ちなみに「時間軸」という限定をかけて、たとえば「人生　社会学」と検索をかければ、『人生の社会学』(安藤喜久雄) とか『人生時間割の社会学』(今津孝次郎) といった、著名な社会学者によるライフステージ論にいきつく。しかし、正面から表題にうたった社会学書といえば、『〈生〉の社会学』

（藤村正之）だろう。

　本書は、これら既存の議論に屋上屋をつくろうというものではない。「労働」とか「ゲーム」といった概念にまったく別種の視座を導入し、哲学的解析、人間存在の再検討をこころみようというのである。

　たとえば、「労働」について「からだを使って働くこと［大辞泉］」「（経済学）人間が自然に働きかけて、生活手段や生産手段などをつくり出す活動のこと［広辞苑 第5版］」といった辞書的定義をくだすのは、ほとんど無意味にみえる。さらに、ふみこんだ記述をしているつもりらしい「人間は古今東西、太古から現代にいたるまで、どの地域でも、何らかの生産活動により生きてきた。そうした生産活動を「労働」と解釈するようになったのは、近代以降である［哲学思想事典（岩波書店）］」（いずれも、ウィキペディア「労働」から再引）といった百科事典的定義となると、滑稽でさえある。本書では、そういったナンセンスな水準で思考停止するのではなく、「現代人は、一体なにをやっているのか」という本質的なといなおしをこころみる。

　具体的には、「感情労働」とか「ケア労働」など、「労働」現象に限定形容詞がついた下位概念（「連字符（hyphen）労働」概念）を軸に「しなければならない」作業の諸相・本質を解析していこう。

　「ゲーム」というのは、ここでは「ゲームアプリ」だとか「スマホゲーム」といった意味ではない。「しなければならない」わけではないけど、たのしいとか、ヒマつぶしであるとか、いきがいだとかとして、くりかえすこと。さらには、ふざけることをふくめた、英語の"game""play"をあわせた、ドイツ語の"Spiel"あたりをイメージしている。ここでも、「労働」現象の解析と同様に、「連字符ゲーム」という下位概念を軸に解析していく。

　この両方の軸によって「労働／ゲーム」概念が体系的に対象化さ

12

れていくと、ほとんどスポットがあたらなかった現実・構造が浮上してくるだろう。そして、「労働＝まじめな時間」「ゲーム＝あそんでいる時間」といった単純な二項対立ではないことが一層明白になっていく。その結果、ぼうっとしたり、ねたり、たべたりすること以外の「活動」時間の大半の構造が意外なかたちで立体化してみえることだろう。

「いきる」こと全体のなかで、睡眠・食事・入浴など「生理的時間」（1次活動）はもちろん、非活動的なユトリ部分は不可欠な要素である。ただ、成人のおおくが「はたらく」か「あそぶ」かの時間帯で24時間のうち相当部分をさいていることは確実だろう。たとえば「ヒマつぶしに、スマホをいじる」とか「電車まち・乗車中、スマホゲームであそぶ」とか「テレビでバラエティー番組をみる」といったぐあいにである。「ぼうっとすごす」ことがすきな層はすくなくないが、いつのまにか「妄想の世界にあそぶ」とか「スマホで検索をはじめる」とかしてしまう層も相当いそうだ。われわれ現代人のおおくは（すくなくとも経済先進地域の大都市圏住民の成人層にかぎれば）、ただゆったりと時間をすごすかたちで「いきる」ことに不得手になっている。要するに、生活必要時間以外では、「はたらく」か「あそぶ」かを自然と選択してしまう「たち」がみについてしまっているとおもわれる。

かくして「生存」とか「人生」といった概念の下位単位を解析することはしないが、「連字符労働」概念と、「連字符ゲーム」概念を並行・交差させることで「いきる」ことの現実を立体的にうきぼりにしていきたい。

日本政界の闇のなかにしずんでいった新井将敬の20年目の命日に

（2018年2月19日）

14

Ⅰ部
理念型を介した労働概念の再検討

Ⅰ部のあらまし

社会学者たちは「政治労働」「感情労働」「ケア労働」など、労働概念を限定した社会学的モデルを提起しつづけてきた。しかし、それは、一部の方向でしか開拓がすすまず、限定形容詞つきの労働モデルの可能性が充分いかされてこなかった。今回、「□□労働」というかたちでの「連字符（ハイフン）労働」という理念型を提起することにした。さらには、それをより体系的・網羅的な理念型群として提示するために、「連字符労働」の下位概念として、「対生命労働」「対物労働」「対時空労働」という3方向のカテゴリーを設定した。たとえば、「対生命労働」カテゴリーの具体的概念として、「感情労働」「教育／支配労働」「ケア労働」などがあげられ、「対物労働」の具体的概念として、「加工労働」「メンテ（ナンス）労働」「文書労働」があげられる、といったぐあいである。

　これら「連字符労働」概念は、具体的労働を分類するための装置ではない。分類概念ではなくて、理念型として労働実態の本質を抽出し、具体的労働がどういった本質を複数かかえているのか、という観点から、各種労働の立体化＝具体的可視化をはかろうというものである。これは、「家族的類似」モデル（ヴィトゲンシュタイン）にそった「言語ゲーム」に着想をえている。

　3種の下位カテゴリーに属する理念型によって労働実態を解析したのち、その応用例として「教員の職務」「主婦・主夫の職務」「アニメーターの職務」を具体的に解析してみた。

1
はじめに：理念型としての「連字符（ハイフン）労働」の提起

　アメリカの社会学者ランドル・コリンズ (1941–)[1]は、理念型として「生産労働」と対比して「政治労働」というカテゴリーを提起した (コリンズ 1984)。たしかに、重厚長大の重工業のような世界でさえも、生産過程全体は明確な物的生産ばかりとはいえない。

　そもそも、工業界全体には企画・管理などさまざまなホワイトカラー労働が関与する。それら無数の労働過程なしには、巨大機械システムや多数の労働者の物理的労作業全体が制御されないし、工場・工事現場・ドック（船舶製造修理設備）などでさえも、現場監督による直接生産とは別次元の指揮など知的プロセスが介在するといえる。まして、プログラミングやバイテク・ナノテクなど、物体の加工そのものよりも情報処理による生産が主の領域が急増・肥大している現代社会において、単に「生産労働」という概念を工業・農業等に限定するのは、それこそ生産的ではない。

　その意味で、「生産労働／政治労働」という対比は、過去の「肉体労働／頭脳労働（知的労働）」などの二項対立よりも、ずっと鮮明に労働現象の本質を解析することが可能になったといえよう。もちろん、伝統的な社会学ないし労働経済学のばあい、職業が「マニュアル／ノンマニュアル」と大別され（象徴的には男性労働者の、

---

[1] 「現実には生産労働のみならず、いわば政治労働というものもまた存在する。この後者は、主として組織経営（organizational politics）を巧みに操作することにおける努力を意味する。生産労働は富の物質的生産に責任をもつが、政治労働は富を占有する条件を整える。」（コリンズ 1984: 68）

仕事着が職種を象徴するものとかんがえた「ブルーカラー／ホワイトカラー」）、職業威信スコアや社会的・教育的トラッキングなどといったモデル化によって計量社会学的に解析されてきた（寿里 1993: 187-199）。しかし、こういった企業等での職業ヒエラルキーによるカテゴリーは、職務上の権限や生活機会の格差などを解析するために不可欠である一方、具体的職務内容の本質はなにか、については、あまり分析能力をもたない印象がぬぐえない。

　たとえば、寿里茂は、「マニュアル／ノンマニュアル」という二項対立図式では、それぞれの構成部分が多種・多様性をかかえてしまうことを指摘している。「ノンマニュアル」の下層部分と「マニュアル」の上層部分とのあいだに威信上の中間的な「推移部分」が実在すること、職業内容についても、知的判断能力の動員の程度によって「推移地帯」が拡大していることに注意を喚起している（同上: 192-193）[2]。実際、プログラミングなど現代的生産以外においても、そもそも頭脳をつかわぬ機械的肉体労働などないし、たとえば全身性マヒ状態にある ALS 患者（ホーキング博士 etc.）の例をみればわかるように、当事者の認識を自動的に言語化・視覚化できるようなシステムがない以上、音声化装置を機能させるための最小限の意思表示（物理的メッセージ）を行使せざるをえないからだ。

　もちろん、「肉体労働／頭脳労働」をふくめ、既存の二項対立式の理念型を再活用する意味は、ないではない。しかし、あまり生産的ではなかろう。すくなくとも「マニュアル／ノンマニュアル」は、理念型としかつかえない。しかも、理念型としてもちだすとしても、知的／非知的、非肉体的／肉体的という、心身二項がないまぜに

2　これは、可視光線が寒色系／暖色系に分化するが、中間地帯としてミドリを中心にグラデーション＝連続体をなしている現実、中間地帯では二項対立のいずれに分類すべきか明確な基準がないことと同形だろう。

なった二項対立自体内部矛盾をかかえていて（論理的には四項に分類されるはず）、充分に解析的とはいえない。たとえば、サッカーで攻守のきりかえ（たとえばカウンター攻撃）の主軸をになうミッドフィルダーが「司令塔」として全軍をひきいているとき、キャプテンは知的かつ肉体的な労働を常時くりかえしているのに、実態をまったく位置づけられない。「球団幹部は知的労働をこなしている」「最前衛の選手は肉体労働をくりかえしている」等の機械的分類＝非生産的な解析しかできず、各ポジションの本質をふかめることが全然できない。なぜこのような機能不全をきたしたかといえば、「マニュアル／ノンマニュアル」という２分類が、歴史的経緯のもとにうまれた社会的身分にラベリングしただけの現状追認イメージであり、労働を本質的に解析・省察する概念ではなかったからだ。

　また、労働（はたらくこと）は、しばしば職業と同一視されてきたが、金銭ほかさまざまな生活資源をえるための生業と「はたらくこと」が同一でないことは、いうまでもない[3]。たとえば、専業主婦が日常的にこなす家事・育児ほかの業務は、家計のなかで主婦自身の生活費用がまかなわれようと、賃金という対価がない「シャドウ・ワーク」(イバン・イリイチ)＝不ばらい労働（unpaid work）であることは、あきらかだからだ。それは、当局が把握していない実体経済としての「地下経済」といった次元でなく、そもそも計算さ

3　ちなみに、拘束性／主体性の有無などによって、労働（labour）と、しごと（work）とは別種の行為類型とされるといった議論もあるが（梅澤 2001: 12）、本書では行為者の苦痛の有無大小については例外的な事例（後述の「受忍労働」）以外、考慮しない。また抽象度のたかい議論を展開していくこともあり、労働／「しごと」を質的にことなった２種の理念型とする必要性をみとめない。以上の２点から、「労働」を「睡眠・余暇以外の時間のうち、さまざまな理由でしなければならない作業および待機・受忍の総体」といった形式的定義のもとで、とりあつかっていく。

れることが想定されずにきた膨大な不ばらい労働＝シャドウ・ワークの存在をうかがわせる。

　さて、労働現象は、以上のように（哲学的にはともかくとして）すくなくとも社会学的・経済学的には、さまざま理念型により、これまで積極的にふみこまれなかった側面からの解析が可能だとおもわれる。以下、「連字符（ハイフン）労働」とよぶ「労働」概念の下位カテゴリーを提起する。さまざまな「しなければならない」行為群の立体化＝可視化作業だ。

　ここでは、とりあえず「対生命」「対物（非生命）」「対時空」という3方向の視座を提起したい。たとえば、つぎのような連字符労働が概念群として浮上してくるのではないか。

　　　対生命労働：「感情労働」「教育／支配労働」「ケア労働」「救助／救出労働」「捕獲／収穫労働」「犯罪労働」「パフォーマンス労働」「政治労働」「提供労働」「サービス労働」「求人／派遣労働」「性労働」「殺傷／暴行労働」「コミュニケーション労働」

　　　対物労働：「加工労働」「メンテ（ナンス）労働」「発見／発掘−採掘／回収労働」「処理労働」「文書労働」「売買労働」「学習労働」「完成労働」

　　　対時空労働：「待機労働」「監視労働」「制圧／排除／隔離／駆除労働」「抵抗／確保労働」「整理／整頓／清掃労働」「移動／輸送労働」「受忍労働」「破壊労働」「ハイリスク労働」「経営労働」「ゲーム労働」「推理労働」「シミュレーション労働」「調査労働」

以上は、「理念型」であるから、具体的労働の分類ではなく、本質的要素、本質的機能、本質的性格といったものを、なるべく

網羅的かつ体系的にひろおうという試案にすぎない。それぞれ近接する概念は、ヴィトゲンシュタインによる「家族的類似」（Familienähnlichkeit）モデルにそって相互にグラデーションをなす一群である。当然たがいに「言語ゲーム」（Sprachspiel）を形成する概念群として理解するのが妥当だし、ある具体的労働類型は、普通複数の連字符労働の性格をあわせもつことになろう。いや、むしろ、一種類の連字符労働しかかかえもっていない職務は例外的少数だとおもわれる。それは、労働が隣接する領域とグラデーションをもっているからというより、労働が本質的に複数領域の本質をかかえる宿命をおびているとかんがえるのが自然だからだ。逆にいえば、単一の連字符労働しかあてがえない具体的労働があるとすれば、その具体例を列挙していくこと、それら例外的存在が、どういった本質をかかえているかの究明こそ、課題となるであろう[4]。

---

[4] たとえば旧来の職人の世界として「靴職人」などを想起したとき、かれらの労働をすべて後述する「加工労働」といった本質だけに還元できるかである。企画・デザインなどは「加工労働」を本質とするといった解釈でいいとしても、たとえば注文をうけ利用者の採寸をおこない、デザイン・材質・色調、しはらい・納期などを購入者と相談する過程の本質を「加工労働」だけに還元することは乱暴すぎるはずだ。そこには後述する「ケア労働」「感情労働」「待機労働」等がみてとれるだろう。ほかにも、素材のかいつけや機械等のメンテナンス、加工後の清掃・廃棄など、さまざまな過程は、不可欠の要素となる。

2
連字符労働１＝対生命労働（ヒトをふくめた動植物へのはたらきかけ）

2－0　対生命労働：ヒトをふくめた動植物へのはたらきかけの本質

　すでに列挙したように、「対生命労働」概念は、「対物（非生物）労働」および「対時空労働」という、目的・対象の相違によって概念を大別しようとするこころみのひとつである。「生命」とは基本的に動植物を意味するが、後述するようにウイルスなど非生命的存在はもちろん、コンピューターウイルスなど非生物も、拡張解釈によって、その対象とする。

　こういった広義の「生命」に対するはたらきかけを本質として抽出する意義は、気象条件など自然界の変化とは異質な、「解釈」「選択」といった意志的な作用や、突然変異など確率論的な処理ではカバーしきれない「対応」といったものが、労働に共通している点だ。要は、「対物（非生物）労働」および「対時空労働」よりも、刻々と状況が変化していくことであるとか、状況判断により柔軟な対応が要求されるだろうことが予想される。

2－1　対生命労働１：「感情労働」

　「感情労働」は、ホックシールドの議論などをきっかけに、さまざまな提起・分析がつみかさねられてきた（ホックシールド 2000，スミス 2000，現代思想編集部編 2000，武井 2001, 2006，水谷 2013，吉田 2014）。ホックシールドによる定義は「公的に観察可能な表情と身体的表現を作るために行う感情の管理」であり、それは「賃金と引き換えに売ら

Ｉ部　理念型を介した労働概念の再検討　　21

れ……〈交換価値〉を有する」とされる (ホックシールド 2000: 7)[5]。

　ただ、本稿では、賃金労働に限定しないこととなる。たとえば阿部浩之はつぎのようにのべている。

　　　実際には感情労働はさまざまな形態で行われているのであり，たとえ無償労働であっても，適切な感情管理が労働を遂行するにあたり不可欠の要素となるのであれば，無償労働での感情の管理を，「感情作業 (emotion work)」，「感情管理 (emotion management)」であるとして別の名称を与えて感情労働の考察からはじめから除外することは必ずしも適切ではない。むしろ無償か有償かあるいは賃労働か否かをひとまず留保し，感情労働一般を広くとらえた上で自営を含めた有償労働，さらには賃労働としての感情労働を考察していくことが必要である。そのことが，賃労働としての感情労働の特性をより明確にすると思われるからである。マルクスは，労働過程を考察する際に，特定の社会的形態に関わりのない一般的な性質をふまえた上で資本主義独自の労働過程を分析した。感情労働を考察するにあたってもこのような接近方法は有効と思われる。感情労働は，労働一般として広くとらえれば，(a) 家事労働の一部として介護などの形で行われている。それが，(b) 商品経済と接することにより対人サービスが商品の形態をとり主として自営の形態（開業精神科医や心理カウンセラーなど）で行われることもあり，(c) 賃労働として行われるこ

5　ちなみに、弁護士の水谷英夫は、感情労働の特質として「同時性・不可分性」「「人格」との強い結合」「コミュニケーション」「不確定性・無定量性」という 4 要素をあげている（水谷 2013: 60-69）。しかし、これら特質としてあげられている要素は、みな「ケア労働」がおびているものを水谷が混同しているものとおもわれる。

ともある。 (阿部2010: 67)

ところで、佐藤麻衣らはホックシールドらの議論を整理して、「感情労働の内包的概念」として「感情管理」のメカニズムを解析している。「感情規則」にそって「感情作業」がなされ、具体的に他者にむけて「表層演技」「深層演技」というレベルのことなるコミュニケーションが展開されるといった図式化である（佐藤／今林2012: 277）。

なお、「感情」のコントロールが不可欠な労働内容を指示する「感情労働」には、その下位単位として「（感情労働としての）教育／支配労働」「（感情労働としての）ケア労働」[6]「（感情労働としての）犯罪労働」「（感情労働としての）政治労働」などがイメージできる（後述）。具体的には「ソーシャルワーク」「治療行為」「テレオペほか苦情受付業務」ほか、無数の「サービス労働」[7]のなかに「感情労働」をみてとることができるだろう。

ただ、後述するように、自身の感情制御が全然ともなわない職務というのは、逆にほとんどないともいえる。したがって、この理念型の利用は、抽象的な適用と、たとえばホックシールドが対象とした旅客機の女性客室乗務員のような具体的解析（ホックシールド2000: 200-211）とでは、含意が相当ちがうことをわすれてはなるまい[8]。

6　たとえば、「感情労働としてのケアワーク」（田中かず子2008）。

7　「サービス労働」ついては、既存の「第三次産業」などとは別次元のカテゴリーとして後述。

8　ホックシールド自身、カーレーサー等ハイリスク労働者が恐怖感をおさえながら作業をしているが、労働者が感情をどう処理しているか、雇用者は関心がないとしている。しかも、それは当該作業に要する時間とエネルギーに課せられた実際的要求にともなうものでしかないと。つまり、客室

I部　理念型を介した労働概念の再検討　　**23**

2-2 対生命労働2：「教育／支配労働」

　教育業務は、おもに公教育、それにくわえて図書館・博物館・美術館等の社会教育と、いわゆる学校とその周辺の教育・学術組織でおこなわれていると信じられてきた。しかし、「教育」という過程を、学習支援ないし啓発活動と一般化するなら、それは研修やOJT、マニュアル学習をふくめた企業内教育はもちろん、マスメディアがひびながしつづけている情報発信、ブログ・ツイッター等SNSを軸にしたネット空間をふくめて、膨大な学習支援・啓発活動がくりかえされていることになる。

　そもそも、教育学が、学校教育と社会教育のほかに就学前教育と家庭教育を領域としてとりあげてきたように、通常、教育の外部に位置づけられてきた保育園・各家庭自体が、教育過程でみちあふれている。なにも、それは「早期教育」の実践うんぬんのはなしではない。広義の育児という社会化過程全体が、広義の教育といいかえてさしつかえないわけだ。その意味で、主婦・主夫や保育士など育児担当者がくりかえしている労働とは、ケア労働が基軸としてすえられる一方、同時に教育労働をふくむといってよかろう[9]。

　みのがしてはならない点として、教育労働の対象は、かならずしもヒトにかぎられない点だ。ペット・家畜の調教など、広義の支配もふくめなければならない。いいかえれば、奴隷や従者・メイドなどのしつけが、動物（おもには哺乳類と鳥類）へと応用されたもの

乗務員など接客業とことなり、そこで生起する感情は他者にむけられるものではないし、他者の感情の動向で評価がかわるものではないというのである（ホックシールド 2000: 178）。

9　もちろん、そこには不可避の過程としての「感情労働」がかさなっているが。

こそ、調教なのである[10]。

また、組織内の上司や政府の官僚・政治家が「臣民」を統治すること＝支配を貫徹するための政治労働（後述）は、一種の「教育／支配労働」を本質とすることがわかる[11]。つまり、一般に「学習支援」ととらえられてきた「教育」のおおくは、体制が維持したい秩序確保目的のために考案・維持されてきたわけで、支配と無縁なものは例外的といえるかもしれない。たとえば公教育も学習権の保障制度であると同時に、「国家のイデオロギー装置」（アルチュセール）という側面も不可避にかかえてきたと。

なお、次項「ケア労働」の暴走面とかさなるし、後述の「犯罪労働」の側面とせなかあわせなのが、「教育／支配労働」の本質といえる[12]。たとえば、更生施設と位置づけられてきた「刑務所」「少年院」はもちろん、思想矯正等をうたってきた「強制収容所」は、実社会からの隔離を主体的にえらぶ「出家」とはことなって、権力者による強制力の産物である。また、事実上の単なるパラハラである「研修室」というなの「懲戒」空間が企業にくりかえし発生してきたことも、精神的暴力を行使することで、体制が秩序維持をはかっ

10　『愛と執着の社会学』（ましこ 2013）。ちなみに、かいぬしに過剰な攻撃をくりかえす咬癖犬（殺処分まち状態）の矯正訓練は、教育と支配が不可分一体のはたらきかけであることをしめしている（北栃木愛犬救命訓練所etc.）。この領域は、同時に、次項のケア労働とも不可分だろう。

11　心理学者、岸田秀は、義務教育の本質・実態を懲役刑だと批判している（岸田『嫉妬の時代』第 2 章）。

12　思想家関廣野は、過去の被抑圧体験に復讐するかのように、学校教師が後継世代に対して抑圧者としてあたると解釈し「ドラキュラ物語的な悪循環」と評した（関 1985: 185-6）。後述する（2–14）、安冨らのハラッサーたちの悪質さと通底する。

Ⅰ部　理念型を介した労働概念の再検討　　**25**

てきたことの端的なあらわれだ。したがって、学校でしばしば発生してきた「体罰」「指導死」現象も、「教育」という論理の暴走系である[13]。

2−3　対生命労働 3：「ケア労働」

　「ケア労働」は、前々項の「感情労働」の下位単位としてすでに登場したが、これ自体を「感情労働」の上位概念としてカテゴリー化することも可能だ。いや、ケア労働の下位カテゴリーとしてすぐに想起される「育児／保育労働」「医療／看護／療育労働」「介護／介助労働」「セックスワーク／水商売／ポルノ撮影をふくめた性的労働」「動物の飼育・保護・散歩」などは「感情労働」の下位カテゴリーであると同時に、「感情」のコントロールのもとで遂行される、さまざまなサポート行為としての本質が明白だからだ[14]。「サポートを必要とする社会的弱者／傷病者への有形・無形のケア」とでも特徴づけるべき現実が、みてとれる以上、「感情」のコントロールという条件は職務行為の前提でしかない。「ケア」という本質からみたとき、「感情」のコントロールは当然視される「後景」へとしりぞいてしまう。たとえば、計器類などを介したモニタリングなど、システム化・ルーティン化などで、「感情」の介在を除外するかたちでコントロールを不要化するするケア労働などもあるだろう

13　「指導」のなのもとにくりかえされた無自覚なパワハラ（大半は「体罰」をともなわない「モラルハラスメント」）の実態については、大貫（2013）、「指導死──不適切な生徒指導の根絶へ」(http://shidou-life.net/) ほか。

14　すでに指摘したように、弁護士の水谷英夫は、感情労働の特質として「同時性・不可分性」「「人格」との強い結合」「コミュニケーション」「不確定性・無定量性」という 4 要素をあげているが、これらはみな「ケア労働」の特質としてあげるべきものといえる（水谷 2013: 60-9）。

から。あるいは、全身麻酔後に昏睡状態にある患者に執刀する外科医は、自身の技量を維持するために「感情」のコントロールが必要ではあれ、それは患者の心理との交流とは無関係である。もし、ある技量のパフォーマンスのために緊張がともない「感情」コントロールが不可欠だというなら、航空機ほか公共交通機関の操縦者は全員「感情労働」者となってしまうが、冒頭にあげた「感情労働」概念は、そういった側面で労働者心理にスポットをあてる抽象化ではなかったはずだ。

　おなじように「ケア」の本質とはなにかを再検討するなら、「ヒトをふくめた広義の動物の反応をモニタリングして最適解に近似したサポート対応をすること」などとまとめられるはずだ[15]。生物として植物の世話（農業・園芸）も広義の「ケア」にふくめてよいという解釈も可能だろう。すでにふれた機械操作などにともなう「感情」コントロールと同様、「静物」としての「植物」は「ケア」の対象からはずしておこう[16]。「スキンケア」「ヘアケア」「メンタルケ

---

15 「ケア」の本質については、たとえば生野繁子 (2003) の1章「ケアの概念」は、日本でもちいられてきた「ケア」概念の動向をかなり広範に収集整理しているが、残念ながら本質はあきらかにならない（生野 2003: 80-92）。同様に、著名な社会学者による「ケアすることとは——介護労働論の基本的枠組み」との表題・副題をもつ論考も、本質を鮮明にはできていない（副田 2008）。

16 逆にいえば、AIなど擬似的な「感情的反応」をかえす機器類のメンテナンスのばあい、新種の「ケア」として検討にあたいする時代がくるかもしれない。「チューリングテスト」のように、機械の反応なのか、動物的反応なのか判然としなくなれば、労働者の感情は刺激されるだろうからである。これは、後述する、対物労働としての「メンテ労働」とは完全に異質である。すくなくとも後述するSFマンガ『AIの遺電子』の主人公は、ヒューマノイド専門の医師であり、患者は全員、非・人間である。しかも、登場人物たちは人間と区別がまったくつかない「感情」「記憶」をそなえ

ア」といった用語があるように、自分自身への配慮、あるいはそれをプロや侍従たちに代行させるケースもふくまれることになる[17]。対概念は「セルフ・ネグレクト」か？　逆にいえば周囲のケア労働

るヒューマノイドとの生活・記憶をいとおしみくるしむし、「人間的感情」としか解釈不能な言動をくりかえすアンドロイドまで登場して、人間たちの涙腺を刺激する。近未来に、こういったレベルまで AI がディープラーニングをすすめれば、すくなくともヒューマノイドのケアは、機械のメンテナンスとは異質になってしまう。ちなみに、植物は"care for a plant""take care of plants" 等の表現が普通のようだ。

[17] モデルやタレント、俳優たち、あるいは愛人志願者等が実際実行してきた美容整形をふくめた全身ケアも当然ふくまれる。かのじょら(少数ながら、「かれら」もふくまれるが) は、ケアの失敗というリスクを前提に選択していることも明白で（楽観視はしているだろうが）、その意味では、資本投資と同時に「受忍労働」を並行させているともいえる。しかし、みのがしてならないのは、官庁統計等での「生理的時間」とか「必需時間」といった、睡眠・食事、みのまわりの用事等として位置づけられた行動＝セルフケアは、通常労働とみなされないが、まぎれもないケア労働ということだ。だからこそ、ゴミ屋敷など生活の破綻は、「セルフケア」の欠落現象として、福祉・看護関係者からは「セルフ・ネグレクト」と位置づけられる。

なお、容姿の多様性は性的魅力をふくめた外見上の序列をうむことがしられ、社会学者の一部は「エロティック・キャピタル」として理論化している（ハキム 2012）。美容整形は、まさにこの資本の大小をめぐる戦術であり、逃亡者や工作員などの偽装工作ではもちろん活用されるが、もと受刑者による実験によって美容整形により再犯率がさがることさえ判明した（同 : 137）。フランスで、ふとめに画像処理した応募者が人事の書類審査で不利にあつかわれたのと、せなかあわせの構造といえよう（ましこ 2012: 153-154）。要するに、女性の化粧などにかぎらず、エロティック・キャピタル周辺での「セルフ・ケア」は、残酷にも当人の生活機会(Lebenschance) さえ左右することを意味する。

ちなみに、「身体加工」による「印象操作」（ましこ 2012: 159-163）という意味では、自分の身体を物体視する「加工労働」の要素がふくまれているといえよう。

を回避しようとする努力（「セルフケア」）はケア労働の本質を濃厚におびている。「健康管理・散歩・自室の掃除などの活動を積極的」にこなすことを「仕事」とかんがえる層に着目する議論 (藤村 2008: 49) があるように、自己管理は自分自身を対象とするケア労働を本質としている。

一方、「動物の反応をモニタリングして最適解に近似したサポート対応をすること」とする定義によるなら、暴行・虐待はもちろんのこと、ストーキング・窃視や各種の拘束や軟禁・監禁などは「ケア」の理念にもとる現実として除外するほかなくなる。たとえば、精神障害者の自損他害を理由に閉鎖病棟に隔離することをのぞむ家族のうったえを絶対視する精神病院体制は、「浦河べてるの家」[18]などピアサポートをふくめた地域のうけざらづくり（当事者本位のケア）とは対極の「監視労働」「排除／隔離労働」、ときに「犯罪労働」の本質 (いずれも後述) をかかえるといえよう[19]。福島第一原発事故によって閉鎖された精神病棟の長期入院患者のほとんどが、退院できてしまったという実態などは、精神疾患に対する地域・家族の無理解・偏見が制度を悪用するかたちで、当事者を厄介者あつかいし、精神病院が収容所＝隔離施設と化していたことをうきぼりにした[20]。未必の故意のうたがいがこい、事実上のネグレクトも同様だ。たとえば、河合薫「朝3時着替え、食堂3時間放置、半年で認知機

18　「1984 年に設立された北海道浦河町にある精神障害等をかかえた当事者の地域活動拠点」(http://bethel-net.jp/)

19　たとえば、安原荘一「精神保健福祉法「改正」法案の問題点 —— 相模原事件をうけて精神医療が「治安の道具」に！」といった指摘がある (安原 2017)。

20　NHK ETV 特集「長すぎた入院　精神医療・知られざる実態」2018 年 2 月 3 日

能低下 —— 91歳入居者が激白"介護現場のリアル"」という告発記事では、つぎのとおりである。

　夫のような車いすの入所者は毎朝、6時過ぎになると食堂に連れて行かれます。70人近い入所者の配膳、投薬などをわずか3〜4人のヘルパーが行うのですが、ヘルパーの中の2人は夜勤を終えたまま引き続き働いているので、気の毒で見ていられません。

　人手が足りなすぎて物事が進まず、結局、車いすで部屋へ連れ戻されるのは9時過ぎ。つまり窮屈な車いすに3時間近くも座らせられているのです。

　週2回の入浴日はもっと大変です。朝食後、入浴時間まで食堂で車いすのままずっと待っていなくてはならない。終わるとまた食堂に連れて来られて、そのまま昼食になるので、部屋に戻ってくる時には6時間も経っているのです。入所者は増えてもヘルパーの数は変わらないので、そのしわ寄せが夫のような、車椅子で介護度4か5の人たちにもろにきています。そういう入所者のほとんどは、自らの意志表現ができない状態なので、じっと我慢しています。

　午前3時少し過ぎに隣室の夫の部屋から物音がするので、すぐ様子を見に行ったところ、ヘルパーが夫の着替えをしているところでした。3時頃はぐっすり眠っている時間なのに、無理やり起こされておむつ替えなどさせられている夫が哀れでならなかったです。ヘルパーに文句を言ったところ、「今から始めないと朝食に間に合わない」という返事が返ってきました。

　ホームを運営する本社に「改善してほしい」という要望は出しているのですが、答えは「低賃金のためヘルパーを募集しても応募がない」の一点張りです。

　前途が真っ暗になるような回答しか返ってきません。結局、へ

ルパーの数が増えない限りどうにもならない、ということを再認識させられ、途方に暮れるのです。

〔……〕切に感じるのは会話の大切さです。ホームの生活は自室で話し相手もなく過ごすため、会話が非常に少ないのです。〔……〕入所当時は杖なしでさっさと歩き、私の問いかけに即答していた人が、毎食時とレクリエーションの時間以外は、ほとんど自室で過ごすため、みるみるうちに反応が悪くなっていきます。幸い夫は私が一緒に入所したため、比較的会話の機会があるので、今でも私の問いかけには声こそ小さくなりましたが、いつも即答しています。

昨年6月、某有名銀行支店長の奥様が入所しました。食事の席が同じだったので、私は早速、彼女に話しかけました。彼女はホームに入所した経緯や、2人の子供の話、12年前に他界されたご主人のこととか、家庭の情報をよどみなく話してくれました。

入所後は自室では何をすることもなく一日中会話もなく、ぼんやりと過ごしているようでした。近くに住む娘さんも滅多に姿を現しません。そして、彼女が入所してから半年が経過する頃、私は彼女の脳細胞が破壊されていることを感じるようになりました。私の問いかけにとんちんかんな返事をしたり、髪は乱れたまま、服のボタンは掛け違ったままで食堂に来るようになったのです。それと並行して歩行が困難になり、杖、そして車いすを使うようになっていきました。

彼女は今では私の顔も認識できないのです。わずか1年で変わり果てた姿に驚いています。こんな例は彼女だけではなく、他にも同じような人が数多くいます。〔……〕　　　　　（河合 2017b）

すくなくとも施設の責任者は犯罪労働の実行者というほかあるま

い[21]。アニマルホーダー（多頭飼育による崩壊）が動物虐待という犯罪である以上、人権侵害は否定しえないのだから。

また、ケア労働が、主婦や恋人、侍従らによる「奉仕」「愛情」の表出とみなす分業観はねづよく、それはピンクカラーワークとして、社会的評価がひくくおさえられてきたこと（一種のミソジニーをかかえた女性蔑視）も、みのがせない要素である（内藤 2008，ましこ 2013）。

なお、高齢者・障害者・患者・年少者など弱者はもとより、要人などもふくめ要支援層に随伴して目的地等に移動させる業務（介助者・護衛ないし送迎運転手としてetc.）や同行（同伴／護衛・エスコート／キャディ）も、この「ケア」の一種にいれてしかるべきだろう(後述する「移動／輸送労働」「監視労働」と概念上かさなるが)。

2－4　対生命労働4：「救助／救出労働」

これには、消防士・特別救助隊（消防）、山岳警備隊（警察）・山岳救助隊（消防）、ライフセイバー（水難）、特殊急襲部隊（警察）、動物管理官など、被災者や人質などをふくめた窮地から救出する人員・組織はもちろんのこと、救命救急士をふくめた救急隊や救命救急センターの医師をふくめたコ・メディカルスタッフなどが、第一にあてはめられよう。災害時には、自衛隊や海上保安庁など軍隊・準軍事組織なども登場することになる。

唐突かもしれないが、すでに動物管理官などをあげたように、この救助労働の対象はヒトに限定されない。当然、絶滅危惧種などレッドリストにあげられた動植物の保護や、それと類似した危機言

21　高齢者や障害者を収容しケアする施設だけでなく、託児サービスについても同様の構造がみとめられる。

語等の消滅回避運動もふくめるべきだろう。それは、生態系の破壊者としての人類とか、少数者の生活文化を無自覚に（ときに意識的に）破壊する多数者や植民者たちの猛威から、劣位にある存在を救出する営為だからだ。

2−5　対生命労働5：「捕獲／収穫労働」

後述する「制圧／排除／隔離／駆除労働」と対照的に、「有害」な要素を排除する作業と対をなすのが有用な動植物を「捕獲／収穫」する作業である。狩猟・漁労はもちろん、採集だけでなく農業もふくめるべきだろう。後述する「発見／発掘−採掘／回収労働」が対物（有用物獲得）労働であるのに対して、こちらのカテゴリーは、有用動植物の確保であるが、ここには奴隷など人身売買の「商品」確保などもふくまれることになる。次項「犯罪労働」参照。

2−6　対生命労働6：「犯罪労働」

「犯罪」を労働にふくめるのか、といわれそうだが、「泥棒稼業」といわれるように、そして「詐欺師」「身代金誘拐」「人身売買」「薬物売買」「密輸」「暴力団」といった多数の職業・組織があるように、「犯罪」を生業とする層はすくなからず遍在する。借金のかたとか人質をとられているなど、しいられてのばあいをふくめ、「労働」であるケースはすくなくない。そもそも「ケア労働」にあげておいたセックスワークなど広義の性的サービスなどを「犯罪」とみなす社会は無数にあるではないか。この労働の本質としてかかせないのは、政府当局や支配的集団などが公式に「違法」と位置づけていようがいまいが[22]、「犯行」を必要としている人物・組織が恒常的に実

22　ウラ金融の世界をえがいた『ナニワ金融道』『難波金融伝・ミナミの帝王』

在し、実質的な「地下経済」が再生産されているという現実だ[23]。

　また、いわゆる「ブラック企業」[24]などのばあい、「犯罪」が当局や社会に露見していないだけの実態が無数にあると推定される[25]。要するに、企業など組織全体が必要悪として違法行為・脱法行為をくりかえす体制化・体質化が相当潜在しているとうたがうべきなのである。そうかんがえると、談合事件・横領事件・粉飾決算など、いわゆる企業犯罪としてスキャンダル化する領域と別個に、商業主義貫徹のために労働者や消費者を搾取したり、だましたり（詐欺商法）、労働法上違法な体質が恒常化しているなど、そもそも組織全体、ないし一部組織が、「犯罪労働」を自明の前提として機能して

　『闇金ウシジマくん』といった一連の作品群、社会学者・開沼博による『漂白される社会』(その前身たる「闇の中の社会学」シリーズ) がえがく世界、スパムメールの作成・発信、ふりこめ詐欺グループの暗躍、ギャンブル依存症等、無数の話題・報道をうみだしてきた。それらは、「犯行」にどの程度の悪意・計画性があるか、どの程度の違法性・社会的影響力があるかはともかく、被害者が例外的少数といえない質／量で発生している現実、それを当局が充分には規制できずにいる実態をうかがわせる。

23　ここでの「必要」概念からは、「趣味」や少年・少女たちなどの「わるさ」等も非「労働」とみなし当然除外する。逆に、「犯罪」の依存症、たとえば窃盗／放火／性暴力などをやめられないなど、神経症や精神疾患による強迫的行為は、一種の「労働」として位置づけるべきだろう。

24　ひろく定着してしまったために、否定したところで消失しないだろうが、個人的には「ブラック」という形容詞は、アフリカ系市民へのレイシズムなどとも関係するため、不適切だとかんがえる。

25　そうでなければ、内部告発者が攻撃をうけた事例や過労自殺などが、これほど報じられるはずがない。ちなみに、内部告発者へのムラ八分などパワハラ・迫害は、犯罪労働そのものだろう（イジメなどサディズム・リンチは、趣味など、あそびではない）。つまり、犯罪労働は、露見をおそれた隠蔽をふくめ、連鎖的に犯罪労働を誘発するほかない悪循環構造にある。

いるケースが相当あるのではないか。近年問題として浮上した「依存症ビジネス」[26]のように、消費者をリピーター化するために、依存性を当初からおりこんで商法とするケースも急増しているとおもわれる。これなどは「廃人製造社会」[27]とのそしりをまぬがれない、未必の故意を前提にした体質といえる。

　もちろん、「公共の福祉」をたてに、反対運動を展開する住民を弾圧するなど官憲やその背後にいる政治家・官僚などは「犯罪労働」の典型例であろう。それは、「足尾鉱毒事件」などからはじまり、現在の辺野古新基地建設反対運動まで、無数にくりかえされていることをわすれてはなるまい[28]。さらにいえば、米軍をはじめとして軍隊組織が落下事故や墜落事故をくりかえしてきた歴史的経緯をふりかえるなら、住民の人命・人権を軽視した「未必の故意」を将兵が共有してきたのであり、それは事実上、無自覚な「犯罪労働」ともみなせる。そして、発生した事件・事故を矮小化したり証拠隠蔽をはかるなどはもちろん、被害者・他部局等に責任転嫁する行為も、広義の「犯罪労働」であることは、いうまでもない。それは、ナチスの収容所の官吏や、731部隊、九州帝国大学医学部などがおこなった人体実験[29]および隠蔽工作などと通底している。ちがいは自覚の濃淡だけではないのか。もちろん、特殊工作員による拉致連行・暗殺などは、政府当局など責任者たちだけが合法とみなしているだけで、被害者がわからすれば「犯罪労働」以外なにものでもない。後述する「制圧／排除／隔離／駆除労働」も、本質は「犯

26　トンプソン（2014）参照。

27　同上。

28　これについては、正反対がわの視点による「抵抗／確保労働」参照。

29　これらについては、後述の「殺傷／暴行労働」の項参照。

罪労働」と完全に癒着している。

　また、警察・検察などの強引な捜査・聴取手法が冤罪をくりかえさせてきたように、あるいは戦争直後の文書の焼却などにとどまらず、公文書として記録化する判断の恣意性など（ときに「証拠」の隠蔽にとどまらず、捏造さえ後年露見したことがあるように）、官憲は密室・機密をいいことに、さまざまな不正行為を、さまざまな規模で反復してきたと推定される。かりに露見しても「推定無罪」原則がはたらき、容疑者は徹底的にまもられてきた。

　ちなみに、ここでのべる犯罪被害者は、現行法の有無にかかわらず、人権等が侵害されることの有無で判断し、またヒト以外の動植物全般にもあてはめる。したがって、動物虐待をおかす種々の職種はこれにあたるし、密猟や乱開発などは法規制の有無にかかわらずあてはまる。このようにかんがえると、人類史の大半は「犯罪労働」でうめつくされてきたといって過言でない。侵略行為は新大陸の先住民にのみなされてきたのではなかったし、世界中の生態系を激変させて世界史は進行してきたのだから（『平成狸合戦ぽんぽこ』『アバター』etc.）。後述の「破壊労働」とかさなる点がおおきい。

　なお後述する「殺傷／暴行労働」と本項は「せなかあわせ」といってよいが、とりあえず別種である。

2－7　対生命労働7：「パフォーマンス労働」

　ここでは、身体運動やなんらかの情報発信を介して、聴衆・観衆などに感動・興奮・陶酔等をあたえるもろもろのパフォーマンス・扇動等をさす[30]。

30　ただし、前項の「犯罪労働」と同様、わるふざけ、趣味などは非「労働」
　　として除外する。

このなかには、アスリート・棋士やダンサー、ストリッパー、音楽家・ミュージシャン、俳優・ファッションモデルなどの広義のパフォーマーの業務はもちろん、ニュースのアナウンス、政治家の演説・ヤジ、官僚の答弁、判事・検察官・弁護人等法曹の発言、宗教指導者による説教・説法はもちろん、「護摩焚き」やルーティンたる勤行、葬儀社が司会進行をになう一連のセレモニー、授業をふくめた教員の公的言動すべてもふくまれることになる。詐欺師の演技はもちろん、暴力団・金融業者などの「とりたて」業務なども、だまし／おどし等、多分にフィクショナルな要素（演技）がはいるが、これらもそうだ。過去・未来の推定の根拠はともかく、うらないやシャーマニズムなどもそうだろう。

パフォーマンスは一般には観衆・聴衆・視聴者を対象に発せられるが、サーカスやイルカショーはもちろん、映画撮影の監督の指示のように、パフォーマンスを成立させるための指示をだす人物の言動自体もパフォーマンス労働として理解すべきだろう。

なお、パフォーマンス労働の下位概念として、「道化―チア労働」をあげるべきだろう。この性格をおびた職務の典型例としては、ピエロなどサーカス団のパフォーマー・「ホスピタル・クラウン」（医療ピエロ）・着ぐるみキャラクター・チンドン屋・大道芸人・おわらい芸人・落語家・チアリーダー・肉筆サイン・ヤジなどがあげられよう。これらの職務に共通する本質は、おどけること、わざとはしゃいだりして、場をもりあげ逸脱空間を創出することといえる。

ちなみに、仏僧による「勤行」の俗称としての「お勤め」という表現が、暴力団員の服役であるとか（漢字表記としては「お務め」か）、武家同士での「勤務」に対する呼称としてももちいられてきたことは、苦痛を甘受してすごすという共通した語感があるものと

Ⅰ部　理念型を介した労働概念の再検討　　**37**

みられる[31]。

パフォーマンス労働のうち奇妙な構造を指摘するとすれば、陸上短距離競技やフィギュアスケートなどで発生している、「プロ転向」という位置づけ（社会的身分）の変容である。オリンピニズムによるアマチュアリズムのネジれた遺産として、第一線（競技生活最前線）からの現役引退が「プロ転向」と称される。実際には、競技スポーツ、特にメジャースポーツ最前線にとどまるためには、現役生活を維持するためにも一定水準以上の資金が不可欠である。つまり、スポンサー／サポーターが国家であれ企業であれ、実質的なプロ選手以外ありえないのである。ところが、すくなくとも陸上短距離選手やフィギュアスケート選手は現役引退を「プロ転向」と称し、マスメディアや大衆も疑問をはさまない。IOCや各国オリンピック委員会など、過去に「アマチュアスポーツ」の頂点だった組織の各種規制にしばられずに、自由にコマーシャル出演などが可能になること、あるいは日本独特のスポーツ文化として隠然たる勢力だった「実業団」というカテゴリーを脱して、特定の企業のしばりから解放されることを称して「プロ転向」とよぶようだ[32]。しかし、こと陸上短距離選手やフィギュアスケート選手にかぎっては、あきらかに競技能力がおちて、選手自身「一線ではたたかえない」「一

---

31 読経・礼拝など仏僧による勤行自体は、本来宗教者自身の修業を意味していたはずだが、自損行為的としかいいようのない苦行（たとえば、千日回峰行 etc.）にもみられるように、周囲からのマゾヒズムの称揚を自明の前提としたパフォーマティブな自己満足がみてとれよう。

32 もっとも、最近では、陸上女子の福島千里選手などが現役続行のまま「プロ転向」したなど、実業団からの自立だけを意味するケースもうまれている。周辺の競技スポーツ（陸上でも長距離では例があった）での潮流をうけた変化だろう。

線にふみとどまるべきではない」と判断した結果の引退決断なのだから、プロ選手として自立できるという意味とは逆方向なのだ。「プロ転向」後は、アイスショーなど興行中心に活動するというのだから、全力で成績をあらそうことを断念するということは、レスリング選手がプロレス興行に転身するようなものともいえる。

2-8　対生命労働8:「政治労働」

コリンズは、「生産労働」と対比させるかたちで、理念型としての「政治労働」を位置づけた（希少財としての商品をめぐる生産・分配問題）わけだが、別種の概念として位置づけることも可能である。

それは、「教育／支配労働」をはじめとした「対生命労働」の相当領域を包括しうる上位概念としての「政治」である。いいかえれば、議会・官庁を軸とした、いわゆる「政治」「行政」（政治学の狭義の対象）にとどまらない、社会学・政治学が"politics"として公私諸領域を解析してきた視座からとらえた「労働」概念としての「政治労働」である。コリンズ流の「政治労働」概念は、ことメーカーなど工場周辺の政治経済学的解析には非常に有効であっても、社会学などが対象化したい世界にはあまり汎用性がなく、魅力的にはみえない。それに対して、広義の"politics"として展開・反復される「労働」を認識することで浮上する「政治労働」は、「広義の生命に対する"politics"の執行」として定義できる。それは、部下、年少者、動物などへの管理・監督・教育といった権力行使をふくむことはもちろん、労働組合や弁護人などによる異議申し立てや折衝など、政治権力上劣位にある地位からの対抗・抵抗もふくまれるだろう（密告やイジメ／リンチ、内部告発なども当然ありえる）。つまり、既存の"politics"の維持・強化をねらう集団・個人と、変革・弱化をねらう集団・個人とがくりかえす労働群なのである。そ

こには、政治指導者や宗教指導者、企業家などがリーダーシップを
とる（求心力をもって動員する）ことはもちろん、個人・集団間を
規制するルールの維持・改廃をめぐる攻防や隠蔽など、無数の現
実・類型がふくまれるだろう（警察・司法などはすべて）。ちなみ
に、いわゆるヤジ行為は、議場だけでなく、球場、ときに法廷内で
も発せられるように、特定の空間の個人・集団への政治性のアピー
ル、ないし精神的圧迫目的の行為なので、政治労働を本質的にかか
えているとかんがえられる。つまり、政治家が敵対勢力に政治的圧
力をくわえるから政治労働の本質をおびるのではなくて、ライバル
選手・チーム、判事などに精神的圧力をくわえたり、自派の気分の
高揚など「援護射撃」的な力学を計算したりして、実行されるから
である。

　さらにいえば、コリンズが「生産労働」と対比させることで提起
した「政治労働」概念とは軸がことなり、この概念は、対人関係を
主軸とした「対生命労働」の一群の1類型として位置づけられてい
る。そして、そうであるがゆえに（たとえば物理的に対面的かどう
かをとわず）対人的サービスという点で、販売員・外交員・外商部
スタッフ・ホテルカウンター等うけつけ業務・コンシェルジュ・ソ
ムリエなども、この労働類型をかかえているとかんがえる。なぜな
ら、これら対人サービスは、利用者・利用予備軍の意向を組織の目
的にそって受容・制御する労働であり、それは、すでにのべた「広
義の生命に対する“politics”の執行」の一種だからだ。すでに類型
としてあげた「教育／支配労働」の関係業務のばあい、「感情労働」
などとならんで、この「政治労働」が基本的に並走状態にあると
いってもよさそうだ。

40

2-9　対生命労働9：「提供労働」

　のちのべる「待機労働」とせなかあわせになる領域だが、自分自身の心身を提供（＝一時的ないし一部分の利用許可）する労働も実在する。対価が現金等でしはらわれるとはかぎらないが、「輸血ドナー」「骨髄移植・腎臓移植など臓器提供」「ケア労働という意識が欠落したセックスワーク」「AV出演」「殴られ屋」などをあげることが可能だろう。「市場調査」などに回答する時間もふくめてよいかもしれない。

　これらは、肉体や情報を分離・提供しているようにみえるが、簡単に回復するとか切除が致命的ではないなど、リスクの大小はともかく、一時的・部分的利用の甘受として遂行される。売春やAV出演、「殴られ屋」などは「パフォーマンス労働」としての側面もあわせもちつつ、すくなくとも提供者の一部は、さまざまな観点から「へらないもの」「ローコストな提供」と位置づけられているか、ほかの努力・模索などよりは「楽」として、えらんでいるはずだ[33]。

---

[33]　たとえば、つぎのようなケースは、次項の「サービス労働」の本質をかかえているのはもちろんだが、心身への負担感からしたら、女子高生ブランドを最大限に活用したラクな労働とみなされているはずだ。

　　「……東京・新宿で取材に応じたナオさん＝仮名＝は2年前までJKだった。

　　女子高校生の親密なサービスを売りとしたJKビジネスに身を置いていた。主に五つの形態がある。マッサージが基本の「リフレ」、「散歩」は文字通りで、「カフェ」は飲食、「コミュ」は会話を楽しむ。制服姿で折り紙をする様子などを見せるのは「見学・撮影・作業所」に分類される。」

（「【灰色の街に生きて セックスワーカーたち】(4) 消費され続けるJK」『西日本新聞』2017年12月18日、https://www.nishinippon.co.jp/nnp/national/article/381114/）

　　もちろん、これら広義のセックスワークには、「感情労働」「ケア労働」「犯

I部　理念型を介した労働概念の再検討　　**41**

2−10　対生命労働 10：「サービス労働」

　すでに対人的サービスとして、販売員・外交員・外商部スタッフ・うけつけ業務・コンシェルジュ・ソムリエなど接客業務に「政治労働」の本質をみておいた。しかし、ここでは、さらに従来の「サービス労働」概念を改変する意図をもって、問題提起したい。従来の第一次産業・第二次産業と対比されるかたちでの「第三次産業」業務という意味ではなく（「モノの調達以外のすべて」という残余概念ではなくて）、端的にいえば、ひとつは古代ローマにおける"servus"（奴隷）に発する"servitium"（隷従）を系譜とする"service"概念（上位者への奉仕）への回帰である。ふたつめは、「上位者への奉仕」と併存してきた「客人歓待」という意味での"hospitalité"[34]である（中川 2011）。

　この概念は、前述の「ケア労働」や「教育／支配労働」とかさなる面がおおきいだろうし、危機的状況にある人物にかかわる「救助／救出労働」「排除−制圧／駆除−捕獲／収穫労働」や「犯罪労働」「提供労働」とかさなることもイメージしやすい（ドラマ・映画等フィクションのスリリングなシーンの大半はこれにあたる）。ただ、「上位者への奉仕」および「客人歓待」の性格をもっとも濃厚にかかえているのは、外商部スタッフ・コンシェルジュ・ソムリエなど接客業務であり、「加工労働」的性格を濃厚にもつシェフなど広義

罪労働」「パフォーマンス労働」「コミュニケーション労働（後述）」「受忍労働（後述）」「ハイリスク労働（後述）」などはもちろん、「待機労働」ほか種々雑多な労働の本質がはらまれている。個人差、地域差、業態／業界差など、それこそ多様だろうが。

34　具体的には、貴人・大ブルジョアたちは、執事やシェフをふくめた膨大な使用人たちを動員することで「客人歓待」を実践するだけであり、動員される労働力は「上位者への奉仕」にすぎないが。

の料理人たちの業務だろう。そこには「政治労働」や「パフォーマンス労働」も当然かさなることになる。重要なのは、これら労働は、私的には主婦・主夫たちの日常業務の本質であり、未成年者をそだてる父母・祖父母たちは、その質・量の水準はともかくとして、日常生活のなかでこなしているという現実だ。毎日こどもたちのあいてをするにとどまらず、こどもたちの友人たちをしばしば歓待し、ときに自分たちの知人など来訪者をもてなす現実こそ「サービス労働」といえよう（高齢者・自活能力不足の男性等も客体に）。

2-11　対生命労働 11：「求人／派遣労働」

　動植物を捕獲・収集する作業とは別個に、近現代など主体性をもった個人のリクルート・派遣行動が、まずこれにあたる。広義の派遣業／手配師／スカウト／管理売春などをふくめる[35]。

　逆にいえば、前近代の奴隷商人たちや借金のかたなどで個人を売買する組織などは「求人労働」ではなくて、なまみの人間を物品化しているということになる（動植物とて、うりかい・贈与の対象なら、これにあたる）。後述する対物労働のひとつとして「加工労

---

[35]　たとえば、性風俗業界での人材発掘業を取材した記事として、「【灰色の街に生きて セックスワーカーたち】(1) 風俗に誘う「狩り場」」（『西日本新聞』2017 年 12 月 18 日，https://www.nishinippon.co.jp/nnp/national/article/381111/）

　ちなみに、軍隊における新兵（名詞）／新兵募集（動詞）が "recruit" の本義である。CIA が工作員を選抜・育成していくさまをえがいたアメリカ映画に『リクルート』（2003 年）がある。また、海兵隊がストリートで失業中のわかものにこえをかけて路上募集するシーンを皮肉っぽくきりとったノンフィクション作品が、マイケル・ムーア監督作品『華氏911』（2004 年）である。求人情報誌出版から出発した株式会社リクルートが、日本列島という労働市場において企業家たちのために「新兵」補充に最大限活躍し「リクルート業界」を形成したことは重要。

I部　理念型を介した労働概念の再検討　　43

働」をあげる際、動植物の調理は、生体としてではなく素材化する作業であるため、「対生命労働」に位置づけないとするが、おなじように広義の人身売買（human traficking）は、「求人」行為ではなくて人体の動植物化＝人格の否定であり、本質は後述する「売買労働」とみなすべきだ。もとめているのは主体的人格ではなくて、「ものいう動物」（奴隷売買時代の別称）だからだ。

　おなじく、街頭でファッションモデルやタレントにならないかと、こえをかけるスカウトが実際には、詐欺的目的で実行（たとえば、タレントといいながら実際には、AV女優の募集であることをかくしているとか、エステやタレント養成コースなどという有償サービスのローンをくませてしまう詐欺商法のカモを物色していただけとか）のばあいは、求人をかたった「犯罪労働」あるいは「捕獲／収穫労働」を本質としてみるべきだろう。

　もうひとつリクルートとは別の方向性として、「サクラ」を動員することをふくめた集客行為全般をあげておく。これは労働力確保ではなく、マーケティングの一環としてCMとかネットビジネスでのクリック誘発戦術であるとか、ライブパフォーマンスの集客など、物理的にヒトが動員されるかどうかは別に、ヒト／カネをあつめる努力をさす。

2−12　対生命労働 12：「性労働」

　おそらく「代理出産」や「助産」行為以外、一般には労働とみなされてこなかったが、出産・助産は、新生児誕生のための必須の労働である。そこに対価がはらわれようが、産婦がどんなに幸福感でみたされていようが、「しなければならない」行為という意味で、動物であることをやめられないヒトに不可避な労働である。これらは、前出した「ケア労働」（胎児が産道をくぐりぬける運動のサポート）や、後述する「待機労働」「受忍労働」（妊娠以降産後までの受

苦過程）とせなかあわせの領域ではあるが、やはり独立した本質といえる[36]。

　「性労働」空間は、俗に「射精産業」などともよばれてきたが、売春防止法や刑法などでも問題にされた「狭義の性行為」にとどまるような産業・生業ではない（「男娼」「SMクラブ」「水商売」etc.）。狭義の射精を最終目的とした性的刺激が商品なのではなく、広義の性的魅力全体が商品化されるのである。このメカニズムは、前述したように、より一般化したかたちでの男女の魅力として「エロティック・キャピタル」と位置づけられている（ハキム 2012）。なお、セックスワーカーのリクルートや支配（青山 2007）、その対価の意義については、「求人／派遣労働」「受忍労働」などの項を参照。

　生業としての、あるいは学費・遊興費かせぎとしてのセックスワーク、AV出演なども「性労働」の要素の中軸となることはもちろんだ（食事などデートだけなら別だが）。ただし、さまざまな理由から気がすすまない性的交渉（狭義の性行為にとどまらない広義の性的かかわり）も、本質はこの労働の領域にある。ハラッサーとしてパートナーが行動することへの受忍も同様だ。

　マルキ・ド・サドの行動のように、買春でありながら「性労働」というべきケースもかんがえられる（第Ⅱ部7章の「パフォーマンスゲーム」「性ゲーム」参照）。

36　もちろん、SFの世界のように分娩自体が消失する時代、ヒューマノイドのように人間でない存在をうみだす工学的行為などは、別のはなし（後述の「加工労働」等）になるが。

2－13　対生命労働 13：「殺傷／暴行労働」

　前述した犯罪労働などとかさなる本質といえるが、心身をきずつ
けることを目的とする行為のうち、快楽殺人や嗜癖としてのサディ
ズム以外の「しなければならない」行為は、この本質をかかえてい
る。監禁状態での心身への打撃を前提にしたとりしらべ・拷問、狙
撃手や暗殺者はもちろん、暴力団や軍事組織・テロリストなどによ
る各種作戦[37]、死刑執行者や、食肉加工など肉用動物の処理、不要
視されたペットや害獣などの殺処分等は、後述する「駆除」労働や
「処理」労働とかさなる部分もあるが、独立した本質といえる[38]。ナ
チスの収容所はもちろん、731 部隊、九州帝国大学医学部などがお
こなった人体実験などをあげる必要があろう（高杉 1982，森村 1983ab,
森村 1985，東野 1985，常石 1999，青木 2008，神谷 2017）[39]。

37　ナチス政権下でのホロコーストやスターリン体制化でのカティンの森事
　　　件、日本軍による南京大虐殺、文化大革命時の殺戮、クメール・ルージュ
　　　による大殺戮、ユーゴスラビア紛争下での「民族浄化」、ルワンダ虐殺など、
　　　20 世紀には多数の大虐殺がくりかえされた。
　　　　これらの殺戮に付随して、戦術上の組織的レイプ、各将兵の即死をねら
　　　わず、あえて重傷にとどめて複数兵の無力化をはかる小型対人地雷の設置
　　　などもある。以上のようにこまかく作戦を分解するのは、たとえば「戦闘
　　　労働」といった無内容な概念にもたれかからずに、実態を詳細な実体と
　　　して解析する必要を感じるからだ。

38　脚注前項で指摘した組織的レイプなどはその典型例である。それは敵がわ
　　　への精神的ダメージ（基本的には、国家や軍隊が男性性原理にそったパ
　　　ターナリズムを基盤としているからだが）を目的とした女性性・人間性の
　　　蹂躙であり、あえて殺害しないことに戦略的な意味があるからだ（その点
　　　で、南京大虐殺時に発生した戦時レイプとは完全に異質である）。おなじく、
　　　小型対人地雷の設置は、敵兵をあえて即死させないことで、重傷者をつれ
　　　てかえらせる労働へと敵軍をおいこむことが目的となっている。

39　ほかにも、戦争直後に証拠隠滅がはかられた陸軍登戸研究所や、新潟大

おおくは、政府当局や社会によって「正当化」「合法化」される
ことで、くりかえされている。しかし、本質的には「犯罪労働」の
下位単位とみなすべきだろう。すくなくとも、被害者にとっては
そうである（目前で夫・父を射殺され、かってに水葬されたウサー
マ・ビン・ラーディンの家族たち……etc.）。後述する「制圧／排除
／隔離／駆除労働」参照。

　これら労働の実行者たちが、極度に美化されたり、卑賤と位置づ
けられたりするなど、貴賤問題として一種のタブーの対象となる
（ボクシング、闘牛等、ブラッドスポーツetc）。それは、日常の平
穏を維持するための社会による負のエントロピー確保の力学ゆえで
あろう[40]。

学医学部をはじめとする 1950 年代の医学関係者による人体実験など、戦
前にとどまらない権力の策動が確認されている（土屋貴志の講義ノート，
ウィキペディア「人体実験」、同「731 部隊」、同「九州大学生体解剖事件」、
「新潟大学におけるツツガムシ病原菌の人体接種問題」）。

[40]　再三確認されてきたように、政府が合法的かつ唯一の暴力装置として正当
　　化されてきたことの典型例が、戦闘行為での殺傷、犯人確保・人質救出等
　　での射殺、死刑執行などの合法化である。各国政府、特に国軍をもったり、
　　死刑制度を存置している国家は、暴力を独占してきた。そして、刑罰のう
　　ち、（むち打ち刑のような前近代的な体刑を除外すると）死刑囚の自殺を
　　ゆるさない死刑こそ、非常に純粋に「殺傷／暴行労働」を合法化したもの
　　といえよう。なにしろ、にげることをゆるされない監禁状況から、合法的
　　にリンチするのだから（処刑とは、正当化されたリンチ＝殺傷労働である）。
　　また、脚注前項・前々項で指摘した組織的レイプは犠牲者にとっては監禁
　　による拷問そのものだが、すくなくとも「民族浄化」論をとなえた軍組織
　　の幹部にとっては刑罰と位置づけられていたことを意味する。被害者はも
　　ちろん、第三者からみれば、単なる卑劣な行為にみえるからこそ、美化・
　　正当化が不可欠だったといえる。これら殺傷行為の正当化（「民族浄化」「粛
　　清」etc.）は、映画『レオン（Léon）』（1994 年）の主人公が、みずから
　　の職業を「掃除屋」（cleaner）と称したことに象徴的に表現されている。

Ⅰ部　理念型を介した労働概念の再検討　　**47**

2−14　対生命労働 14：「コミュニケーション労働」

　すでにふれた「教育／支配労働」「ケア労働」「パフォーマンス労働」等と本質的にかさなる現象として、ヒト・動物との情報のやりとりのなかで「しなくてはならない」作業は、この要素をあげねばなるまい。安冨歩らの指摘するハラスメントは、あいてからのメッセージを無意識レベルで誤読することで、結果としてディスコミュニケーションをくりかえす悪循環構造＝精神的暴力であると解析されている (安冨／本條2007)。これを「負のコミュニケーション労働」と位置づけることも可能だろう。ハラッサーは「しなくてはならない」作業と信じてくりかえしているにちがいないのだから。

　「教育／支配労働」「ケア労働」等とは基本的にかさならない領域としては、「テレアポ」や「テレオペ」などと総称される営業・対応業務をあげる必要があるだろう。機械的対応やセルフサービスなどでは目的などが達成されないコミュニケーション業務は、AIなどによって激減していくだろうが、臨機応変の柔軟な対応とか専門性のたかい営業・苦情相談、医療・法律上のといあわせなどは、「コミュニケーション労働」が本質的にやどる領域だ。機械翻訳などに致命的限界がのこるだろう司法通訳・医療通訳・行政通訳などは、高度に専門的な分野といえよう (水野／内藤2015)。

3
連字符労働２＝対物労働（非生命へのはたらき
かけ）

３−０　対物労働：非生命へのはたらきかけの本質

　前章でとりあげた「対生命労働（ヒトをふくめた動植物へのはた
らきかけ）」との差異は、もちろん、対象が生命ではない点である。
基本的には、モノ／情報へのはたらきかけである。いのちや、生命
としての反応がからまない以上、かなり冷徹に処理がなされる点も
重要だろう。たとえば具体的には、「加工労働」で複製技術を活用
した大量生産がなされれば、対象物は粗末なあつかいをうけ、大量
廃棄などもはどめがかかりづらいだろうとか、「処理労働」でも「対
生命労働」のときにはありえないような乱暴な心理がはたらきかね
ないとか。「犯罪労働」「殺傷／暴行労働」と、後述の「売買労働」
や「対時空労働」として位置づけた「破壊労働」とでは、形式が同
一でも行為者の意識がちがうだろう。それは「同情」とか「人情」
を生命反応が誘発するからだ。逆にいえば、残忍な組織犯罪などは、
対象を非生命・時空などと位置づけることで、かぎりなく冷酷に実
行できるのだともいえよう（無差別爆撃etc.）。

　ちなみに、「対物労働」と後述する「対時空労働」のちがいは、
あいまいだが、とりあえず、モノ／情報など、対象の具体的な特定
化が容易なばあいは「対物労働」であり、それが困難なばあいを
「対時空労働」と位置づけておこう。

３−１　対物労働１：「加工労働」

　伝統的に工作とか生産、肉体労働などとよばれてきた領域をさす。
ただし、在来の《物体への物理的はたらきかけ》といった生産・製

I部　理念型を介した労働概念の再検討　　**49**

造労働（木工・金工・組立作業・検察作業・土木作業……）として把握するのではなく、プログラミングであるとか、新聞記事・ニュース原稿の作文・編集など情報の生産・加工、文学執筆（フィクション／ノンフィクション）、マンガ・アニメ・ゲーム制作、1次元（音楽系）−2次元（絵画系）−3次元（立体アート系）など各種アート制作、学術論文・研究書執筆・編集等にもこれがふくまれる。複製技術・通信技術の援用だ。情報発信目的のデータ加工という意味では、デマ・プロパガンダや、近年のフェイクニュースなども、この要素をかならずかかえこんでいるといえよう。

　ほかにも、企業／自治体などの企画・開発部門の機能にもこれがふくまれるだろう。無から突然企画・発明等がもたらされることはないからだ。

　さらには、後述する「発見／発掘−採掘／回収労働」の準備作業としての掘削であるとか「排除−制圧／駆除−捕獲／収穫労働」にともなう破壊活動などもふくめるべきだろう。

　その本質は、物質やデータが、従前の状態から質的に変化をとげることを目的としたはたらきかけという点にある[41]。ちなみに、食品工業や調理などで、動物性タンパク質等を加工するばあいは、対生命労働の一種に分類すべきようにみえるかもしれない。しかし、動物を調理などの「加工」対象とするときには、生体としてではなく、タンパク質とか脂質など、素材化しているのである。おなじように、美容師・理容師やペットトリマー、メイキャップアーティストの業務なども、対生命労働とみるより、体毛や皮膚の加工に本質をみよう。

41　対生命労働とことなるのは、物質やデータ等には「意志」「感情」などによる「反応」がない点だけか。

対象の質的変化を目的とするという点では、後述する「発見／発掘−採掘／回収労働」をうけた収集・整理作業は、乱雑なままで有用性がひくい状態から利用価値のたかい状態へとひきあげる作業として、これにふくめてよい。もちろん、それはなにも物体に限定した作業ではなく、記者・ジャーナリストが取材対象から入手できた情報を作文・編集などに適したかたちへと整理する作業もふくめるべきだろう。

　ちなみに、すでにのべた「政治労働」の箇所で、コリンズが「生産労働」と対比させることで提起した「政治労働」概念とはことなるとのべた。これとせなかあわせのかたちで、この「加工労働」は、コリンズが提起した「生産労働／政治労働」という対概念・視座とは異質な本質に着目している。当然、この「加工労働」は「政治労働」と二項対立化された理念型でなどない。「加工労働」は、コリンズがのべるような「政治労働」と対比されないばかりでなく、この連字符労働概念群のなかであげた「政治労働」とも直接的には対比されない。関係性が直接対照されるべきは、以下に列挙される「対物労働」の一群とであり、そのつぎに関連する「対時空労働」や「対生命労働」との対照が浮上するにすぎない。たとえば、すでにのべたように、生命を加工し食材・料理化する作業は「対生命労働」と位置づけない方が合理的であるとか、製品の検品過程という「監視労働」は「加工労働」のほとんどとセットになるだろうとか、そういった考察として具体化するだろう。

　もちろん「加工労働」をとりまく労務管理・「後方支援（ロジスティクス）」などは「政治労働」ぬきには成立しない。しかし、あたかも製品生産とそれをとりまく広義の政治が労働概念の分析の最重要課題であるかのようにコリンズの図式をうのみにするのであれば、その労働概念は貧困にすぎるだろう。

Ⅰ部　理念型を介した労働概念の再検討　　**51**

3－2　対物労働 2：「メンテ（ナンス）労働」

　標準的な状態を維持するための、もろもろの作業。ヒトをふくめた動物が「ケア」され、植物が栽培されるのであるなら、「メンテ」の対象は、第一に機械類や建造物、そして道具類や衣類やそれにともなう装身具・帽子・クツ等もふくまれる。「建築・土木構造物や自動車など機械類の整備・維持・保守・点検・手入れ」等（ウィキペディア）がおもな業務となるというのが、おおむねのイメージだろうが、利器・運動用具など道具類、服飾関連のメンテナンス（修理・調整）は、多様である。「ケア」とか「栽培・維持」などが動植物を対象化するのに対して、「メンテナンス」は、非生物たる、基本的には各種メカニズム・建築物・インフラ等構造物、さまざまな物品を良好な状態に「メンテ」することが本質となる。

　大規模建築（オフィスビルやマンション、球場・馬場・アイスリンクなど競技場、多目的スペースなど）の管理人やメンテナンスサービスのスタッフのこなす業務、学校用務員や球団などの用具係、グランド整備係などの業務は、対時空労働ともいえると同時に、具体的物財を保守・点検・整備するスタッフが多数配置されている。ステージなどを舞台としたパフォーマンス労働にとっての、バックステージ、軍隊ほか非常事態対応組織の後方支援がそれにあたる。一般には「裏方」とよばれることがおおいとおもわれる。

3－3　対物労働 3：「発見／発掘－採掘／回収労働」

　対生命労働としての「捕獲／収穫労働」「救助／救出労働」と並行して、非生命を発見・発掘する作業も、それが遊戯ではないかぎり、まぎれもない労働といえる。貴重品・危険物など、さまざまな理由から回収にあたいする物体を処理する作業にもふくまれる。結局、宝石・貴金属・鉱石・化石燃料など希少財の発掘や、薬草や珍奇な動植物の発見だけではなく、危険物の回収などはもちろん、新

技術や考古学上・史資料等の発見にもふくまれることになる。

3－4　対物労働4：「処理労働」

　「加工労働」や「メンテ労働」と共存するかたちで、つねに付随的に発生するのが、物体や情報の、加工・メンテナンスに付随する処理作業だ。「加工労働」「メンテ労働」で発生した不要物（情報）・有害物（情報）を廃棄したり、復元不能にすることをふくめた隠蔽処理であるとか、加工・整理・維持のために不可避な現実をひきうける労働である。

　これは対生命労働や対時空労働に位置づけるべきだろうが、たとえば暗殺であるとか処刑・大量虐殺・殺処分はもちろん、誘拐など、ヒト・動植物の「処理」、証拠となりそうな印刷物の抹殺や建造物の破壊とか、目的・秩序などにとって「有害」「不要」とみなされた、もろもろの存在を「なきもの」「ことなること」へと変容させる作業すべてをとらえる概念である。

　ナチス・ドイツが強制収容所の囚人たちに死体処理を強要した労務部隊「ゾンダーコマンド」（Sonderkommando）の業務にも、これら「処理労働」の本質をみておくべきだろう（ウィキペディア「ゾンダーコマンド（強制収容所））。同胞の死体を大量処理させるという、マッドサイエンティストというほかない発想は人体のモノ化の極致であり[42]、シベリアの強制収容所において、早晩しにゆく収容者たちに自身の墓穴を事前にほらせたという構図と同様、究極の「セルフリーじス」である。こういった狂気というほかない処理空間に、工場労働の超合理化のみならず、マクドナルド化の先駆のひとつを

---

[42]　リッツァらは、原材料が人間であり最終生産物が死と総括したが、人体からとった脂肪で石鹸をつくれるような発想、それをうみだした感覚自体が、人間のモノ化＝マッドサイエンティストのものというほかない。

Ⅰ部　理念型を介した労働概念の再検討　　**53**

みてとったジョージ・リッツァは慧眼といえる (リッツァ 1999) [43]。

　また、通販の巨人「Amazon.com」のような巨大組織の倉庫で毎日くりかえされる「仕訳（ピッキング）作業」[44]は、「加工」「メンテ」「発見・発掘－採掘・回収」といった、以上ふれた諸領域からもれる領域として提起する意味があるだろう (横田 2010)。それは一見、不要・有害な要素の除去処理ではなく、まさに有用な要素の「仕訳」なのだが、みかたを反転すれば、ロボット化しきれない要素＝不要・有害性を封ずるために動員されている人力なのである。

３－５　対物労働５:「文書労働」

　官僚制維持のための不可欠の要素として文書主義があげられる。文書主義は、古代から、粘土板、木簡・竹簡、羊皮紙などをへてグーテンベルクの活版印刷術につながる紙（繊維素材）へのモジ表記・図表を前提としている。それは、20世紀末には電子文書へと一気に媒体としての性格をかえたが、文書概念は、たとえば“file”といった用語としてひきつがれている。

　既出の「加工労働」「メンテ労働」「処理労働」などと性格がかさなるが、文書化された情報を維持・管理、ときに改編・隠蔽・削除などを「官僚」として執行する作業を「文書労働」としておこう。後者のプロセス（情報開示による民主化という観点からは、あきらかに負の側面）は、古典SF作品として『1984年』『華氏451度』などとして戯画化されたが、実際問題として社会主義体制や日本の官僚制度のなかの実態＝現実であった。ヴェーバーがのべたように

43　当事者＝生存者の証言としてはヴェネツィア（2008）など。

44　齊藤（2016: 51-2）

近代官僚制の浸透は、よくもわるくも合理化過程だった[45]。そして、その不可欠の一部としての文書主義と、その装置としての「文書」は、その管理者を不可欠の労働者とした。

3−6　対物労働6：「売買労働」

　すでに「求人労働」の際にふれたように、売買の対象は物品にかぎらず、奴隷・動植物・病原体など生命体全般もふくまれる（生命体も「物品化」＝売買される）。もちろん、「加工労働」の際にふれたのとおなじく、「売買」の対象は物体にかぎられるわけではなく、権利・リスクほか広義の情報や電子マネーなど、物理的実体がほとんどないものまでふくまれる。サービスはもちろんである。したがって、過去には常態だった物々交換とか、卸売／小売といった商業にみられた「売買」のイメージをはるかにこえた多種多様な労働形態が潜在していそうだ。その相当部分が機械化・自動化され、セルフサービスなどとして機能しているかもしれないが、たとえばス

45　一般に「鉄の檻」という日本語訳として流通してきたヴェーバーによる官僚制がおびた呪縛性イメージは、もうすこし陰影をおびたニュアンスとして理解すべきだろう。たとえば、「将来の隷属の殻 (das Gehäuse jener Hörigkeit der Zukunft)」「鋼鉄の如く堅固な殻 (ein stahlhartes Gehäuse)」といった、より限定的な表現として（ヴェーバー 1972: 365, ヴェーバー 1982: 365）。さらには、原語「Gehäuse」は、「一般的には内部を守るための硬いケースや殻のようなものを指す語」であり、「資本主義経済の淘汰の中で生き残るために必要な保護を与えるものとして「Gehäuse」は理解される。それは単に制度的に押し付けられるものではなく、生き残るために必要とされる。かくして「「職業人たらざるをえない」近代人は、近代的経済秩序の殻に自発的に閉じこもり、かつ「強制的に閉じ込められている」という「保護と重荷の両義性」」をおびているとか、カタツムリの殻が隠喩として適当だという議論さえある（小柳 2011: 48, 53, 荒川 2007）。

Ⅰ部　理念型を介した労働概念の再検討　　**55**

マートフォン等携帯端末をクリックする作業とて、これにふくめるべきだろう。ともあれ、ゆたかな生活を提供すると称してきた「依存症ビジネス」業界は、「買い物依存症」など、当人にとっては「しなければならない」労働と化している行為を、脳内麻薬などが分泌しつづけ禁断症状がでるような行動パターンへとおとしこむよう必死に工作しているだろう。潜在的な「売買労働」は無数に発生していると推定できる。

3−7　対物労働7:「学習労働」

すでに「加工労働」の際にのべたのと同様、ここではたとえば、ある筋肉を充実させるとか、ある運動神経を獲得するといった学習（物理的実体の獲得）にとどまらず、情報の整理・消化・活用法などの習得をふくむ。むしろ、対人労働であげた「教育／支配労働」で対象化された広義の動物がこなす行為が大半をしめる。心身のパフォーマンス能力をあげるための訓練として、下位概念として「訓練労働」「記憶労働」などもあげておくべきだろう。

もちろん、学習は教育者・支配者をかならずしも必要とはしない過程であるし、学習対象は「自然環境」など物理的実体や文献・考古学資料など各種情報、動植物の生命活動など、種々にわたる。思想史家、内田樹は『先生はえらい』で、学習者にとって「師」にあたる人物は「えらい」存在であるという宿命的構造＝本質を指摘している（内田 2005）。しかし、学習者の能力（時宜・文脈もふくめた）さえととのっているなら、「えらい」存在は、特定の人物にかぎらない。森羅万象はもちろん、ゴミとしかいいようのない文献でさえ、有益な学習素材たりえるし、そういった文脈にあっては、学習は「しなければならない」作業にほかならないからだ。学習過程の素材を提供したりサポートしたりする具体的要素が教師・トレーナーなどの人格であっても、学習対象の本質は、情報など外化され

た「なにか」であって、人格そのものではない。したがって、カテゴリーとして「学習労働」は「対生命労働」の下位単位ではない。

なお、「学習」のおおくで、学習者が「月謝」「授業料」などとして、「教育／支配」労働提供者に「対価」にかかわる出費をせおうことがおおく、「学習労働」過程に対して報酬がしはらわれることは構造的にありえないが、この過程が「しなければならない」作業であるという文脈があるかぎり、まぎれもない労働である。この点については、後述する対時空労働の一種である「受忍労働」の項で詳述する。

3−8 対物労働8：「完成労働」

すでにとりあげた「加工労働」とかさなる性格がつよいとおもうが、半製品を完成させること（組立作業、研磨作業、etc.）、なまデータを解析処理・整理して簡潔な結論までまとめることも、作業の本質として重要だろう。つまり、製品・作品等をつくること、情報等をあつめることではなく、「しあげる」こと、「まとめあげる」ことなどである。

当然、「加工労働」であげた各種制作過程の「しあげ」は、この要素をかかえることになる。論文等の査読者が「チェック」というかたちで「監視労働」をこなしているとすれば、編集者・著者は、「校正」というかたちで「完成稿」をしあげようとするとか、作曲者の原案をつかって編曲がなされることなど、いろいろな具体例がイメージされるだろう。

Ⅰ部　理念型を介した労働概念の再検討　　**57**

4
連字符労働３＝対時空労働（時間ないし空間での種々の行為・待機）

4−0　対時空労働：時間ないし空間での種々の行為・待機の本質

　前章で、「対物労働」と「対時空労働」のちがいはあいまいなので、とりあえずモノ／情報など、対象の具体的な特定化が容易なばあいを「対物労働」、具体的特定化が困難なばあいを「対時空労働」と位置づけておこうとした。

　以下、具体的な下位概念を検討してもらえれば了解されるとおもうが、たとえば「待機」「監視」するとは、具体的なだれか／なにかをまつ／監視するとはかぎらない。時間や空間を対象化するとは、しばしば定義化があいまいなものであり、要求される秩序なども抽象度がたかいことがしばしばだ。室温を、くまなく摂氏24度・湿度60％に維持するといった物理的環境の特定は機械化できるかもしれないが、ある人物やペットが快適と感じる環境を維持するというのは、具体化がむずかしかろう。おそらく、ロボット化がもっともおくれそうな領域である。空間を「整理」するとか、秩序を維持するというのも同様だ。「破壊」するもそうで、具体的な物理的標的をこわすだけではことたりず、たとえば都市機能を破壊するとか、戦闘体制を破壊するとか、軍事作戦のおおくは、単純な対生命・対物攻撃に還元できないのである。

　また、「移動」する、「受忍」する、「経営」するなど、抽象的な行為が、対生命行動や対物行動とはかぎらないことは明白だろう。それらは、いきものやモノに対してなにかするというのではなく、目的化された時間・空間に対して、有意味なとりくみをする、という以外に概念化が不可能だ。以下の、下位概念は、それら「おちぼひ

ろい」作業による抽象化の産物だ。

4－1　対時空労働1：「待機労働」

「待機労働」は、タクシー運転手の客まちの待機時間であるとか、労働法上のあつかいなどを例外として、消極的にしかとりあげられてこなかった。

しかし、ガードマンらの「監視」[46]、ハンター／動物写真家／パパラッチ（ゴシップ写真家）などがチャンスをまちつづける「ハンター／コレクター系の待機」、接客サービスを目的とした店頭や電話番など、さまざまな「待機」自体が労働にほかならない現実がある。長時間労働など、労働条件からの問題提起としては、物流センターや倉庫でトラックの集中から発生する積み込み時間中ずっとまたされる運転手たちの「手待ち時間」問題などがあげられる（齊藤 2016: 160-2）。

またここには、「（待機労働としての）接客準備労働」などの「機会まち労働」など、からまってくる複数の領域が想起されるだろう。たとえばホテル・企業・公共施設などのフロント、飲食店・販売店、美容室・エステ、診療所・歯科医院など、「接客準備」のための「待機」も無視できない時間・空間である。人気スポットはともかくとして、「ひま」な時間帯に休憩ができるわけではない。つねに「う

---

[46]　石油化学工場のコントロールルームでの「監視労働」（異常事態の有無のチェック）について、コンピューター制御が安定的に作動しているときはもちろん、小規模な運転異常であっても、マニュアルにそったハンドル操作ですむような構図＝有事にそなえた「待機労働」なのだという解釈をくわえている社会学者がいる（柴田 2000: 21-2）。しかし、以上の分析でもわかるように、ここには「監視労働」「待機労働」双方の本質が共存・せなかあわせになっていると解釈すべきだろう。

I部　理念型を介した労働概念の再検討　　**59**

けいれ態勢」としての待機が要求されるのだ[47]。

少々変則的な「待機労働」として、「睡眠実験」といった学術調査等への参与もあげられるかもしれない。たとえば「睡眠実験」の被験者であれば、学術的要請などにそって、指示された時間・空間で睡眠状態にはいるという、単なる人体の一時的提供なのだが、その時間拘束されていること、6時間睡眠なら、その時間帯のあいだずっと、並行した行動はとりようがない（＝「待機」）といえるだろう。

4−2　対時空労働2：「監視労働」

これまで列挙してきた「ケア労働」「メンテ（ナンス）労働」「救助／救出労働」「排除−制圧／駆除−捕獲／収穫労働」や前項の「待機労働」において通底する労働の本質のひとつは、「異状（異常事態）」や絶好機の監視・発見であろう。「異常」「絶好機」をつねに監視し発見する業務は、これら労働領域に不可欠の前提なのである。

「監視」には、軍隊や警察など、国家権力が維持してきた治安維持活動がすぐに想起されるが、警察官僚等があまくだりすることで急増してきた民間企業としての警備会社も、その典型例だし、社会学者デイヴィッド・ライアンが批判するように個人情報の収集等、サービス産業としての監視労働は肥大化しつつある（ライアン『監視社会』）。小学生の集団登校の安全確保のために動員されてきた、高齢者等による「見守り隊」といった活動であるとか、工場の生産ラインにおける不良品発見業務、駅員・車掌などによる安全確認業務など、実は無数に「監視労働」はくりかえされてきた。たとえば労

---

[47]　事務系統や接客空間のばあい、利用客がきれても、事務作業や下膳・食器洗浄等、残務処理にあてられる時間帯であって、純粋な「待機」ではないケースがおおいだろうが、理念型上は関係ない。

働災害や医療ミスが、「ハインリッヒの法則」にしたがって発生するのであれば、それら潜在的リスクは「監視」されねばならないし、そのための要員・技術の捻出・拡充は、まともな組織ならつねにイノベーションとしてくみこまれていることになる。

ちなみに、ここに時間・資金の捻出をおこたる組織は、いわゆる「ブラック企業」ということになる。たとえば小中学校現場なども、そのそしりはまぬがれないからこそ、「柔道事故」「組体操事故」等が頻発してきた（内田2015, 2017）。

「監視労働」には、その下位単位として「警備労働」「（検品など）チェック労働」「（異状回避目的の）保守管理労働」などがあげられよう。「保守管理労働」には、意外にみえるかもしれないが、保育施設や自宅などでの乳幼児の保護・保育などもふくまれる。工場や交通インフラなどだけではないのである。ちなみに「警備労働」は、警備員の職務や警官による警邏・警備、憲兵や戒厳令下の軍事警戒などにとどまらず、動植物への被害を予防・制圧するための待機労働（たとえば牧童と牧羊犬の職務など）もふくまれるだろう。

前項であげた「機会まち労働」の具体例としては、「店舗待機労働」「タクシー等待機」「ハンター／コレクター系待機」「主婦等の帰宅まち待機」「主婦・運転士などによる送迎準備」など、無数の労働実態をあげることができる。

4−3　対時空労働3：「制圧／排除／隔離／駆除労働」

前項の「監視」対象のうち、「危険分子」は「制圧／排除」の対象でもある。犯罪者・テロリストなどが典型例だ。基本的には「外部」からの「侵入者」とみなされる。実際には「ホームグロウン・テロリズム」（Domestic terrorism; homegrown terrorism）の実行者が典型例であるように「犯罪者」なども、「外部」からの「侵入者」ではないが、ともかく「制圧」され、「刑務所」「収容所」等に

I部　理念型を介した労働概念の再検討　　**61**

「隔離」されるか「処刑」されるのが通常である[48]。ナチス支配下での ドイツ・ポーランドでのホロコーストが有名だが、先住民を強制 移住させ「インディアン保護区」や強制収容所におくりこんだアメ リカ政府は、戦時中には、なんら反逆・スパイなどのたくらみもも たない日系人を強制収容所にとじこめた。キューバ領内につくった グァンタナモ基地内刑務所などは、その延長線上にある。旧ソビエ ト・中華人民共和国での日本兵捕虜や反体制知識人をとじこめた強 制収容所（「ラーゲリ」「労働改造所」etc.）や現在の北朝鮮での強 制収容所など、現代でも現役の体制である。

しかし、「ケア労働」でふれたように、精神障害者が措置入院と いった強制的隔離の対象となるばあいさえある。「らい予防法」は、 感染力がひくい病者を不当に隔離・拘禁し、断種・不妊手術をし いるような空間だった。つまり、「侵入者」への「検疫」「免疫」機 能ではなくて、内部に「有害」とされる対象が発見されるのだ（隠 喩的な表現をえらぶなら「癌化」）。関東大震災直後の自警団による 朝鮮人虐殺や警察関係者による社会主義者・無政府主義者の拷問殺 人も、当時の日本人にとっては「駆除」だった。帝国日本における 治安維持法体制、クメール・ルージュや中国共産党などによる知識 層の「浄化」、1950年代のアメリカでふきあれた「レッドパージ」、 ルワンダ内戦での大虐殺[49]など歴史的事例にはことかかない。最悪

---

48 初期近代までは「遠島（流罪）」「所払い」など「国外追放」的な排除行為 もあったが、近代的な国家主権の定着により入国管理体制などが各地で常 態＝体制化するにつれて、各国政府が「主権」のもとに「収監」とか「処 刑」の責任をもつようになった。

49 ルワンダ内戦において、フツ系のヘイトスピーチメディア、ミルコリンヌ 自由ラジオ・テレビジョンは、ツチ系市民、特にツチ系難民主体のルワン ダ愛国戦線のゲリラを「イニェンジ（ルワンダ語でゴキブリ）」とよんで

のケースがナチスによる強制収容所だったことは、いうまでもない。歴史的文脈がちがうので単純な比較はできないが、戦前の「非国民」というカテゴリーは、「反日分子」[50]といった罵倒として継承されており、後述する「がん細胞」のような、免疫機能の標的とされるべきナショナリズムの敵が「発見」「排除」される構図は、なくなっていない。

「制圧／排除」の対象は、人間（組織）にかぎらない。もちろん、人間とその組織こそ「制圧／排除労働」の最大にしてもっとも頻繁に発生する対象なのだが、動植物（害獣・害虫・雑草etc.）はもちろん、がん細胞、ウイルスなど病原体やプリオン（タンパク質）など「生物」といいかねる存在も、有害な存在として排除する必要性があるからだ。したがって、それは基礎医学や薬学、その基礎としての理学に従事する研究業務などもふくまれることになる。また、コンピューターウイルス対策やハッキング防止にとりくむ業務も当然ふくまれるだろう。つまり、駆除組織[51]や軍隊・特殊部隊などだけではなく、有害とみなされる要素は、生命の有無にかかわらず「制圧／排除」の対象・標的化する。

もちろん、この「有害とみなされる要素」とは、「制圧／排除」されるがわからみれば、いい迷惑な把握である。がん細胞やHIVウイルスに宿主を攻撃したいといった「意志」などはないだろうが、すくなくとも、ヒトに害獣・害虫あつかいされてきた動物は、繁殖

警戒・駆除をよびかけた（ウィキペディア「ルワンダ虐殺」, 同「イニェンジ」, 元木 2013）。

50 「反日分子」のなかに、あきらかに在日コリアン・琉球列島関係者等、旧植民地にルーツをもつ層がふくまれていることは重要だ。

51 猟友会などのハンター組織や、害虫・害獣駆除業者など。

Ⅰ部　理念型を介した労働概念の再検討　　**63**

行動の一環として人体やヒトの生活空間に侵入してきたにすぎない。「のぞましい環境」という判断があってのことだ。いや「害獣駆除」といっても、そもそもはヒトがずかずかと生態系に侵入し、動物たちのテリトリーをおかしただけのばあい（「害獣＝人類」）がすくなくなかろう。おなじく「反乱軍」とか「テロリスト」の制圧組織とは、ゲリラ組織などからすれば、侵略者にすぎない「自称政府軍」にうつるだろう。そして実際、帝国日本統治下の特高や憲兵などは、正当性があやしい「制圧／駆除」作戦の実行部隊だったといえる。以上の問題整理がうきぼりにする現実は、「制圧／排除」行為とは、自己中心性がたかい生命体が独善的に環境を認識しつづけることで発生する、「免疫」機能というなの主観的自衛行動であり、「有害」性とは、独善性をおびやかす外部存在、ないし「異常細胞」的な変質をさすことになる。

　また、このカテゴリーには、火災の鎮火などもふくめるべきだろう。くいとめられるべき対象は本来擬人化できない性格だが、被災者を被害から保護しなければならないからだ。

　ちなみに、前述の「救助／救出労働」とからめるなら、密猟者など犯罪者・犯罪予備軍の犯行を予防・制圧することもふくまれることになる。「制圧／排除労働」は「救助／救出労働」とせなかあわせであるばかりでなく、本質的に「対」になっている領域なのだ。特殊部隊など、軍・警察の「救出」目的の特殊組織は、基本的に「急襲」機能を前提としており、「要人」「邦人」等の安全確保のために敵を「制圧／排除」することが自明視されているからだ[52]。

---

[52]　たとえば、「ウサーマ・ビン・ラーディンの殺害」（2011 年）のように、到底正当化しようのない容疑者殺害といった蛮行も、この概念があてはまるもので、「犯罪労働」の要素もこいといえよう。ウィキペディア「ウサーマ・ビン・ラーディンの殺害」など参照。

4−4　対時空労働4：「抵抗／確保労働」

　前項「制圧／排除／隔離／駆除労働」において、これらの労働対象とされる生命にとっては、いい迷惑だと、皮肉をのべておいた。逆にいえば、「制圧／排除／隔離」行為などに抵抗する運動で、「しなくてはならないこと」は「抵抗／確保労働」という本質といえる。これは、基本的に生命（ヒトを軸とした動植物）からおいだされようとする現実に抵抗する行為である以上、「対生命労働」に分類すべきカテゴリーかもしれない。しかし、ここでは抵抗主体にとって重視されるのが、特定の時空の確保であることに着眼することにしたい。

　このカテゴリーの本質をかかえた運動には、歴史的事例を無数にあげることが可能だ。近年では、沖縄島辺野古周辺のさまざまな抵抗運動、歴史的風化がいちじるしい三里塚闘争、歴史教科書の定番として位置づけられるようになったにもかかわらず、その政治性には充分な位置づけがなされていないようにみえる足尾鉱毒事件での田中正造らによる反対運動などが好例だろう。重要な点は、これら労働群の大半は無償ないし「もちだし」だという点だ。時間・体力・知力・精神力を発揮するが、国家権力や特定の組織（たとえば暴力団等）などが戦線維持のために「給与」等をしはらうことを例外として、労働者自身がみぜをきるのである。

4−5　対時空労働5：「整理／整頓／清掃労働」

　これは、対物労働としての「メンテ（ナンス）労働」「処理労働」と概念上・実質上きりはなせないが、広義の整理・清掃作業などを、「時空の秩序管理」の基礎作業として、位置づけておこう。これは、日本の公教育で生徒がやらされている清掃活動など、たあいのないものから、孤独死の処理（「特殊清掃」）など非常に深刻なものまで、

非常に多彩な実務作業がふくまれることになる[53]。しかし、主婦（家政婦・家事代行）の家庭管理のもろもろの業務であるとか、それこそオフィス・工場・現場での整理整頓など、無数の労働が展開されているし、それなしには通常業務や生活自体がなりたたないのが普通である。これがセルフ・ネグレクトとして欠落すれば「私生活の崩壊」がひきおこされるし、公的に秩序が崩壊すれば広義の「放棄」という事態をまねくことになる。

さらにいえば、「対生命労働」としての「ケア労働」や「排除−制圧／駆除−捕獲／収穫労働」なども、これときりはなすことはできない。「ゴミ屋敷」や「アニマルホーダー」は、いわゆる「不衛生」状態におちいらないようにホコリなどだけでなく、自分自身をふくめた生命体が排出する有機物ほかを除去・処理する作業の欠落ないし機能不全から発生するからだ。したがって、たとえば公私における屋内外の清掃作業とは、まさに発生・蓄積しつづける、無機物・有機物による空間の無秩序化（エントロピー無限大化則）を回避する必要労働と定義することができよう。

われわれは、「よごれる」「ちらかる」と生活実感としてかたり、それを回避するためにさまざまな努力をつみかさねてきたが、「整理／整頓／清掃労働」とは、「時空の秩序管理」のために、エントロピー無限大化則にあらがうことと理解することができる。

---

53 実際によごれているかどうかにかかわらず、自身のこころをみがくための修業として清掃活動を位置づけている禅寺（シャカの弟子「周利槃特」の逸話）での「作務」は、労働そのものだろう（「清掃（作務）」曹洞宗黒羽山 大雄寺『一口法話』2005 年 09 月 01 日, http://www.daiouji.or.jp/houwa005.html）。

4−6　対時空労働6：「移動／輸送労働」

　「待機労働」と対照すべき領域として、地理的な移動を前提とする時間経過行為をとらえる概念として、やはり「移動／輸送労働」をあげるべきだろう。これは、出退勤のための通勤や出張など勤務に付随して発生する現象と、運輸・旅客など、ヒトをふくめた生命[54]、そして製品等の輸送業務などが共存する。要するに道路網、鉄道網、空輸・海運ネットワークなど、陸海空の各ルートを自分自身の移動か、自分が物理的実体を移動させるために随伴するかをさしている。すでに「対生命労働」の下位単位としてあげた「ケア労働」の一種としての送迎なども、この要素がふくまれる[55]。また、強力・シェルパ、ポーターなど運搬業者はもちろん、スポンサーをつのるなどして挑戦する登山家・冒険家などもはいるだろう。血液・臓器・現金ほか無数の物品、違法薬物輸送をふくめ、大小多様な物品や情報が「動脈・静脈・毛細血管・リンパ管」に擬せられるようなルートを介して高速に、公然と、ときにひっそりと輸送される。かわりだねとしては鉄道旅行やドライブ等を紹介する旅行研究家の移動、食材・料理法の調査・発掘を目的に各地を取材・食味してあるく料理研究家や料理人たちの出張などもあげられる。

　パイロットや運転士など操縦・指揮・操舵など資格化された業務のばあいは、広義の運転技能がともなうが、たとえば公共交通機関による移動においても、移動ルートの適切な通過システムに熟知し

---

[54]　当然のことながら、ここには奴隷商人や暴力団関係者らによるヒューマントラフィッキングによる拉致連行、軍・警察・特殊工作員による拉致連行・護送、競走馬・食用家畜の移送など、さまざまな例がある。

[55]　精神疾患の発症者を医療機関に移送する民間サービスも存在する（「精神疾患　孤立する患者と家族」, NHK『おはようニッポン』2017.09.22, 押川剛『「子供を殺してください」という親たち』）

Ⅰ部　理念型を介した労働概念の再検討　　**67**

ているか、途中、関係者への確認等で合理的移動ができているか判断をおこたらないなどの注意が要求される（たとえば、現状の交通システムを前提とするなら、全盲者や低学年児童などが、介助者なしに未知の目的地に到達することは不可能だろう）。自動車におけるナビゲーションシステムや、公共交通機関の乗り継ぎルートの照会システムなどが近年急速に充実してきたこと自体が、「移動労働」が物理的負担にとどまらない、相当なコストをかかえていることをうらがきしているといえよう。

　もうひとつ、自身が移動しないものの広義の輸送にかかわる現実として、軍人等による「攻撃労働」もふくめる必要があるだろう。無人偵察機、無人攻撃機・爆撃機、遠隔暗殺兵器（ドローン型）、ミサイル・ロケット砲などの操縦である。

4-7　対時空労働7：「受忍労働」

　論理的には「待機労働」の一種＝下位概念とするか、あるいは「提供労働」の変種などとするか、ないしは「待機労働」および「提供労働」の融合形として位置づけるべきかもしれないが、端的にいって、「特定の苦痛な状況を一定の空間・時間でもちこたえる耐久、ないし犠牲」行為である。前述した売春なども、この要素を濃厚にかかえているだろう。セックスワーカーや水商売をふくめ、「感情労働」が不可避な「提供労働」は、セクハラや暴行とせなかあわせの「受忍労働」を本質とする。これ以上の具体例をあげるのは、はばかられるので、精神的な免疫ができている読者だけ確認してほしい。重要な共通点は、それが軍隊がらみ（おおくは戦地周辺）であるとか、企業戦士などへの虐待として発生してきたこと

だ[56]。

わすれてならないのは、犯罪者集団に特有な「自爆テロ」といった、単なる狂気・逸脱文化などのラベリングによって、みすごされてきた受忍労働である。歴史的には、旧日本軍がくるしまぎれの精神主義でくりかえした各種の「特攻」などがあげられよう。右派は美化するが、戦略・戦術上の合理性[57]はともかくとして、将兵に一方的な自己犠牲をしいていることは明白であり、「受忍労働」の本質が如実にみてとれる。あきらかに矛盾しているのは、敵・味方に対する、露骨な二重の基準である。戦友のための、みがわりをふくめ、自発的な自己犠牲が戦場周辺では多数くりひろげられ、それらが過度に美化されて虚構作品でくりかえしモチーフとなってきた一方（「殉職の美学」）、「敵軍」勢力による犠牲の発生は異様な現象、たとえば妄想・病的執着にもとづいた殉教・無理心中などと位置づけられてきた（イスラムテロ／「カミカゼテロ」etc.）。スターウォーズ・シリーズなども、主人公たち周辺でえらばれる自己犠牲

---

56 むごい例ばかりだが、敗北が決定的なのに時間かせぎの「すていし」として撤退をゆるされない部隊（沖縄守備隊 etc.）であるとか、ケア労働というより単なる性暴力を我慢するだけの性奴隷（軍慰安婦）であるとか、捕虜として抑留後シベリアの収容所で強制労働をしいられた兵士たち、避難をゆるさない防火活動（防空法による退去禁止・消火義務）など、歴史的事例にはことかかない。

　現代でも、アメリカ海兵隊などの無意味とさえいえそうな過酷な訓練とか、無意味な作業を密室でつづけさせる企業の軟禁状態（リストラ部屋）であるとか、半奴隷状態の外国人技能研修生制度など、たくさんの事例をあげることができよう。

57 すくなくとも戦術的には、体あたり攻撃をさけて攻撃後帰還する作戦が合理的であったことは明白である。「不死身の特攻兵」とよばれた佐々木友次が典型例といえる（鴻上 2017）。ほかには森（2006）など。

I 部　理念型を介した労働概念の再検討　　**69**

には、合理的動機が詳細にえがかれ、観客たちのなっとくが計算されていることはあきらかだが[58]、「イスラム過激派」といったカテゴリーがあてはめられた途端、すべてが「邪悪」といった負の意味づけのもとに矮小化され、狂信などに還元されてしまうのだ。これらの諸現象の現実・実態については、善悪判断など好悪感情がらみの認識をからめるべきではない。

以上、さまざまな「受忍」プロセスは、金銭や名誉等、世俗的な価値観でむくいられることがマレな現実があるが、当人たちにとって、理由はともあれ「しなければならない」行為という点で、ほかでもない労働なのだ（「受忍労働」のばあいは、「たえねばならない」）。

もうひとつおとせない領域として、すでにあげた「教育／支配労働」の対象が基本的に「受忍労働者」を意味する現実をあげておこう。前述したように、岸田秀らが「懲役刑」になぞらえたのは、その象徴的な表現だ。刑務所が監禁を基調としているだけでなく、基本的に労務をしいる「懲役刑」の受刑者のためにつくられた更生施設という性格が義務教育制度と酷似しているという指摘なのである。閉鎖空間に一定期間幽閉され（たとえデイサービスにせよ）、勉強（教科書をつかった教員による一斉授業という、事実上の選択肢の不在）を強制され、それを最低9年間がまんしなければならないのだ。それは、同年齢集団や前後の世代と交流し、社会性をつちかうとか、指導者のもとで、さまざまな知識・技能をみにつける機会をあたえられている、という現実をわりびいても、否定しようがない

58　大衆的なエンタテイメントのばあいは、しばしば「愛」がえがかれることで、犠牲が合理化されてきた。たとえば、ヒロイン（少女）をにがすために、自爆するかたちで敵もろとも自死した映画『レオン』の主人公などが典型例であろう。

現実である。特に悲惨なのは、生徒や教員からのイジメから退避する行動が、「ひきこもり」という事態をまねき、当人を非常にきずつけ、長期間にわたってくるしめるという、「皮肉」というには、あまりに残酷な構図だ。いいかえれば、加害者がわがのうのうとのさばるのが学校空間であり、そこから攻撃・差別をうけた被害者が、最後までわりをくうような理不尽な構造が、一向にあらたまろうとしていないのである。

　義務教育という時空には、「さるも地獄、のこるも地獄」というダブルバインド状況が遍在している。そして、残念ながら、この理不尽な現実にもっとも適応したがゆえに、もっとも鈍感な層が学校教員をめざし「獄吏」（岸田秀）をつとめているのだが、おそらく刑務官のような自覚はないのである。主観的には、公的に保障された「慈善事業」をになう常勤スタッフだという「自画像」以外、かかないのが普通だからだ。

4-8　対時空労働8：「破壊労働」

　すでに、①「排除-制圧／駆除-捕獲／収穫労働」にともなう破壊活動としての「加工労働」の一種、また、②証拠となりそうな印刷物の抹殺や建造物の破壊とか、目的・秩序などにとって「有害」「不要」とみなされた、もろもろの存在を「なきもの」「ことなること」へと変容させる作業としての「処理労働」を指摘した。

　ここでは、そういった対物行為という本質ではなく、ある時空への攻撃や組織的再編のための「破壊」活動一般を提起したい。

　この領域での典型例は（ピンポイント・無差別にかかわりなく）爆撃・機銃掃射など軍事作戦、ダム建設を目的としたダイナマイト爆破やダム破壊のための爆破、ニュータウン造成や空港・大学・原発施設などの土地接収のための山林の破壊・造成工事、運河建設、ビル解体工事などである。目的はなんであれ、都市を破壊する、既

I部　理念型を介した労働概念の再検討　　71

存の地形を破壊する、等々、ともかく現地の光景が一変するような劇的な物理的変貌をもたらす意図的工作全般をふくむ[59]。

　さらには、ウェブサイトや各種情報システムを改竄・破壊の任務をおびてアクセス・工作するハッキングやコンピューターウイルスの発信・拡散も破壊労働の性格をおびていることは、あげるべきだろう。

　この領域も前項同様、善悪判断など好悪感情がらみの認識をからめるべきではない。

4−9　対時空労働9：「ハイリスク労働」

　俗に「3K労働」ないし「3キ労働」（キツイ／キタナイ／キケン）といった、労働者募集上不利な業種が揶揄されてきた。しかし、さまざまな次元から、ハイリスクというべき職種・労働は多数実在する。たとえば、犯罪空間・火災現場・戦場のようなハイリスク空間での職務が前提の労働（刑事・警護・消防・軍事関連）はわかりやすい。感染症と対峙する医療関係者の職務も同様だ。船舶[60]・航

---

[59]　ジブリ映画の古典『平成狸合戦ぽんぽこ』（1994年）などは、多摩ニュータウン造成工事がモデルとなっているが、タヌキにかぎらず、現地に生息していた動植物がこうむったのは、無数の人間たちの「破壊労働」による劇的変容だった。ナレーションが「山林の木々を切り払い山を削り起伏をならし田畑を埋め昔からの家屋敷をつぶし多摩丘陵の山容を完全に変貌させて巨大な造成地を造りだし、その上に緑とゆとりの一大ベッドタウンを建設するという古今 未曾有の大開発事業である」とのべたことをうけて、オスダヌキに「人間てのはすごいですね。それまでは私たちと同じ動物の一種かと思っていたんですが、今度のことでどうやら神や仏以上の力を持ってるらしいってことがよく分かりました」とかたらせている。

[60]　船舶乗務は海難事故をはじめとした水難リスクだけでなく、上陸までに時間がかかるために傷病に対する救急態勢がとりづらいなど、死亡率はたか

空機・高層建築・原発[61]ほか重厚長大関連現場など無数の例があげられる。カーレーサーやプロの冒険家などはハイリスク自体がブランドといえる[62]。いや、落馬・落車・打撲リスクなどをかんがえれば、アスリートやパフォーマーの練習・競技・演技などは危険がつきものといえる。実際、ボクシング・キックボクシング、プロレス・総合格闘技、サッカー・ラグビー・アメフトなど団体球技、アルペンスキー・スノーボードなどウィンタースポーツでは死者をふくめて深刻な事故がくりかえされてきた[63]。オリンピックなど世界レベルの選手は事実上プロ選手なので、F1などモータースポーツなどと同様「ハイリスク労働」の性格がつよいといえよう。エクストリームスポーツ（extreme sports）にいたっては、危険そのものへの挑戦が種目の存在意義、参戦動機、そしてスポンサーの投資目的とさえなっている。

　犯罪とせなかあわせであるとか、うらみをかうといったリスクをかんがえるなら、暴力団関係者はもちろん、弁護士等法律家や芸能関係者などの業務もあてはまるだろう。

い。船員は陸上労働者の4倍の死亡率という統計もある（国土交通省海事局運航労務課安全衛生室 2011）。

[61]　「被曝労働」というべき原発周辺現場の実態については森江 (1979)、堀江 (2011ab)、川上 (2011)、樋口 (2011)、鈴木 (2011=2014)、寺尾 (2015)、竜田 (2015abc) など。ただし竜田の筆致はリスクを矮小化していると感じられる。労働者として体験してきたとは到底おもえないほど、あまりに軽薄な雰囲気でえがかれている。

[62]　アメリカのデータによれば、カーレーサーの死亡率は1%、オートレースドライバーは0.1%だそうだ（"Your Chances of Dying", http://www.besthealthdegrees.com/health-risks/)。

[63]　前項のサイトによれば、ボクサーの死亡率も、2200分の1とかなりの高率の部類である。

4－10　対時空労働 10：「経営労働」

　一般的には、企業やNPOなど組織を指揮運営すること（マネージメント）をさす表現が「経営」であるわけだから、連字符労働概念からすれば「経営労働」は対人労働の一種であり、「対生命労働」に分類されるだろう。しかしここではコリンズの「政治労働」概念に修正をくわえたのと同様、基本的に対人労働だとされてきた位置づけ自体に異議もうしたてすることとした。

　端的にいえば、「監視労働」が対人労働ではなく「対時空労働」に位置づけられるとか、おなじく「整理／整頓／清掃労働」が「対物労働」ではなく「対時空労働」に位置づけられるとしたことと、同形である。「経営労働」とは、部下を指揮して組織を運営するにとどまる行為群ではなく、資材・データ・資金など対物的マネージメントもふくめば、活動拠点・ロジスティクスなど対時空マネージメントもふくめた、非常に多面的・重層的な諸領域を総合的に指揮・監督するもろもろの労働なのである。であるがゆえに、日本語化した「マネージャー」が業界ごとに、「店長」「秘書」「監督」などさまざまな職務・社会的地位に分化してきたように、部下を指揮するとはかぎらない。また、それこそ職務には資金・時間管理などもふくまれる以上、統括・制御される対象は業務に関する一切の事象がカバーされねばならない。したがって、放送局ならディレクターが「経営労働」をになってきただろうし、映画・オペラなど総合芸術ならプロデューサーだろうし、議会で「パフォーマンス労働」を展開する議員たちをサポートするのは公設秘書らばかりでなく官僚たちも総動員されるとか。軍隊であれば、旧陸海軍が軍官僚を養成するために設立維持した「経理学校」がそのノウハウ・人脈の再生産装置だったし、企業であればロジスティクスをふくめた組織全体を俯瞰し短期・中長期の方向性を判断・指揮することがふくまれる。

　いわずもがなだが、資材・データ・資金など対物的マネージメン

ト、活動拠点・ロジスティクスなど対時空マネージメント等、非常に多面的・重層的な諸領域を総合的に指揮・監督するもろもろの労働という概念である以上、これは企業組織や軍隊内にとどまるものではない。経営学が病院・学校・宗教法人等NPOにもあてはまることはもちろん、自治体にもあてはまることは、非営利団体にもおおくの「経営労働」がくりかえされていることをものがたる。さらにいえば、これらの労働が零細企業などにもあてはまることでわかるように、実に小規模ではあれ、児童福祉施設や一般家庭でさえも、経営労働は不可欠の要素といえる。主婦・主夫がこなす家事労働のだんどりや、各種保険をふくめた財産管理などは、対人・対物・対時空のマネージメントにほかならないからだ。

4-11　対時空労働 11 :「ゲーム労働」

　一般的には、対人ゲームとしての対戦（球技・競争・格闘技・ボードゲーム）とか、軍事・裁判・議会などでの戦闘・政治ゲームとして、対人労働として位置づけるべきかもしれない。ただ、ここにはプロフェッショナルな登山などの冒険、宇宙開発など対人とは位置づけられない領域（たとえば難所・難ルートなどの過酷さ）もふくめるため、「勝利」「到達」「生還」「解明」「正解」などをめぐってたたかわれる名誉・金銭的報酬がからまる広義の「ゲーム」を包含するものとして、「対時空労働」に分類した。下位単位として「勝利追求労働」をあげておいた方がいいかもしれない。「小選挙区制」での当選とか、議会内での過半数確保など、ともかく「勝利」が決定的であって、「勝利追求ゲーム」維持が「しなければならない」作業となっている領域である[64]。

64　もちろん「圧勝」など「かちかた」が非常に重要であるとか、「試合にかっ

古典的なパチンコ・競馬・競輪・競艇などギャンブルで生計を
たてるケースはもちろん、デジタルなゲーム、ボードゲーム等の
ディープラーニングをすすめるAIへの挑戦なども、プロフェッ
ショナルな集団が誕生しそうだ（くわしくは、第Ⅱ部の連字符ゲーム
参照）。

4−12　対時空労働 12：「推理労働」

　前項「ゲーム労働」が作用する領域では無数の推定・想定がはた
らく。いわゆる「よみ」である。しかし、不確定要素をかかえた現
実との対峙、不充分なデータしか収集できない事態への対応は、無
数の領域でくりかえされてきた。刑事事件・刑事訴訟、民事訴訟
など警察・検察・裁判所周辺でくりかえされる現実、政府内部で
の「よみ」あいをふくめた国会周辺での攻防、ライバル企業間の競
争はもちろん、市場動向の「よみ」……。自然・数理系はもちろん、
あらゆる科学者たちのデータ解釈と仮説構築、各種暗号解読、ハッ
キング……。「教育／支配労働」の実行者はもちろん、選抜試験・
資格試験の受験者や学習者たちがくりかえす思考のかずかず。「世
界は無数の推理労働でできている」と総括しても、まちがいなかろ
う。前項と同様ゲーム理論の世界だ。

4−13　対時空労働 13：「シミュレーション労働」

　前項「推理労働」と次項「調査労働」と本質的にかさなる面がち
いさくないが、軍事演習・防災訓練ほか各種予行演習、ドライブ
シュミレーター・フライトシュミレーターなど各種訓練、気象予報、

て勝負にまけた」など、単なる勝敗にとどまらない「かちかた／まけかた
の美学」など、実際の競争現場でも、事態は単純ではないが。

臨界前核実験や新型核実験など核爆発をともなわい核実験、など多数の作業を想起できる。日本語版ウィキペディア「シミュレーション」、英語版Wikipedia "Simulation" にあたっただけでも、大量のシミュレーションが実行・制度化されていることがわかるだろう。

4−14　対時空労働 14：「調査労働」

　残余カテゴリーにもみえるが、この要素を本質とする労働局面・領域は、かなり広域にわたるとおもわれる。天体観測・気象観測など地学系の職務、測量・地図作成や鉄道等公共交通機関の調査など地理関連の職務、交通量調査などの職務、野鳥・野獣保護活動など自然観察・目視調査、警察・検察などによるとりしらべ、法廷・議会の傍聴・取材、競技スポーツやボードゲーム等の審判団・監督やコーチはもちろん解説や取材、舞台・講演・映画祭などの審査・批評、料理・レストラン・店舗・公園などの評価業務、ビッグデータ等の収集・処理など20世紀後半に急増し21世紀も機械化されつつ増加中ではないか。「パフォーマンス労働」の性格が濃厚なチアリーダーも展開中の競技スポーツに対する観察労働・確認労働を並行させないと遂行できない職務だ。

　基本的に広義の研究者やジャーナリスト、作家等の取材・フィールドワーク・文献収集等は、この作業を本質としているが、それだけでなく、興信所・探偵社・暴力団・公安警察などの情報収集・尾行なども、この作業の性格が濃厚といえる。

Ⅰ部　理念型を介した労働概念の再検討　　77

5
理念型としての連字符労働概念の射程：いわゆるサービス業の解析をとおして

　今回は、てはじめとして、これまで第三次産業として分類されてきた非物質的な生産・管理労働現象を具体的に解析していきたい。それは、教育・医療・福祉などの領域はもとより、家庭内など、不ばらい労働として位置づけられてきた労働現象を整理するうえで有益だとおもわれるからである。

5－1　教員の職務の解析

　教員は、第一義的に、「教育労働」従事者として位置づけられてきたはずである。本稿では、学習支援行為は、「教育／支配労働」という本質をかかえていると位置づけた。なぜなら、教育過程は、教育者が善ととらえる支配的価値秩序への編入を目的としてくりかえされるのであり、それは学習者（被教育者）にとって、ときに意にそぐわない方向性へとみちびかれる危険性をつねにかかえているからだ。「教育／支配労働」の実務については、教科教育、給食・清掃指導などもふくめた広義の生徒指導、課外活動等、多岐にわたる。事実上のサービス残業、もちかえり残業、実質ボランティアなどもふくめて、超長時間労働の巣窟として「ブラック企業」的体質と批判が浮上してきたことは、いうまでもない。

　と同時に、被教育者はしばしば被保護者であるばあいがおおく、「教育労働」は同時に「ケア労働」をかかえていることがしばしばということになる。たとえば、学位申請者に対して学位授与の判定をくだす審査委員会は、判定結果の理由を併記しなければならないが、それは（学位取得者のなっとくの有無はともかくとして）、教

育的配慮をもって授与を正当と判断した合理的根拠をあげねばならず、それは称揚行為だが、通常の判定理由には、限界や問題、課題等が付記されるのが普通である。つまり、学位授与という儀礼には、形式的ではあれ、審査委員会が申請者よりも上位にあり、指導的たちばにあるという、典型的な「政治労働」でもあるのだが、同時にそれは、学位取得者の今後の展開をねがった上位者による教育的配慮という含意をもつのである[65]。つまり、もっとも軽微な次元・水準ではあれ、学位授与とは一種の「ケア」行為にもあたるわけだ。かりに、一片の批判的表現がともなうことなく、称揚一辺倒であってもである[66]。

また、当然「感情労働」もせなかあわせであろう。教員自身がまったく感情制御なしに職務を遂行することは不可能であり、むしろ無感動・無関心といった心理的距離のおおきすぎる教育行為は「対生命労働」ではなくなるだろう[67]。被教育者の心身の変質が目的（すくなくとも前提）の教員は、（被教育者自身の感情的推移が理解できるかどうかはともかく）自分自身の感情をコントロールする必要があるし、それぬきには、きわめて危険な状態をまねく。しかし、だからこそ心身への負担がつねにきえないのだ[68]。

---

65 審査委員の何名かが学位をもちあわせていないといった現実が伏在することは、ここではふみこまない。

66 なぜなら、なんらサポートが不要な不動の地位を確立した人物にとっては、学位（名誉）・指導など不要であろうから。

67 実際には、公教育が制度化・大衆化する過程で、ほぼ一貫して各領域に定着しつづけてきた官僚主義的合理化、経営主義的合理化は、「マクドナルド化」という社会学モデルで記述するのが妥当であり、そこでは、「感情労働」が最小化できるよう、心理上のエコノミーが作動している。

68 給食指導という制度によって、小学校の担任は昼食時に事実上休憩を剥奪

Ⅰ部　理念型を介した労働概念の再検討　　**79**

以上、「教育／支配労働」「ケア労働」「感情労働」は、対生徒関係にかぎられるわけでないことはもちろんである。同僚教員や管理職、新任教員など、タテ・ヨコさまざまな関係性にある教職員に対して、指導・ケアがくりかえされることはもちろん、そこに「感情労働」がともなわない方が不自然である。さらには、対生徒、対教職員のみならず、対保護者、対近隣住民に対しても、最低でも「ケア労働」「感情労働」は不可避だろう。生徒のケンカやケガや各種不祥事、成績不振や進路不安など、さまざまな懸念・課題を、生徒をとりまく成人たちがかかえている。それに対応できるのは、基本的に教職員だけなのである[69]。

　そして重要な点として、教員は、必然的に「パフォーマンス労働」を遂行することをもとめられている存在でもある。ペットや家畜の調教という、典型的な「教育／支配労働」が、その過程でパフォーマンス（明示的な指示etc.）を不可欠の要素として動員するように、教員とは教壇をふくめた教室ないし体育館・音楽室等、各種空間を「舞台」としたパフォーマーとしての役割がかかせない。

されている。たとえば「「給食時間も授業と同じ。休憩時間ではありません」。この日案内をしてくれた給食指導担当で、算数指導などで複数の学級に入る小島香教諭（39）は年々、給食を食べるのが早くなった。大半の教員が10分未満で食べ終えるのでは、とみる」といったインタビューへの回答などは、異常な事態なのだという事実を当然視する、完全な感覚マヒをきたした現場がみてとれる（『西日本新聞』2017年12月22日）。指導にあたるために、10分前後で昼食をかきこむ教員の栄養補給とは、戦場や張り込み中の刑事ににた「受忍労働」と通底しているし、一食分の食事を消化器にながしこんでいるという意味で「処理労働」ともいえよう。

69　あまりに重大事にいたって、刑事事件などとなれば、はなしは別だが、そこまでいたる前段階までは、教職員が「第一発見者」「準当事者」として対応が不可避である。

さらには、この「パフォーマンス労働」遂行が、特定の時間・空間で発生・反復されるという現実は、これらが付随的に「対時空労働」各種の性格もかかえていることを含意する。たとえば、生徒の登下校をふくめ広義の生徒指導として教員は「待機労働」や「監視労働」をこなすことがもとめられるし、すくなくとも日本の小中学校の教員のばあい「整理／整頓／清掃労働」を生徒にしいるだけでなく、そのサポート・指導業務が不可欠だし、そもそも体育館などをふくめた校舎内や校庭等校内各所の管理運営という意味で、「整理／整頓／清掃労働」「メンテ（ナンス）労働」をひとまかせにはできまい。校内整備を清掃業者に一任するといった学校文化は、大学や各種学校、受験塾など以外では日本で一般的ではないからだ。

　以上、さまざまな側面を検討してきたが、教員という職務に共通する本質をもっとも抽象度をあげて抽出するのであれば、それは、やはり「政治労働」ということになろう[70]。「学習者の支援サービスの提供」というのが、現今の支配的イメージとなってきたことはたしかだが、「支援サービス提供」という理念と表裏一体なのが広義の支配（現実の制御）であり、詐欺商法的な教育サービスが典型的だが、利用者は学習が開始された途端、容易に「走路」からおりる権利が行使できないのがしばしばだからである。「あいてを自分の土俵にあげる」（ましこ『たたかいの社会学』）という戦略は、つねに指導者がわにはあり、あからさまにされることはまずないが、利用者に主導権をわたすことは、そもそも想定されていないのである。この非対称的な情報格差をともなう身分秩序は、『先生はえらい』（内田樹）などがのべるとおり、「学習者は真の目標をしらない」とい

---

[70]　管理職のばあいは、「経営労働」も兼務していることになろう(特に校長職)。経理等を事務局まかせにし、資金調達を自治体にまかせきりにしたとしても、広義のマネージメントはかならずのこるからだ。

I部　理念型を介した労働概念の再検討　　**81**

う構造的宿命から合理化できる面はもちろんがあるが、利用者＝学習者本位の関係性ではない、という基本構造はふまえておかないと、「教育／支配労働」を中心とした世界の理解をあやまることになる。たとえば、一般社会の常識として「刑事事件」の次元に属する現実があったとして、それを「事件化」させない「密室化」は現実に無数にあるわけだが、それが横行・反復してきた空間は、民間企業・官庁だけでなく、家庭と教育空間である。イジメ・暴力・傷害事件などを、警察ざたにせず、はなしあい／示談などの結論へとむかわせ沈静化すること、つまりは公然化させることを防止し、私的関係修復というかたちでの事態の隠蔽をはかる温床こそ、家庭と学校であった。これは、広義の「保護者」「管理者」たちが、日々日常行動として「政治労働」をこなしていることの必然的産物だし、ときに「事件化」するまで、世間が事態の本質はもちろん、存在にさえ気づかずにすごしてしまう構造は、まさに「穏便にすませる」という、「保護者」「管理者」の基本姿勢なしには説明がつかない。もちろん、実態として悪質な隠蔽工作が否定できないなら、「犯罪労働」として別途考察すべきだろうが[71]。

　問題は、こういった構図を、教員たちは自覚できない知覚上の構造的死角をかかえている点だ。すでに指摘したように、意地悪な視座からは「獄吏」になぞらえられるような「監視労働」執行者であり、目前の生徒たちが「懲役刑」に科されている現実に加担してい

71　過失致傷とは、「悪意」不在で単なる不注意・錯誤によって成立する犯罪であるから、「体罰」による致傷はもちろん、前述した「指導死」の発生は、もちろん犯罪を構成する。その際、教員が「しなければならない」行為と信じていた以上、事故発生後の隠蔽工作等の有無にかかわらず、「犯罪労働」というべきである。ちなみに、「犯罪労働」は、皮肉でもなんでもなく、「政治労働」の下位単位と位置づけてよいとおもわれる。

るのは、ほかならぬ自分たちであること。いいかえれば、「生徒を
デイサービスとして長時間にわたって保護している」という大義名
分のもと軟禁状態においているという現実を直視せず、ほぼ一生、
ゆがめられた「自画像」をかきつづけていく。実際問題、小中高校
の教員のおおくが「受忍労働」をこなしているのだが、生徒は、し
ばしば一層過酷な現実をたえしのんでいるという現実から、めをそ
らしつづけないかぎり、円満退職などないとさえいえるのだ。

　もちろん、以上で教員の職務がかたりつくせたわけではない。た
とえば、教材づくりや教材研究の産物としての整理・編集作業、定
期試験作問など、さまざまな「加工労働」なしには遂行できないだ
ろう。外部業者を動員できないケースが多々ある以上、こまごまし
た「メンテ労働」「処理労働」も無数にこなしているはずだ。教育
委員会などからしいられる報告書等の作成は「加工労働」が軸だろ
うし、これまた教育委員会やそのエージェントである校長らからお
しつけられる部活動や学校行事、そして校外研修等は「受忍労働」
「移動労働」など複雑な要素がもりこまれて、教員の心身に疲労
感・ダメージをあたえているはずである。そうでなかったら、あれ
ほどの休職者、休職予備軍、離職者が続出するはずがあるまい。

　異常な長時間労働が常態化している実態とは、(後述する主婦・
主夫のようには) 私的なやりくりで処理することをゆるされていな
い教員だからこそ、以上のようなもろもろの雑務が物理的・心理的
に集積・蓄積することで破綻をもたらした結果であろう。教員がこ
なしている労働の総体は、結果として、教員個々人を加害者にして
被害者という二面性・多重性を余儀なくさせているのである[72]。

72　こういった視座からとらえているわけではないが、現状の学校空間が必
　　然的にハイリスク空間にならざるをえない構造については、内田 (2015,
　　2017)、および前屋 (2017)。

Ⅰ部　理念型を介した労働概念の再検討　　**83**

5－2　主婦・主夫の職務の解析

つぎに、自宅を中心に家事・育児・送迎等を日常業務としてこなす主婦・主夫の職務実態を記述・再検討してみよう。

『加速化依存症』で「待子サン」という架空のキャラクターを登場させたように (ましこ 2014)、主婦・主夫の職務の基調は「待機労働」である[73]。教員が日々こなしている教育労働以外の膨大な雑務と同様、「待子サン」たちは種々雑多な職務をおおくはルーティンとして、そしてしばしば非日常的な「スクランブル発進」というかたちで対応するが、それらすべては、「バックステージ」として、ひたすら待機をやめないという意味で「待機労働」が不可欠であることが重要である。当然寒風ふきすさぶ厳冬期であるとか、直射日光や多湿などたかい不快指数をともなう猛暑などにひたすらたえぬく「受忍労働」もともなう宿命をかかえる。野球の捕手が「女房役」と隠喩され、サッカーなどゴールキーパーが「守護神」とよばれてきたのは、まさにこの「待機労働」「受忍労働」という本質をさしてきたのだ。そして、キャッシュフローを意味する家計管理、ローンや保険など中長期的な財産管理など経理・財務面でのマネジメントは「経営労働」ということになる[74]。これらの実行において、家族構成員に対する「政治労働」が陰に陽にともなうことはいうまでもない。

---

[73] 『加速化依存症』第 3 章「「待子サン」たちの時間」。特に、「3-1 「常時臨戦的待機モード」というポジション」。

[74] 主婦むけ雑誌のしにせ出版社の編集者は、雑誌休刊をふりかえり「時代は変わっても、主婦という家庭をマネジメントする役割や存在自体は変わらない」とのべている (「「主婦の友」の盛衰から見る専業主婦論　「家庭か仕事か」3 度論争も」『withnews』2018 年 01 月 04 日, https://withnews.jp/article/f018010 4001qq00000000000000W08110301qq000016541A)

これらの基調を背景としたうえで展開するのが、教員と同様「ケア労働」「教育／支配労働」である。しかし、学校が基本的に不特定多数に対するマクドナルド化されたサービスであるのに対して、家庭周辺では、特定少数に対して、マクドナルド化されたサービスのような粗末なあつかいをうけたと感じさせない「感情労働」を余計に要求されることになる。いずれにせよ育児をはじめとして、無数の「ケア労働」「感情労働」「サービス労働」が必要とされるだろう。「母性」として代表される、対人・対ペットなどの保護者としてのキャライメージは、これらが重要な主婦・主夫のやくわりだったからだ。

　対物的には、調理など「加工労働」が中軸にすえられるが、ほかにも「メンテ労働」「処理労働」をあげねばかたておちだし、「対時空労働」としても、「監視労働」「整理／整頓／清掃労働」「移動労働」などが家事のなかではみのがせない。従来から「家をまもる」と称された業務・役割といえる。また調理は、主婦・主夫の最重要課題として、たとえば長期休暇とか弁当などについてはあてはまるかもしれないが、それは「加工労働」という要素に還元できない。調理という最前線作業の「後方支援」たる、かいだしとか、そのための移動・待機とか、一日／一週間／一か月間／年間にわたる短期〜長期の段どり、配膳・食器洗浄ほかなどが無視できないのである[75]。だからこそ「三度三度の食事自体が負担」という負担感もふ

75　食事提供にかぎらず、大和ハウス工業による調査結果（「20代から40代の共働き夫婦の"家事"に関する意識調査」）から指摘され問題化した「夫が家事だと認識していない「名もなき家事」」などは、カップル間での認識のズレとして、非常に深刻なことがわかる。
　　　・大和ハウス工業「共働き夫婦の「家事」に関する意識調査 第1回」（『TRY家コラム（トライエコラム）』, http://www.daiwahouse.co.jp/column/lifestyle/dual_income/）

Ⅰ部　理念型を介した労働概念の再検討　　**85**

きだすのであろう[76]。

　そして、これら種々雑多で、「年中無休」状態、「代行メンバー」が潤沢には用意できない性格、そして「残業」をふくめて「不ばらい」部分がおおいことは、家政婦などの賃金換算などから試算された「推定収入」で間接的にしることができる。たとえば、サラリーマンの年収からすれば、到底対価をしはらえない水準の質／量が常時供給されているといったぐあいに。

　イバン・イリイチの産業社会批判にそって「シャドウ・ワーク」となづけられた「不ばらい労働（unpaid work）」は、フェミニズ

・『SUUMO ジャーナル』編集部「夫が認識していない「名もなき家事」の正体　妻のストレスの原因がここに？」（『東洋経済 ONLINE』2017 年 06 月 03 日，http://toyokeizai.net/articles/-/174469）
・小林明子「「名もなき家事」に名前をつけてみた。料理についてはじめから説明するとだな......家事を分担しよう！　その前に、家事を分解しよう！」（『BuzzFeed News』2017/09/8，https://www.buzzfeed.com/jp/akikokobayashi/namonaki-kaji?utm_term=.wpIV8d741#.bejP6zGom）。
・卵岡 若菜「アプリで名もなき家事が一目瞭然！　夫婦のリアルな感想」（『メオトーク』2018/01/02，https://meotalk.jp/life/14216）

76　たとえば、『その家事、いらない。』という家事省力化の提唱本は、家事全般でのムダな努力の排除をめざしているが、「2 章　台所仕事やめた」の冒頭は「夕食の献立に悩むのやめた」である。「献立の大枠だけは決めておく」けど、「事前に夕食の献立を決めておく」ことはやめないと、自縄自縛におちいると指摘しているのである（山田 2017: 24-7）。こどもたちに対して、ひらきなおって「昨日と同じごはんでもいいですか〜？」「まだどんぶりですけど、いいですか〜？」とただし、「オッケーです〜！」と同意をえながら（同: 11）。「毎朝メニュー変えるのやめた」（同: 60-3）も同様で、家族をあきさせない毎日のバラエティーといった幻想が極端に家事負担を過重にしているものとかんがえられる。「きちんと」とか「丁寧な」といった家事に対する姿勢が、これら過重労働をもたらしているという「家事のしすぎ」論は、炊事にかぎらず重要だ（佐光 2017）。

ムによって理論化されることで、充分可視化されたようにみえる[77]。しかし、「名もなき家事」といった不満の浮上でわかるように、問題は賃金換算されないかどうかではなくて、だれかが負担しているのに、それが不可視な状態のままで放置されるような本質が、家事・育児周辺には無数にあるという構造だろう。主婦・主夫のばあいは、それらが顕在化しないが、ともばたらき（double income）のばあい、カップル間での負担の分担問題は、かなり深刻だとおもわれる。「名もなき家事」に気づかせないようなふるまいを母親たちがくりかえして、男児をスポイルしつづけるだろうからだ。

5-3　アニメーターの職務の解析

　最後に、ガラパゴス文化なしには説明不能な現代日本を象徴する業態としてアニメーターの職務実態を記述・再検討してみよう。

　対物労働（非生命へのはたらきかけ）の第1位にあげた「加工労働」のなかで「マンガ・アニメ・ゲーム制作、1次元（音楽系）－2次元（絵画系）－3次元（立体アート系）など各種アート制作……」とのべたとおり、アニメーターの主要職務は、当然「加工労働」の側面を本質としてあげねばなるまい。

　松永伸太朗によれば、「アニメーション作品製作の工程は」「大きくプリプロダクション工程、プロダクション工程、ポストプロダクション工程に分けることができる」という（松永 2016: 2）。

　「ポストプロダクション工程では編集やアフレコなどが行われ」「アニメーターはこの工程には関与しない」とあり、アニメーター

---

[77]　感情労働を主題化したホックシールドも、イリイチの着眼した不可視の労力の一形態と位置づけ、しかも「家事労働と同じで、実際の労働としてはカウントされない」「しかし物事を処理するには非常に大切な作業」としている（ホックシールド 2000: 192）。

Ⅰ部　理念型を介した労働概念の再検討　　**87**

がかかわるのは「プリプロダクション工程」「プロダクション工程」ということになるが（同上: 3）、松永によれば「アニメーターの仕事は末端の動画工程に至るまで単純作業ではなく、一定の創造性が求められる」という。たとえば「原画の間をつなぐ絵を作成する職務」である「動画工程」のばあい、「そのつなぎ方については必ずしも一義的に決まらない場合があり、動画マンが自らつなぎ方を構想しなければならないことがある。この点で構想と実行が完全に分離されていないことにアニメーターの仕事の一つの特徴がある」と（同上: 3-4）。しかし、視覚情報の加工のために必要とされる「構想」過程も、広義の「加工労働」とみなしてさしつかえなかろう。松永がインタビュー調査で抽出したアニメーターのアイデンティティーは「クリエーター」であるとか「職人」であるとか、個人個人で少々の相違はあれども、それらは「加工労働」という本質が共通しているとかんがえられる（同上: 7-16）。

　課題は、アニメーターが「加工労働」以外に重要な労働をこなしていないかである。松永は、アニメーターたちが、作画監督以上が構成する上流工程の意図を充分にくみ実現しようとする姿勢を「職人的規範」、どうしても発生する創造性の発揮という理念の体現として「クリエーター的規範」として抽出し、はざまで葛藤するさまをえがいた（同上: 7-20）。そして、別の研究動向を参照する際に「Llwellyn & Hindmarsh (2013) が推論労働 inerence labor という概念を用いて感情労働をエスノメソドロジー的に再検討しつつ乗り越えようする試みを行っている」としている（同上: 22）。松永はアニメーターに対して適用する意思はないようだが、「職人的規範」と「クリエーター的規範」という両立困難な職務だからこそ、アニメーターは「推理労働」をふくめた広義の「感情労働」をこなしているのではないか。そもそも技量の大小とは無関係に回転しつづける理不尽な低賃金状態にたえつづけるかれらの日常は「感情労

働」をともなう「受忍労働」そのものだろう。過酷な長時間労働ゆ
え「待機労働」はほとんどないかもしれないが、すくなくとも「受
忍」は常態化していると[78]。

　ちなみに、松永は「コンテンツ産業において用いられる制作と製
作という語はそれぞれ異なるので使い分けが必要である。前者は作
画・撮影・アフレコなどのコンテンツそのものを作る作業を指して
いるが、後者は予算確保やスタッフの選定などの企画レベルの工程
まで含む概念である」とする（同上: 22）。上流過程の業務が「加工
労働」だけでなく、さまざまな「経営労働」「教育／支配労働」を
ふくむことはもちろん、「〈やりがい〉の搾取」の正当化をふくめた、
さまざまな「感情労働」を並行していることは、いうまでもなかろ
う。テレビ局スタッフなどは、制作会社への「コンテンツ」のまる
なげと理解しているかもしれないが、まるなげされた過程が「加工
労働」に還元できないことだけは明白だ。

---

[78] なお、少々ふるいデータだが「アニメーター年収100万　業界は全員「極
貧」か」（『J-CASTニュース』2009/9/10）によれば、「年収は人にもよるが、
20代で数年の経験があっても、1日10時間毎日働いて100万円程度。ア
ニメーター募集の際には、低賃金のため「親からの仕送りがある」「親元
から通っている」などの条件が付く会社も多い」という。
　一方、「アニメ関係者すべて貧乏だというのは誤解で」「キャリアや実績
とは関係なく、担当セクションによって収入に差が出ている」。「アニメ
業界は決して貧しくなどない。アニメーターが貧しいだけ」「賃金格差が、
仕事ができるアニメーターのプロを減らしている」と（https://www.j-cast.
com/2009/09/10049011.html?p=all）。
　同様の格差・搾取構造がアニメ業界にかぎらないことは、「「アシスタ
ントに残業代を」に「嫌なら就職しなさい」　ツイートが大炎上の有名漫
画家」（『J-CASTニュース』2018/1/9, https://www.j-cast.com/2018/01/09318257.
html?p=all）。

90

II部
理念型を介したゲーム概念の再検討

II部のあらまし

連字符労働概念モデルの機械的適用を、「あそび」の領域にもこころみ、理念型群として「連字符ゲーム」概念をやはり3つの下位カテゴリーとして提起する。「連字符ゲーム」の下位概念として、「連字符労働」概念同様、「対生命ゲーム」「対物ゲーム」「対時空ゲーム」という3方向のカテゴリーを設定したのである。たとえば、「対生命ゲーム」カテゴリーの具体的概念として、「感情ゲーム」「教育／支配ゲーム」「ケアゲーム」などがあげられ、「対物ゲーム」の具体的概念として、「加工ゲーム」「メンテ (ナンス) ゲーム」「文書ゲーム」があげられる、といったぐあいである。

この「連字符ゲーム」概念は、理念型群であり、「言語ゲーム」モデルによったものなので、ここで「ゲーム理論2」という問題提起をする。「ゲーム理論」が数理科学として精緻であり、多大な功績を蓄積してきたことは事実でも、「ゲーム」概念がせまいため、社会現象としての「遊戯」をカバーしきれないからである。

第II部でも、第I部同様、各下位カテゴリーによって具体的遊戯現象を解析したのち、団体球技などメジャースポーツに対して具体的に適用し、どういった本質がみてとれるか検討する。それによって、既存のスポーツ論にはみられなかった次元での発見がえられた。また、補論として、AI主導の社会が到来するとされる一連の議論に対して、遊戯やプロスポーツ等にどういった変容が予想されるか検討した。

6
理念型「連字符ゲーム」の提起による「ゲーム理論 2」の提起

　「連字符労働」という理念型を介した労働概念の再検討にならって、「ゲーム」概念の拡張と下位単位の解析・整理をおこなうこととする。それは、説明上イメージされてきた「ゲーム」の含意として「勝敗の決定」という「ルール」さえもはずしてしまうような原初的な"Spiel"（あそび／おふざけ／かけ／演技……）という含意、英語の"game"のみならず"play"などまでが包含されるようなイメージだ。カイヨワも言及している工学上の「あそび（ゆとり／すきま…）」をしめす"play""jeux""Spiel"といった表現に関連するニュアンスもふくめておこう[1]。さらには、晩年のジンメルが代表作のひとつとしてあらわした『社会学の根本問題』のなかで「社会的遊戯」（Gesellschaftsspiel）という表現をもって注意を喚起しているように、社交は女性が弄するコケットリー[2]などを典型として本質的に遊戯性をおびてしまうことも、もうしそえておこう。ドラマツルギーなど社会学理論がモデル化してきたように、そもそも社会

1　ホイジンガやカイヨワの「ルドゥス（Ludus）」概念などを起源とする「ルドロジー」（Ludology）等の議論（「ゲーム研究」）が蓄積されてきた（高橋 2009，吉田寛 2016）。しかし、これらの議論の主流は、近年のコンピューターゲームの勃興とそのメディア特性の刺激あっての展開であった。本論では、より広義の「遊戯−ゲーム」論を想定している。たとえば、井上明人が着目した「にらめっこ」論など、「ゲーム」かいなかの境界線問題などを完全に超越した、重層的・多次元的な議論である（井上 2008b）。

2　7−7　対生命ゲーム 7：「パフォーマンスゲーム」の項参照。

のミクロ過程は演劇性・虚構性をかかえていたのであった。「露と落ち 露と消えにし 我が身かな 浪速のことも 夢のまた夢」という豊臣秀吉の辞世も、「胡蝶の夢」「邯鄲の枕」「マトリックス（映画）」がといかけるような「水槽の脳」仮説と通底する。「天下統一」といった偉業でさえも壮大な夢想・ドラマに感じられたという解釈も可能だろう[3]。

したがって、ここでとりあげる「ゲーム」とは、数理科学としての「ゲーム理論」でとりあげるような諸領域ではない。ヴィトゲンシュタインの提唱した「言語ゲーム」（Sprachspiel）でかたられるような含意での「ゲーム」である。少々わるのりしていうなら、"Spiel"という概念の喚起する[4]語彙群ゲーム＝"Sprachspiel"である。ここに、数理科学として確立した既存の一群を「ゲーム理論1」とし、ヴィトゲンシュタイン流言語ゲームとして、「ゲーム理論2」（＝理念型「連字符ゲーム」）を提起したい（【コラム：「ゲーム理論」をめぐって】参照）。

---

3 実際、秀吉が執着した朝鮮出兵＝中国大陸全体の攻略といった発想は誇大妄想だったし、豊臣氏は秀吉没後滅亡にむかっていった。五大老・五奉行たちは、経緯はともかく秀吉の遺志をつがなかったわけだ。

4 ソシュールが『一般言語学講義』でかたったとされる自由連想法的に想起される関連語群（「連合関係（rapport associatif）」）である。そのなかには同義語・類義語はもちろん対義語もふくまれるし、語幹を共有する名詞・動詞関係や、単なる文法的価値が同一であるなど一部語形を共有しているだけのケースまでもふくまれる。ちなみにソシュールがあげた具体例は① "enseignement"（教育）に対して"enseigner"（教育する）など語幹の共有群、② "éducation"（教育）－"apprentissage"（修業）など類義語群、③ "changement"（変化）－"armement"（武装）など、フロイト心理学的な意味での、いいまちがいなどから、さしかわりうる名詞群、④ "clément"（温和な）－"justement"（まさに）など語尾を共有するだけの類似語形などである。

理念型「連字符ゲーム」の提起は、もちろん、「連字符労働」という理念型を介した労働概念の再検討が有意義だったと信じるからである。ここでは経験主義的に帰納法的に言語コーパスを解析するのではなく、直感的に、「連字符労働」概念をなぞるかたちで、「対生命ゲーム」「対物（非生命）ゲーム」「対時空ゲーム」という下位概念で解析をこころみることにした。そうすることで、ほぼ機械的に「ゲーム」現象の下位単位がイメージできそうだからだ[5]。

> **対生命ゲーム**：「感情ゲーム」「教育／支配ゲーム」「ケアゲーム」「救助／救出ゲーム」「捕獲／収穫ゲーム」「犯罪ゲーム」「パフォーマンスゲーム」「政治ゲーム」「提供ゲーム」「サービスゲーム」「求人／派遣ゲーム」「性ゲーム」「殺傷／暴行ゲーム」「コミュニケーションゲーム」

> **対物ゲーム**：「加工ゲーム」「メンテ（ナンス）ゲーム」「発見／発掘−採掘／回収ゲーム」「処理ゲーム」「文書ゲーム」「売買ゲーム」「学習ゲーム」「完成ゲーム」

> **対時空ゲーム**：「待機ゲーム」「監視ゲーム」「制圧／排除／隔離／駆除ゲーム」「抵抗／確保ゲーム」「整理／整頓／清掃ゲーム」「移動／輸送ゲーム」「受忍ゲーム」「破壊ゲーム」「ハイリスクゲーム」「経営ゲーム」「推理ゲーム」「シミュレーションゲーム」「調査ゲーム」「勝利追求ゲーム」

5　ただし、対時空労働 11 とした「ゲーム労働」に対応する連字符ゲームは考察せず（「ゲーム・ゲーム」というのは再帰的だから）、一方「ゲーム労働」の下位単位とした「勝利追求労働」に対応する「勝利追求ゲーム」を対時空ゲーム 14 と連字符概念化した。

以上のように、実際、対応現象が列挙できる気がしてくる。たとえば「……「感情」のコントロールが不可欠な労働内容を指示する「感情労働」には、その下位単位として「(感情労働としての)教育／支配労働」「(感情労働としての) ケア労働」「(感情労働としての) 犯罪労働」「(感情労働としての) 政治労働」などがイメージできるとした。この労働と同形の遊戯／演技などがあるはずだ。実際、ゲームの成立上、自身の感情コントロールが不可欠の要素となる「感情ゲーム」には、その下位単位として「(感情ゲームとしての) 教育・支配ゲーム」「(感情ゲームとしての) ケアゲーム」「(感情ゲームとしての) 犯罪ゲーム」「(感情ゲームとしての) 政治ゲーム」などがイメージできる」といったぐあいに、これまで理念型を抽出し、種々の本質群を具体的領域にみてとれたように、議論の相同性がみてとれるだろう。

　では、以下、具体的にみていくことにする。

【コラム:「ゲーム理論」をめぐって】

　「ゲーム理論」では、自然あいて、機械あいてなどの「ひとりゲーム (one-player games)」を理論的には想定しているものの、基本的にはライバルないし協働者が介在する「n人ゲーム」(n≧2) を自明視している[6]。しかし、動物の相当数が「ひとりあそび」がすきだし、今後もなくならないだろう。そもそも「ゲーム理論におけるゲーム [game] とは、複数

---

[6]　ひとりゲームについては、『ゲームの理論入門』という概説書が「第一章　一人ゲーム　人間対自然のゲーム」と銘うちながら、「比較的重要性が少ないのでこれ以上は論じない」としながら、日本語訳が5ページ強でおわっていることが、「業界」のふんいきを象徴しているといえよう (デービス1973)。

のプレイヤー［player］が、自分の利益が最大となることを
目的として、相手の行動を予測しながら自分の行動を決めて
いくもの」(アブストラクトゲーム博物館 2017) といった「ゲーム」
概念自体が、非常にせまい把握だ。

　しかし、経済学者自身すでにみとめているように、自分自
身にかかわる決定については、経済学的合理主義者（Homo
economicus）としては行動できていないことが実験で立証さ
れているのではないか (ムッライナタンほか 2015)。つまり、ヘボ
将棋うちと同様、現実の個人は「自分の利益が最大となるこ
とを目的として」行動しようとしながら、実際にはできてい
ないものだ。

　そもそも「自分の利益が最大となることを目的」とはしな
い（利他的かどうかはともかく）のが、ヒトのつねではない
か（"Love is Blind" etc.）。経済学者が「効用の最大化」な
どと合理的行動をモデル化（＝合理化）しようが、中長期的
な淘汰圧などで合理的だと判明するのは、自然界の動物行動
ぐらいではないだろうか。

　うがったみかたをすれば、「数理科学的におもしろい議論
になりそうかどうか」というゲームを同志（知者同士）がき
そいあうようなゲーム性という意味で、「ゲーム理論」は急
成長した気がする（実用性はあとづけ）。ともあれ「ゲーム
理論」が「ライバル（主体的意思決定者）とのかけひき」と
いう要素を自明視する姿勢は、「ゲーム」観のせまさを感じ
ずには、いられない。

7
連字符ゲーム１：対生命ゲーム（動植物あいて
のあそび）

7−0　対生命ゲーム：ヒトをふくめた動植物あいての、たのしみかたの本質

　連字符労働論で下位単位を設定したのと同様、「対生命ゲーム」概念は、「対物（非生物）ゲーム」および「対時空ゲーム」という、目的・対象の相違によって概念を大別しようとするこころみにほかならない。連字符労働論と同様、その対象は基本的に動植物だが、ウイルスなど非生命的存在はもちろんコンピューターウイルスなど非生物も、拡張解釈によりその対象にはいってくることは、いうまでもない。

　「対生命労働」同様、自然界の変化とは異質な意志、突然変異など確率論的な処理ではカバーしきれない「対応」といったものが、「ゲーム」に共通している点だ。「対物（非生物）ゲーム」および「対時空ゲーム」よりも、刻々状況が変化することを状況判断し柔軟に対応することが要求される点が「対生命ゲーム」に通底する本質といえる。

7−1　対生命ゲーム１：「感情ゲーム」

　「感情労働」が、ホックシールドの議論などをきっかけに、さまざまな提起・分析がつみかさねられてさたのに対して、そもそも「感情ゲーム」といった概念はアカデミックには確立していないよ

Ⅱ部　理念型を介したゲーム概念の再検討　　**97**

うだ[7]。冒頭で、連字符労働論の機械的応用で、連字符ゲーム論は相当程度相同性をもつはずだとのべておきながら、はずかしいはなしだが、この「感情ゲーム」という概念にかぎっては、「感情労働」の機械的適用はできないようだ。それは、研究者たちが術語として定着させてこなかったからではなくて、「公的に観察可能な表情と身体的表現を作るために行う感情の管理」といったホックシールドの提起が、「しなければならない」労働とはことなり、あそびのばあいは、一概にいえないからだ。ただ、「ポーカーフェイス」といったカードゲーム業界の熟語が、一般社会にも充分定着したように、あそびにおいて、心身・発声などから、心理状態がバレると決定的に不利になる、それをどの程度制御できるかが勝負のカギとなるようなゲーム様式は無数にある。その意味で、「感情ゲーム」の要素をかかえたあそびは、ごく普遍的な現実とおもえる。

　また、「感情労働」のばあいは、利用客やとりひきさきなどに心理状態を隠蔽・欺瞞すること自体が「しなければならない」労働で

7　"感情ゲーム"とコーテーションマークでキーワード検索をかけると、100をこえるページがヒットするが、ほとんどが、モジどおり「ゲーム」関連の話題である。
　　例外的にアカデミックな用例としては、社会学者、宮台真司による、つぎのような論評。
　　　[[国家の中心には超越性が必要だという小林よしのり説について] それは福田和也の説でもあるが笑止だよ。構造問題から話すと、欧州は公と私を分離する。公は「契約ゲーム」、私は「感情ゲーム」。幅のある感情ゲームを、契約ゲームで超克する。感情ゲームとはいえ何でもありじゃなく、感情の正統性（社会的受容可能性）を支えるのが欧州では生活世界、米国は宗教的良心です。要は感情ゲームを正統化する機制（生活世界／宗教）と感情の両立可能性を担保する機制（契約ゲーム）の二本立て。」（「最近「富田メモ」問題について対談した際の、宮台発言ピックアップです」『MIYADAI.com Blog』2006-09-03）

あるのに対して、「感情ゲーム」のばあいは、感情表出を意図的に過剰なかたちでふざけることも、充分ありえる。

　ともあれ、「感情労働」と同形の遊戯／演技などがあるわけで[8]、「感情ゲーム」には、その下位単位として「(感情ゲームとしての)教育・支配ゲーム」「(感情ゲームとしての)恋愛ゲーム」「(感情ゲームとしての)ケアゲーム」「(感情ゲームとしての)犯罪ゲーム」「(感情ゲームとしての)政治ゲーム」などがイメージできる。具体例をあげるとすれば、SMプレイ(SMクラブであるなら、一方は労働者だろうが)、「おままごと／お医者さんごっこ」、「リンチなどイジメ」(犯罪の実行にすぎないが)、「政治性をエモーショナルにえがいた劇などの上演」あたりか。

7－2　対生命ゲーム2：「教育／支配ゲーム」

　教育労働は、おもに公教育、保育施設・各家庭、刑務所・少年院・強制収容所、社会教育、マスメディア、ネット空間など、遍在的な現実であった。それが、自覚の有無・濃淡はともかくとして、ケア労働とせなかあわせであると同時に、調教・洗脳の要素をかかえていること(＝支配とセットであること)は確認した。これらが、あそびとして実践されるとすれば、それは、オトナになるための、マネとしてのコピー行動であるばあいと、オトナたち上位者の欺瞞・偽善や、官僚制的な機械的対応の硬直性などを、皮肉るパロディとしてのばあいに大別されるだろう。これらが、対価をもとめてのプロフェッショナルな演技等であれば、パフォーマンス労働となるが、アマチュア劇団やクラブ活動、市民活動での啓発寸劇と

8　The Beatles の代表曲のひとつ "Yesterday" は 'Yesterday love was such an easy game to play.' とはじまる。10年ほどまえには「LOVE GAME」というテレビドラマ(2009年4月〜7月)が放送された。

Ⅱ部　理念型を介したゲーム概念の再検討　　**99**

いった空間での上演なら、「教育／支配ゲーム」の本質が前面にでているケースだろう。

　もちろん、これらが「教育的制裁」といったかたちで発生するなら、パワハラ・リンチなど、となる。生徒を支配するために有形無形の暴力をふるう教員なら「教育／支配労働」だが、教科外のクラブ活動で、自己実現のためにシゴキをくりかえしている教員なら、「教育／支配ゲーム」の本質が露呈しているケースだろう。体育会や相撲界などでの「かわいがり」等、上級生によるシゴキも同様だ。かれら自身には「たのしい」という主観は不在かもしれないが。

7-3　対生命ゲーム3：「ケアゲーム」

　「ケア労働」が「感情労働」の下位単位であると同時に、上位概念としてカテゴリー化することも可能だとか、ケア労働の下位カテゴリーとしてすぐに想起される「育児／保育労働」「医療／看護／療育労働」「介護／介助労働」「性労働」「動物の飼育・保護・散歩」などは「感情労働」の下位カテゴリーであると同時に、「感情」のコントロールのもとで遂行される、さまざまなサポート行為だとか、そういった同形の構造を、「ケアゲーム」「感情ゲーム」「教育／支配ゲーム」同士はかかえている。「ケア」の本質を「ヒトをふくめた広義の動植物の反応をモニタリングして最適解に近似したサポート対応をすること」[9]とするなら、当人が「労働」とは感じていない、コドモ／老人／動植物の世話、やりとりは、典型的な「ケアゲーム」をかかえているだろう。

9　「ケア労働」においては、対象から「静物」としての「植物」をはずしておいた。生命体としての感情移入の次元にちがいがあり、また人為的ミスなどでの責任問題の質がおのずとことなるからだ。しかし、個人的なたのしみとなれば、はなしは別だろう。

今後は、ヒューマノイドなど感情的反応をかえす機器類に対する「ケア」がどんどんふえそうな様相だ。たとえば、SFマンガ作品『AIの遺電子』などには、それら近未来の方向性がかいまみられる（主人公やヒューマノイドをめぐる家族たちにとっては、おつとめなのか、たのしみなのか、つねに微妙なようだが、これは人間関係を労働とするか生活とするかと同質だ）。

　一方、ケア労働を「反応をモニタリングして最適解に近似したサポート対応をすること」と定義することで、暴行・虐待はもちろんのこと、ストーキング・窃視や各種の拘束や軟禁・監禁などは「ケア」の理念にもとる現実として除外する。「監視労働」「排除／隔離労働」、ときに「犯罪労働」の本質をかかえるとのべたことは、「ケアゲーム」にもあてはまる。自宅等で、ストーカー的に異性・同性を軟禁状態におとしいれ、それが「犯罪労働」であるとの自覚のない人物は無数いるだろう[10]。被害者にとって、それが「ゲーム」や「プレイ」でなどないことはもちろんだ。

　なお、ケア労働が、主婦や恋人、侍従らによる「奉仕」「愛情」の表出とみなす分業観はねづよく、それはピンクカラーワークとして、社会的評価がひくくおさえられてきたことと並行して「ケアゲーム」も、相対的には女性的な領域ととらえられてきただろう。この女性なら弱者にやさしいという性別役割分業的な意識こそ、「ケアゲーム」ずきが「女子力」などと解釈されがちな点であることは、まちがいない[11]。

10　最近のばあいは、監視カメラ・盗聴器・スマホアプリなど、監視・軟禁を助長するハイテクが急速に普及してしまい、「ケア」のなのもとに支配しているケースは無数に伏在していそうだ。

11　したがって、たとえば、殺し屋が主人公である映画作品『レオン』のばあいでも、ヒロインをかくまうまで、唯一の「同居生命」だった観葉植物（ア

7-4　対生命ゲーム4：「救助／救出ゲーム」

　「救助／救出労働」は、窮地から救出する人員・組織をあげたが、これを模するあそびは、すべて「救助／救出ゲーム」の本質をかかえる。デジタルゲームにいたるまで、各種のヒーロー作品の定番といえる「アンドロメダー型神話」のばあい、ペルセウス・タイプの勇者にスポットをあてるための道具だてとして《くさりにつながれた、いけにえの女神を救出しなければならない》という物語設定[12]としている。デジタルゲームに興ずるときばかりでなく、何らかのかたちで救出劇を演出するなら、この本質に依拠していることになる。

7-5　対生命ゲーム5：「捕獲／収穫ゲーム」

　有用な動植物を「捕獲／収穫」する作業をたのしむ過程である。趣味のフィッシング、夜店などでの「金魚すくい」など、これを本質としてかかえている。ただし、英国貴族たちのキツネがりをはじ

　グラオネマ）は、少女をいきがり上すくうだけでなく、まめに世話する主人公が本質的にやさしい人物なのだという象徴だったといえよう。無教養・無骨にみえるが、殺伐としているわけではないといったイメージの道具だてとして、観葉植物は非常に象徴的な役割をはたしていた。

12　もちろん「裸体の白人女性」（初出の伝説では着衣だったとの説も有力だが）という19世紀西洋画の定番モチーフは、ギリシャ神話というモチーフをかりたポルノグラフィの変種だった可能性がたかい。コドモむけの作品であるかどうかはもちろん、古事記のスサノオ神話のように、ヤマタノオロチのいけにえにされかかったクシナダヒメをはじめ、裸身でもなんでもないタイプの方が世界的にはおおいだろう。たとえば映画『レオン』自体、ヒロイン・マチルダが復讐に失敗してとらわれた状態を、主人公男性がいのちがけで救出劇を演ずるというかたち（ただし、「姫」は無事救出されるかわりに、ヒーローは「ラストボス」もろとも爆死する）。

めとして、捕獲／収穫されるがわにとっては、単なる暴力でしかな
いことがすくなくない。昆虫採集であれ植物採集であれ、つりであ
れ、ほとんどすべてがそうだ。対人労働としての「奴隷がり」の代
償行為として、標的が動植物となっていることをかんがえれば、そ
の本質がわかりやすいだろう。

7-6　対生命ゲーム 6 ：「犯罪ゲーム」

　「犯罪」を生業とする層はすくなからず遍在し、犯罪労働はたえ
たことがない。同様に、犯罪をたのしむ層もなくならない。犯罪
労働のばあい、わるふざけ・趣味は除外したが、犯罪ゲームのばあ
いは、まさにこちらだ。現代的な「犯罪ゲーム」の典型例としては、
学校周辺の人脈間でのリンチ・性暴力、リベンジ・ポルノなど無数
に事例をあげられそうだ。政府・大企業などの不正をただすために、
世俗的利益ぬきにハイリスク行動をとり、現行法体制のもとでは有
罪あつかいになるものも、これにいれてよいか微妙だが、使命感か
ら「しなければならない」と信じるなら、犯罪労働とみるべきだろ
う。古典的なものとして、拉致・監禁・集団リンチなど。

　ちなみにフィクションにおける犯罪としては、たとえば「人身売
買ゲーム」というタイトルをもつ小説やゲームも実在する[13]。奴隷
（物財の一種としての家畜あつかいされる人間という意味では、対
物ゲームのジャンルかもしれないが）売買にかぎらず、犯罪をフィ
クションとしてたのしむ文化は無数に誕生した。古典的ジャンルと
して、ミステリー小説の大半は殺人がテーマだし、刑事・探偵もの
なども犯罪小説・ドラマといえる。

13　「mixi アプリ「ワタシのドレイちゃん」騒動」（2009 年）といった事件も
　　発生した（ウィキペディア「コミュニティーファクトリー」）。

Ⅱ部　理念型を介したゲーム概念の再検討　　**103**

7-7 対生命ゲーム7：「パフォーマンスゲーム」

　身体運動やなんらかの情報発信を介して、聴衆・観衆などに感動・興奮・陶酔等をあたえるもろもろのパフォーマンス・扇動等のうち、前項同様、趣味・わるふざけを除外したのが、パフォーマンス労働だった。「ゲーム」のばあいは、それが主力となる。

　「パフォーマンス労働」で例示した、アスリートやダンサー、音楽家・ミュージシャン、俳優などの広義のパフォーマンス、ニュースのアナウンスなどをコピーするなら、自己実現とかボランティアなのだから「ゲーム」といえるだろう。ネット上ではやりの「変顔」はもちろん、ハロウィーンのような仮装行列、仮面舞踏会、地域に継承されてきた素人歌舞伎、女装・男装など異性装等、非日常の演出なども「パフォーマンスゲーム」の要素が中核をなす。ひとによっては、「詐欺メイク」と称されることさえある女性の化粧（「変身メイク」「整形メイク」）にも、この要素をみてとるかもしれない[14]。また、アマチュア映画の撮影時やドッグショーなどで、パフォーマンスを成立させるための指示をだす人物の言動自体も「パフォーマンスゲーム」だろう。政治的なものとしてヘイトスピーチデモも。

　ヤジが議場にかぎらず、ポリティクスにかかわるパフォーマンスなので「政治労働」という本質をもつと指摘しておいたが、たとえば球場でライバルチームの選手をヤジるのまで、「労働」とみなすのは、いきすぎだろう。その意味では、球場のチアリーダーたちの応援とチームメイトによるヤジは、政治労働的な「パフォーマンス労働」の側面をもち、スタンドから応援するファンたちのライバル

---

[14] 話題化した「変身メイク」等のサイトをみるかぎり、メイク完了後は、すがおと「別人」「整形後」としかおもえない別種の印象であり、大衆女性版の「歌舞伎」メイクとさえいえる。

チームへのヤジは、政治ゲーム的な「パフォーマンスゲーム」の側面をもつと解釈できよう。これにからんで、「パフォーマンス労働」の下位概念としてあげた「道化－チア労働」に対応する行為、つまり、おどける行為は、職務でないかぎり「道化－チアゲーム」をおびる。

　古典的な議論としては、ジンメルによる「コケットリー」論がみのがせない（『社会学の根本問題』）。女性が恋愛ゲーム上、優位を維持するために洗練された「コケットリー」は、男性を誘惑しつつ同時に拒否するという、なまごろし状態（コミュニケーション論的には、G. ベイトソンのいう「ダブルバインド」）戦術である。「コケットリー」戦術をとられた男性は、求愛行動を継続してよいのか判然としない中途半端な心理においこまれる。「ハニートラップ」と俗称されてきた女性スパイの篭絡戦術や、「セクハラ」等の証拠をつかむためだけに接近・誘惑する犯罪労働も実在するだけに、知人関係の男女の物理的距離の妥当性は、つねにリスクをひめているのである。実際に、異性間のセクハラ・性暴力は男性が加害者であるケースが圧倒的多数なわけだから、冤罪被害もふくめて、現代社会におけるリスクは男性がわに重心がある[15]。

　みのがせない領域として「恋愛ゲーム」を軸とした「愛憎劇」もあげるべきだろう。すでに、The Beatles の代表曲"Yesterday"の冒頭部 '……love was such an easy game to play……' をひいておいた。社会学のドラマツルギーなどからすれば、異性愛・同性愛の当事者たちは、濃淡はともかく「恋人」同士という役割演技をくりひろげる。あるいは、そういった関係性へとちかづけようとしたり、

---

[15]　もちろん、ミソジニーがつよい北米をふくめた世界の広範囲で女性の性被害が暗数化してきたなど、圧倒的に女性が不利な情勢のままなようであるが。ちなみに男児被害以外、女性加害者は極小数だ。

そこからはなれようとする。演技実践が"easy"かどうかは個人差・文化差がもちろんあり、また恋愛依存症やドンファンなど神経症的現象も散見されるが[16]、"games to play"とみなすべき関係=現実があるわけだ。「狂言自殺」にはしる人物はもちろん、実際の自殺未遂や既遂のケースもふくめて、しばしば生死にかかわるような「危険なゲーム」がくりひろげられてきた現実そのもので、虚構上の設定ではない。「ポーカー」や「ダウト」などカードゲームでの「感情ゲーム」がらみの「パフォーマンスゲーム」と並行して、かなり真剣な没入がくりかえされてきたはずである。ときに、後半生が決定されるような構図にあるのだから、当然だ。恋愛ゲームへのイントロゲームとしての「合コン」という文化さえある。『合コンの社会学』という新書には、かなり固定的な異性愛規範にそってくりひろげられる、恋愛イントロゲームの戦略戦術がジェンダー社会学的に解析されている[17](北村／阿部 2007)。

---

16 たとえば、"sadism"の語源となった、マルキ・ド・サドは、「じぶんのからだを"快楽マシン"と化するほど、サド的きまじめさ」をたもっていたそうだが（鷲田 2011: 67-70）、嗜虐性自体より、この強迫的な反復性こそ、かれの異常さを象徴するものだろう。まさに「ビョーキ」というほかない。このばあい、「しなければならない」行動としかいうほかないサドの「性ゲーム（買春）」には「性労働」をみてとるべきだろう。

17 たとえば、「男性ならば、「4K」の女性——かわいい、家庭的、（家事管理において）かしこい、（体重が）軽い——を妻に迎えたいと考えるかもしれないし、女性ならば、「三低」——低姿勢、低リスク、低依存——の夫を求めたりするかもしれない」（北村／阿部 2007: 21）といった記述は、男女それぞれのジェンダー規範が端的に非対称であることはもちろん、かなり保守的で固定的なことをよく象徴しているといえよう。

7−8　対生命ゲーム8:「政治ゲーム」

　R.コリンズにおける「生産労働」/「政治労働」という二項対立とは別種の概念として「政治労働」を位置づけたように、ここでも、後述する「加工ゲーム」などと対をなすのではない本質として「政治ゲーム」を設定しよう。社会学・政治学が"politics"として公私諸領域を解析してきた視座からとらえた「労働」概念としての「政治労働」と対応する「政治ゲーム」、しごとではない「広義の生命に対する"politics"の執行」である。そうなると、自分よりも社会的上位に対しての「政治労働」や、社会的下位に対しての「政治労働」と、どう質的断絶があるのだろうか。担当企業・官庁など職業組織とか商とりひきとか、そういった官僚制や資本制市場とからんだ「しなければならない」労働と別種の、「したい」「してたのしい」「生命に対する"politics"の執行」とは、具体的にはなんだろう。

　たとえば、すきになった異性・同性・動物に対してアプローチする。リードする。おもいきってあまえてみる。……こういった私的な行動開始は、「"politics"の執行」の一種といえるのではないか。なぜなら、それまでの関係性、自他の心身のありように、あきらかな変容がおきる可能性がおおきいからだ。その行為がかりに不首尾におわろうともである。"Spiel"に、「かけ」という、一種のハイリスク行動イメージがともなっている以上、「うまくいかないかもしれない」という不安をのりこえての行為は、まさに"Spiel"の一種であると。

　あるいは、きらいになった人物との距離をおくこと、心理的距離をおくために、第三者にあいだにはいってもらう、といった行為も「政治ゲーム」だろう。「しなければならない」という切迫感にそった自衛行為でないかぎりでだが（心身への危険性を感じての選択なら、「政治労働」というべきだろう）。

　コミックマーケットやネット上のやりとりなどで、人脈をひろげ

Ⅱ部　理念型を介したゲーム概念の再検討　　**107**

ること、同志がひろがれる装置をつくったり、運営したりすること
も「政治ゲーム」の典型例にみえる。もちろん、LINEをはじめと
するSNSでの離合集散などもすべて「政治ゲーム」的要素をかか
えているようにもみえるが。

　ところで、「官僚制や資本制市場とからんだ「しなければならな
い」労働と別種の、「したい」「してたのしい」「生命に対する
"politics"の執行」とは、具体的にはなんだろう」というといをた
てた。しかし、政治家のヤジのなかにパフォーマンス労働の要素を
みてとったことをおもいだしてみよう。かれらのヤジは、党の有力
幹部らにしいられて「しなければならない」かたちで発生するパ
フォーマンスなのだろうか？　いや、野党の女性議員などにセクハ
ラ的ヤジを再三とばしてきたかれらは、充分サディスティックでた
のしそうではなかったか？　そう、かれらのヤジは、決して義務的
行為や忖度（そんたく）などではない。ヤジは保守系の男性政治家にとり典型的
な「したい」行為であり、「してたのしい」"politics"の執行として
ある。そのようにかんがえると、司法や行政で劣位にある人物に対
してさまざまな圧力をかけたり、冷酷な判断をくだしたりしてきた
官僚たちは、職務という美名のもとに「政治ゲーム」をくりかえ
してきたといえるのではないか。それは、プロのアスリートやパ
フォーマーが単なる職業上の行為ではなく、あきらかに自己実現的
に「したい」行為として「パフォーマンス労働」をこなすことが、
同時に「パフォーマンスゲーム」たりえているのと同形だとおもわ
れる。

7−9　対生命ゲーム9：「提供ゲーム」

　自分自身の心身を一時的ないし一部分利用させる業務を「提供労
働」としたが、「しなければならない」ものでなく、すきでやるな
ら、「提供ゲーム」といえよう。提供しても、とりあえずめにみえ

ては「へらないもの」「ローコストな提供」と位置づけられている
具体例はあるだろうか。「提供労働」のなかに「輸血ドナー」や「骨
髄移植・腎臓移植など臓器提供」をあげたが、これらは「しなけれ
ばならない」とかんがえるケースがおおいから、例示した。その点
で、特定の血液型が不足しているといった、緊急の状況とは無縁な
献血行為などは、基本的に趣味・ボランティアなのだから「提供
ゲーム」といえよう。動機はともかく「献血マニア」は実在する。

7−10　対生命ゲーム 10：「サービスゲーム」

　従来の第三次産業業務という意味ではなく"service"概念（上位
者への奉仕）への回帰と「客人歓待」という意味での"hospitalité"を
軸に「サービス労働」を位置づけた。では、「しなければならない」
労働ではないサービスはあるか。

　「（感情ゲームとしての）ケアゲーム」の具体例としてあげた「お
ままごと」は、通常「おまんま」を提供する「ママ」のコピーだ
ろうから、「上位者への奉仕」でもなければ「客人歓待」でもない。
しかし「かみからのさずかりもの」への奉仕、あるいは「まれび
と」として到来した「赤子」への歓待といった意識は、出産直後の
産婦にはあるのではないか。すでに、「私的には主婦・主夫たちの
日常業務の本質であり、未成年者をそだてる父母・祖父母たちは、
その質・量の水準はともかくとして、日常生活のなかでこなしてい
るという現実だ。毎日こどもたちのあいてをするにとどまらず、こ
どもたちの友人たちをしばしば歓待し、ときに自分たちの知人など
来訪者をもてなす現実こそ「サービス労働」といえよう……」との
べたからである。実際、すくなくとも、現代の都市部での育児環境
は「ケア労働」というよりは、「おこさま」への接客のような状況
と化している。専業主婦／主夫の接客態度をこどもがマネをすれば、
「サービスゲーム」へと自然と帰着してしまうのではないか。もっ

Ⅱ部　理念型を介したゲーム概念の再検討　　**109**

とも、ファストフードや「デパ地下」など「中食」の消費伸長、冷凍食品やレトルト食品の高品質化などをかんがえれば、家庭内のマクドナルド化は相当すすんでいるのかもしれないが。

7−11　対生命ゲーム11：「求人／派遣ゲーム」

　リクルート・派遣行動を趣味としてやる層はさすがになさそうである。リクルートや派遣という、ひとの収入・実生活にかかわる一大事は、職業・労働にはなっても、あそびにはなりづらいからだ[18]。報酬なしで就職の世話をする年長者はそこここにいるだろうが、趣味でもあそびでもなく、わかものを案じたボランティア活動であり、無償奉仕というところ。仲人を趣味でやるひとは過去にはいたが、いまは、そういった「おせっかい」は、けむたがられるだろう。ただ、おもいつきで、ひとをあつめたり、どこかにおくりこんだりは、そここで、くりかえされている気がする。

　ちなみに、当人たちに自覚はないだろうが、アマチュアバンド・劇団などのメンバー募集や、グループ間でのレンタルや移籍は「求人／派遣ゲーム」の本質をおびている。

7−12　対生命ゲーム12：「性ゲーム」

　出産・助産は、基本的に労働にしかなりえないとおもう（ゲーム視・ゲーム化するには、ハイリスクすぎる）。したがって、出産は、ゲーム機など2次元上の虚構として、たのしまれるはずである。あるいはたとえば、ケータイ小説サイト「魔法のiらんど」には「オーロラに映れ―ある女子高校生の出産物語―」といった10代の妊娠

18　オンラインRPGなどでゲームが実在するのではないかとかんがえたが、それもなさそうだ。ただ、あったら、それなりにおもしろい予感もする。

出産をえがいた作品が多数あるようだが、おそらくそのおおくは実体験を直接みききしたことさえないまま、かかれ、よまれているのではないかと推定される。そもそも「ケータイ小説」ほか、わかものむけの虚構作品のほとんどは、実体験とはほどとおい「リアリティ」を、「対岸の火事」的に消費するだけに終始していることだろう。

「性労働」の解析の際に、SFの世界のように分娩自体が消失する時代、ヒューマノイドのように人間でない存在をうみだす工学的行為などは、「加工労働」等の話題になるとしたが、それでなくても、なまなましさがとおのくメカの世界での「産出」を、フィクション作品化すれば、一層体感からははなれ、ゲーム商品としては、ライトなものとなるだろう。

いわゆる「ギャルゲー」「エロゲー」などと俗称された性的興奮を前提にしたゲーム群に、この「性ゲーム」が充満していることはいうまでもない。狭義の性行為を隠蔽することで規制をまぬがれたり、規制を逆説的素材・興奮材料として活用したりするなど、業者間競争の過激化や規制の病理化などの経緯は多言を要しない。「ネットはポルノ画像へのアクセスが興隆の原動力だった」と皮肉られるように、性的刺激の相対的地位は急落したものの、暴力やスポーツ、スキャンダルなどと同様、大衆の興奮を簡単によびおこす領域として、各種ゲームのかたちをとった性的刺激が消失することはないだろう。そして、それはデジタル技術の進展によって「バーチャルリアリティー」が実現すればするほど、一層過激化してく傾向をはらんでいる。二次元空間での欲望追求ではなく、セクサロイド（性愛用ロボット）産業も急成長しそうだ。

しかし、そもそも前述した女性のコケットリー戦術はもちろん、化粧・ファッションなど美的工夫にかかわる文化現象・文化資本自体が、ジェンダー文化に規定された性的魅力（エロティック・キャ

ピタル）から無縁ではない。「オンナをやめる」「オンナとしておわった」といった軽侮・自嘲が「オトコをやめる」「オトコとしておわった」といった表現と対称形をなさないことでもわかるように、異性愛者間での男女の非対称は、単なる体力・腕力にとどまらず、外見を軸にした性的魅力を「資本」としたゲームとしてくりかえされる。いわゆる「婚活」が、「しなければならない」作業＝一種の「性労働」だとすると、「恋愛ゲーム」はその前哨戦であり、その一部は広義の「性ゲーム」といえよう。いいかえれば、広義の「性」現象は、「しなければならない」性労働以外、すべてが「性ゲーム」としての本質をおびていると。その意味では、すでに恋愛ゲームへのイントロゲームとしての「合コン」の本質に「パフォーマンスゲーム」を指摘しておいたが、「合コン」等、異性愛ないし同性愛上の「であい」をもとめたイベントは、濃淡はあれ「性ゲーム」としての本質をかかえているといえよう。そもそも妊娠目的以外の性的行為はすべて「性ゲーム」といえるのだ。

　みのがしてはならない点として、広義の性暴力は、この本質をかかえている。前述した「犯罪ゲーム」、次項の「殺傷／暴行ゲーム」と、それはせなかあわせである。依存症として反復する常習犯たちはともかく、加害者たちの卑劣な暴力性の発露といえよう。

7−13　対生命ゲーム 13：「殺傷／暴行ゲーム」

　すでにとりあげた「犯罪労働」「殺傷／暴行労働」と同様、「しなければならない」行為ではなく、快楽殺人や嗜癖としてのサディズムの発露として心身をきずつけることを目的とする行為は、これにあたる。しばしば報じられるリンチ事件はもちろん[19]、動植物をい

19　相撲界など体育会系の世界、自衛隊内でのリンチ事件など、単なる傷害致

たぶったり惨殺することなども、この類型からかんがえるのが妥当である。

「殺傷／暴行労働」の実行者たちが、極度に美化されたり、卑賤と位置づけられたりするなど、貴賤問題として一種のタブーの対象とするとのべておいたが、ネット上で「神」と報じられたりするように、かれら「ゲーマー」は、異様な興奮をもって「聖化」される。職業としての殺傷／暴行と同様、政府から極度に規制されている行為の実行者であるからこその、代償行為なのであろう。

いいかえれば、それら「対岸の火事」としての殺傷／暴行を「ニュース」報道としてみききすることと、「戦闘ゲーム」をふくめた虚構作品のなかで、暴力が表現されることは、ひとしく、享受者たちのなかの暴力性の「ガスぬき」になっているはずだ。虚構作品をふくめた「対岸の火事」を実行してみたくてたまらない、苦痛・恐怖感に対する共感力・想像力が欠落した人物は、おそらく数百万人に1名程度の頻度では発生してしまう[20]。かれらによる犯行があるからといって、暴力性をえがいた作品を全部封印することなどできないこと[21]、それなら「ガスぬき」とわりきった方が刑事政策上

死事件としてすませていいのか微妙な事例はたくさんある。これらが「あそび」なのか、それとも「指導死」の一種なのか、いずれにせよ気分のわるくなる事例ばかりであるが、「労働／ゲーム」の両面から検討する必要があろう。

20 それを精神医学や特高警察的な監視で抑止できるというのは、官僚による妄想にすぎない。

21 たとえば、ある犯行は、江戸川乱歩作品にヒントをえた計画的殺人であった。こういった作品まで、危険文書としてすべて監視対象として封印することは、それこそ『1984年』『華氏451度』における「焚書」の世界であり、非現実的なのだから。

賢明という見解もありえるだろう。

　しかし、重要な点は以上のような「犯罪ゲーム」とせなかあわせの問題ではない本質だ。端的にいえば、格闘技は、すべて「暴行ゲーム」の本質をかかえていることが、どうもわすれられている。ある武道家も指摘しているように、ボクシングなどはもちろんだが、柔道・剣道なども、適当な防御技法をしらないしろうとが攻撃をうければ重傷をおうような次元の危険性を格闘技はひとしくかかえているのだ。ボクシングにいたっては、イギリスの医師会などが、危険なブラッドスポーツとしてやめることを勧告してきた。ボクシングにかぎらず、柔道のばあいは、なげわざによって脳挫傷で多数の死傷者を現にだしてきたし（内田 2013）、しめわざ／かためわざがきまれば、失神・骨折はもちろん、死にいたって不思議でない危険行為が多数ある。レスリングが性暴力を隠喩としてかかえているのはないかと、筆者は指摘してひさしいし（ましこ 2000=2007）、格闘技の大半は、護身術としてしか正当化のしようがないものばかりといえる[22]。

　同様のリスクは、あいての急所を攻撃することを全然目的としな

---

[22] アメリカ陸軍のマーシャルアーツや警察の逮捕術なども当然格闘技だし、スポーツではないとされてきた武道、その原形たる武術も格闘技であって、護身術とか逮捕術は、護身・護衛・逮捕という目的に援用しているにすぎない（だからこそ、「抵抗労働」につかえるだけでなく、「制圧／排除労働」「犯罪労働」に明白に利用されてきた）。したがって、護身・護衛・逮捕という目的に援用された格闘技は「殺傷／暴行労働」の具体的技法といえるし（国家権力によって正当化＝合法化されているだけである）、そのトレーニングはまさに「殺傷／暴行ゲーム」の本質をそなえているといえる。スイス・イスラエルなど国民皆兵的な国家における軍事教練はもちろん、民兵を自任するアメリカの武装市民たちの自主的な射撃訓練等も、「殺傷／暴行ゲーム」の本質を充分に自覚したものとしてくりかえされているのは、もちろんだ。「9-12　シュミレーションゲーム」も参照。

いはずの球技においてさえいえるのである。実際、サッカーやラグビーに選手以外の人物がまぎれこんだら、死んでも不思議ではないはげしい身体接触が予想される。

　以上の解析ではっきりわかることは、「あいての殺傷は目的としない（それはルール上禁止されている）」ことは自明でも、はげしいトレーニングを長期間つみかさねたもの同士だけがプレイに参戦することが前提だから、せいぜい軽傷ですんでいるだけという、本質的暴力性の浮上である。死傷者があまりにもでたことで、しかたがなく巨大なプロテクター着用が義務づけられたアメリカンフットボールであるとか、それでもなお、脳震盪などの後遺症がプロ選手をおそっているという現状などをみるかぎり、「あいての殺傷は目的としない」というルールは、むなしくひびくばかりである。結局それは、「事故死」などとしてかたづけられるだけで、スポーツ協会の役員たちとかプロボクシングのコミッショナーたちが、「未必の故意」の意識が皆無なのか、徹底追及すべきではないかという疑義さえ浮上する性格だ。

　たとえば、ボクシング関係者に、「あいて選手の目じりがきれて、片方みえなくなっている」とか「（強打がへったので、ひょっとして）骨折したのかも」といった状況判断から、「こちらが有利」「もっと悪化したらいい」とよろこんでいないか、とたずねられて、全否定できる陣営がいるだろうか？　そういった、裂傷等がごく頻繁に発生することをコミッショナー等は前提に興行をくりかえしてきたし、「安全の確保には万全を期している」といったポーズこそ、医師のたちあい＝偽善なのではないか？　これらのことは、プロボクシングのみならず、格闘技系アマチュアスポーツからも払拭できない性格のはずである。

Ⅱ部　理念型を介したゲーム概念の再検討　　**115**

7−14　対生命ゲーム14：「コミュニケーションゲーム」

　「コミュニケーション労働」の項で、その本質をヒト・動物との情報のやりとりのなかで「しなければならない」作業としておいたが、このゲーム版、あるいは在来の古典的あそびは無数に存在し、また現在も増加しつづけているとおもわれる。いや、ペットをかう行為そのものが、かいぬしにとっては労働ではなくて、真剣な遊戯の一種かもしれない。つまり、オンラインゲームであるとか「たまごっち」などいわゆるゲームにかぎらず、AIBOなど愛玩ロボットをかわいがることであるとか、遊戯の大半にはコミュニケーションが不可避に要素化される。カードゲームやボードゲームもそうであろうし、球技や格闘技系スポーツ、陸上競技など、選手同士はもちろん審判団とのやりとりも、プレイの不可欠の本質なのだ。第Ⅱ部冒頭ちかくでふれた「にらめっこ」は、井上明人が詳細に解析している（「フレーム問題」「チューリング・テスト」、モニタリングの不在etc.）とおり、非常に複雑なゲームだが、すくなくとも、「コミュニケーションゲーム」という本質を典型的に代表する伝統的あそびだ[23]。

　肉筆書状交換のながい時代をへて、ワープロ文書、電子メール、SNSと20世紀後半以降、私信の媒体は激変した。21世紀とは、デジタルなコミュニケーションゲーム時代といえる。紙媒体にとどまらずラジオ放送やテレビ放送のスタジオにメールなどで意見を投稿することもくわわった。「加工ゲーム」（後述）や「パフォーマンスゲーム」の要素とかさなるが、プリクラ（「プリントクラブ」）で中高生や女子大学生などが自分のかお写真を「盛る」のも、なかま同

---

[23]　近年、わかもののあいだで流行している「変顔」のネット上への投稿なども、パフォーマンスゲームと同時に、「にらめっこ」あそびの現代版といえる本質をかかえているといえよう。

士等での「コミュニケーションゲーム」として近年の新傾向といえよう[24]。

みのがせないのは「負のコミュニケーションゲーム」としてイジメ／リンチ／モラルハラスメント／性暴力等がある点だ。

---

[24] 近年の動向を、「デジタルネイティブ」論として試論を展開してみたが（ましこ 2017）、高橋暁子らの調査によれば、10 代女子を中心に SNS の使用実態はめまぐるしく変動しつづけているようなので（高橋暁子 2017）、具体的な動向にはふれないことにする（続々登場する新サービスと、うつり気なわかもの心理ゆえ、現在流行中の、LINE, Instagram, Twitter も、いつまで隆盛がつづくか微妙だ）。

　すくなくとも、スマホ代等通信費をかせぐためのアルバイトでいそがしいといったことはあれ、成人よりは時間のユトリを大量にもつ生徒・学生たちは、睡眠とセルフケアと学業等以外が、コミュニケーションゲーム的時間・行為でうめつくされているとさえいえよう。固定電話から子機の登場、そしてケータイ電話の登場は劇的展開にみえたが、通話さえ不要なスマートフォンの登場で、デジタル化したモジ、動画ほか各種画像の多用と、コミュニケーションゲームの質／量は劇的に変容をとげているとおもわれる。

Ⅱ部　理念型を介したゲーム概念の再検討　　**117**

8
連字符ゲーム2：対物ゲーム（非生命へのはたらきかけ）

8－0　対物ゲーム：非生命へのはたらきかけの本質

　「対物労働」同様、その本質は、対象が生命ではない点である。基本的には、モノ／情報へのはたらきかけである。「対物労働」同様、いのちや、生命としての反応がからまない以上、対象物は粗末なあつかいをうけそうだ。

　ちなみに、「対物労働」と「対時空労働」のちがい同様、とりあえず、モノ／情報など、対象の具体的な特定化が容易なばあいは「対物ゲーム」であり、それが困難なばあいを「対時空ゲーム」と位置づけておこう。

8－1　対物ゲーム1：「加工ゲーム」

　基本は、工作とか生産・製造、伝統的に肉体労働などとよばれてきた領域＝「加工労働」のアマチュア版をさす。ただし、「加工労働」同様、物理的生産作業との把握ではなく、プログラミング、記事化・編集など情報の生産・加工、文学執筆、マンガ・アニメ・ゲーム制作、1次～3次元の各種アート制作、各種模写、学術論文・研究書執筆・編集等にもこれがふくまれる。プロとして「しなければならない」労働以外は、すべて「加工ゲーム」とみなす。古典的な積木・ブロック、プラモデル・模型[25]など「組立ゲーム」、

25　「模型」とは「実物」の縮小コピー等のはずであるが、たとえば「ガンプラ」「フィギュア」など、兵器等やアニメキャラの「模型」は、《虚構の物質化》という、少々皮肉な構造をもつことになる。イメージとしてだけ存

趣味の工作・日曜大工なども「加工ゲーム」性こそ、享受者のよろこびの本質といえよう。前述した「詐欺メイク」などをふくめ、ヘアスタイリングやカラリング、ネイルケアなども身体加工の本質が濃厚だ。

　企業／自治体などの企画・開発部門の機能はプロとしての「加工労働」だが、義務感さえおびなければ、町内会・PTA・クラブ活動等、アマチュアの企画・開発などは、広義の「加工ゲーム」として位置づけよう（後述する「文書ゲーム」と概念的にかぶりがある）。

　「発見／発掘－採掘／回収労働」の準備作業としての掘削や「排除－制圧／駆除－捕獲／収穫労働」にともなう破壊活動、「発見・発掘－採掘／回収労働」をうけた収集・整理作業なども「加工労働」にふくめたように、「しなければならない」行為ではないなら、なにかの準備作業としての掘削・破壊・収集・整理等は「加工ゲーム」の要素ありといえよう。

　ちなみに、「加工労働」を、コリンズが提起した「生産労働／政治労働」という対概念・視座とは異質な視座から提起された概念としたように、「加工ゲーム」も「政治ゲーム」と二項対立化された理念型ではない。「加工労働」が労務管理・後方支援活動にささえられ規定されており、自然と「政治労働」と無関係ではいられなかったのと同様、現実の「加工ゲーム」にもさまざまな「政治ゲー

在する虚構を物質化する作業が「しなければならない」ことであるなら、それは「加工労働」の本質をかかえているといえるが（たとえば「都市計画模型」）、エンタテインメント作品に登場する世界・キャラ等を物体化することが「模型」制作といえるか微妙だ。しかし、アニメキャラの物体化は「フィギュア」製品のデザイン・生産というかたちで、「加工労働」という本質の具体例。これが趣味としておこなわれれば、そこには「加工ゲーム」をみてとることができるだろう。

ム」がついてまわるだろう。

8-2　対物ゲーム2：「メンテ（ナンス）ゲーム」

「建築・土木構造物や自動車など機械類の整備・維持・保守・点検・手入れ」等（ウィキペディア「メンテナンス」）業務が趣味なら当然「メンテ」もゲームとなる。旧来からの自動車・オートバイ・自転車など輸送機械はもちろん、ICT各種機器の保守点検・整備等が趣味なひとは無数にいる。ちなみに、「メンテ　ゲーム」と検索すると、「オンラインゲームのサーバーメンテナンス」関連の記事が大量にでてくるが、メンテナンスをテーマにしたゲームはみあたらないようだ。そもそも、メカの保守点検等がどの程度重要度をもつかはともかく、それを虚構としてあそぼうとは、おもわないからだろう。園芸や家庭菜園など動植物のケアのために必要な施設・道具のていれも、「しなければならない」労働になりそうだし。ただし、「アイフォーン6の修理」というゲームは「アイフォーン6は、すぐに壊れることで知られています。だからそれを修理するのがあなたの仕事です！使用可能なアイテムをいろいろ使って、もう一度新品のように直してね！」と紹介している[26]。

8-3　対物ゲーム3：「発見／発掘－採掘／回収ゲーム」

これは、オンラインゲーム登場以前から、ずっと定番のあそびであり、たとえばゲームセンターでも、この方向でのエンタテイメントは大量に考案されてきたとおもわれる[27]。いや、ゲームセンター

---

26 http://www.funnygames.jp/gemu/aifon_6_no_shuuri.html

27 ゲームセンターなどに設置されている「クレーンゲーム」「プッシャーゲーム」など「プライズゲーム」は、「捕獲ゲーム」を本質として商品化され

のような現代的なメカニズム・システムではなくて、「かくれんぼ」「たからさがし」ほか、自生的なコドモのあそびは、これらが主流だった時代がながかっただろう。

　そして、わすれてならないのは「ネット検索」だ。Googleがもたらした検索エンジンロボットの革命的な高機能化で、大衆は実用情報やたのしみをさがす行為自体を「たのしむ」ようになった。「ネットサーフィン」といった用語は流行おくれになりつつあるが、実際「サーフィン」未経験者でも、擬似的におおなみにのったかのような壮大な気分になれるときが実感できると筆者自身おもう。実用的な行動の自己目的化なのだが、職務や急用で検索をはじめたのに、30分1時間と、時間経過をわすれてしまうことが実際多々あるからだ。

8-4　対物ゲーム4：「処理ゲーム」

　「加工労働」「メンテ（ナンス）労働」で発生した不要物（情報）・有害物（情報）を廃棄したり、復元不能にすることをふくめた隠蔽処理であるとか、加工・整理・維持のために不可避な現実をひき

　た典型例といえよう。夜店などでの「金魚すくい」のゲーム性を対物ゲームとして転換したものとしては、「スーパーボールすくい」「アクリル宝石すくい」など「すくいもの」系があげられる。ウィキペディア日本語版「クレーンゲーム」によれば、日本や東アジアでは、「クレーンゲーム」の対象が、いわゆるモノだけではなく動物がふくまれ、日本では動物愛護団体から批判をうけた。

　ちなみに「キャラクター捕獲ゲーム」「モンスター捕獲ゲーム」など、いわゆる「捕獲ゲーム」はアプリ等、大量に生産・消費されてきたことは、いうまでもない。それほど大人気とはいえないだろうが、農園・牧場をテーマにした、シミュレーションゲームや収穫ゲームももちろん制作・消費されている。

Ⅱ部　理念型を介したゲーム概念の再検討　　**121**

うける作業を「処理労働」となづけた。暗殺・処刑・虐殺・殺処分・誘拐など、ヒト・動植物の「処理」、証拠品・データの隠蔽・消去・破壊など、「有害」「不要」とみなされた、もろもろの存在を「なきもの」「ことなること」へと変容させる作業すべてをとらえる概念としてである。くわえて巨大倉庫でくりかえされる「仕訳（ピッキング）作業」もふくめた。問題はこれらで、たのしくあそべるかである。これらは基本的に「しなければならない」ものとして労働にとどまるような印象がつよい。

　ただ、スマホゲームなどで、対象物をつぎつぎとけしていくルールのものは、「処理ゲーム」との性格をみてとれよう。たとえば、「テトリス」などを元祖とする「落ち物パズル」、「パズドラ」「キャンディークラッシュ」など「マッチ3ゲーム」も、不要物をけしていくゲームといえるからだ。

8−5　対物ゲーム5:「文書ゲーム」

　「文書労働」の際にのべた作業に対応するゲームはあまりないようだ。しかし、「5S・ファイリングゲーム」[28]といった教育ゲームは

28　「コンサルソーシング株式会社（所在地：愛知県名古屋市、代表取締役：松井順一）は、トヨタ生産方式の様々な「改善」効果を、ゲームで体験できるセミナーをシリーズ化して開発した。トヨタ生産方式のかんばん管理と5Sを、事務業務や営業・開発にも応用した「ホワイトカラー向けトヨタ生産方式」。このゲーム型セミナーは公開セミナーにて体験できる。
　〈ゲーム型セミナーの内容〉
　● 5S・ファイリングゲーム
　なぜ5S（整理整頓）・ファイリングが必要なのか、ゲームを通じて改善前と改善後の違い、Q（品質）・C（コスト）・D（納期）の向上を体験し、その意義と効果を理解するゲーム。
　●「ストア管理」ゲーム
　事務業務の平準化を目指す手法として、トヨタ流「かんばん」を事務・

開発されている。

そもそも、フィクションを中心に、たのしみとして文書を作成する作業は「文書ゲーム」というカテゴリーでとらえておいてよいとおもれる。日曜小説家はもちろんブログ作家も。前述した「加工ゲーム」と概念的にはかさなりがあるが、別だてにしてもよかろう。

ほかにも、スマホほか情報端末やPCを駆使することで写真や動画など膨大なデータを市民はたのしみとして文書処理しつづけるようになった。電子媒体上のファイリングの大衆化である。近年のSNSでの膨大な画像・動画などの発信には、当然「文書ゲーム」的本質がある。

古典的には、「交換日記」や「文通」など、いわゆる肉筆の文書交換のかたちで「文書ゲーム」的本質をかかえた空間が無数にあった。現在は、カフェ・レストラン・ホテルなどで撮影した食事や旅行さきの光景がインスタなどによって文書化され世界をとびかうことに。

東浩紀が指摘した「小説のようなゲーム」は、ゲーム／小説が円環構造化することで読者がゲームのなかに没入するかのように小説を消費したり、ゲームが小説・マンガをうみだしたりするかたちで、多次元のモードで「文書」が「ゲーム」化している現実だろう（東2007）。

8-6 対物ゲーム6：「売買ゲーム」

「売買労働」の際にふれたように、売買の対象は物品にかぎらず、

営業・開発向けに適用した「ストア管理」。従来多いとされる「担当者型」と比べ、多能工化された人材の活用手法によって排除されるムリ・ムダ・ムラや、その平準化効果を体験できるゲーム。」（https://www.atpress.ne.jp/news/4809）

「物品あつかい」される奴隷・動植物・病原体など生命体全般はもちろん、権利・情報など物理的実体がほとんどないもの、サービスもふくまれる。「売買労働」は関心のないものの想像を絶した多種多様な労働形態が潜在していると。それらがゲーム化したものとして有名な現代版は「株式学習ゲーム」（模擬売買をおこなうシミュレーション教材）あたりだろう。「不動産売買ゲーム」「為替売買ゲーム」などはもちろん、「人身売買ゲーム」という退廃的なカテゴリーさえ実在する。もちろん、既存の「お買い物ごっこ」をゲーム化した「お買い物ゲーム」というアプリもできている。「買い物依存症」など「依存症ビジネス」業界がしくんできた病理と、健全なたのしみとしてのゲームとの境界線はあいまいだが、広義の売買ゲームはおびただしい実数としてくりかえされていることだろう[29]。

8－7　対物ゲーム7：「学習ゲーム」

すでに「加工労働」および「加工ゲーム」、そして「学習労働」の際にのべたのと同様、ここではたとえば、ある筋肉を育成するとか、ある運動神経を獲得するといった学習にとどまらず、情報の整理・消化・活用法などの習得をふくむという意味で、物理的獲得というより、むしろ対人労働であげた「教育／支配労働」で対象化された広義の動物がこなす行為が大半をしめる[30]。もちろん、学習

---

[29]　なお、「バイバイゲーム」という音列をみみにしたときに、通常想起されるのは「倍々ゲーム」であろう。「倍々ゲーム」は、実は「ゲーム」とは無関係であり、2の42乗＞1兆といった、幾何級数的増加のこと（曽呂利新左衛門が豊臣秀吉をこまらせたといった伝説 etc.）。

[30]　なお「学習労働」の下位概念として「訓練労働」「記憶労働」をあげておいたが、それをあそびのプロセスとして活用する「訓練ゲーム」「記憶ゲーム」があることはいうまでもない。各種の筋力トレーニング、痩身運動

は教育者・支配者をかならずしも必要とはしない過程である。そして、学習者にとっては、まったく同一の行動が、一方では労働になり、他方ではゲームとしてうけとめられる点は、ほかの労働／ゲームともちろん共通している。

いわゆる「学習ゲーム」が無数開発され、たのしまれてきたことはいうまでもない。たとえば有名な「脳トレ」、「漢字パズル」などの各種「学習パズル」、「数独」などの「ペンシルパズル」など、めぼしい「学習ゲーム」を網羅的にあげ分類すること自体が1論文を要するのではないか。ちなみに、さまざまなゲーム、たとえば「モノポリー」のようなゲームさえ「教育」目的で考案されたこと、であるがゆえにゲームを活用して自然と学習促進がねらえることが関係者によって指摘されてきた (藤本 2015, 藤本／森田編 2017)。

8−8　対物ゲーム8:「完成ゲーム」

対物労働の下位単位としてあげた「完成労働」、「しあげる」こと、「まとめあげる」ことをゲーム／あそびとしてたのしむものである。ジグソーパズルをはじめとして、各種パズルは、無秩序ないし情報0状態から、エントロピーのちいさな、つまり確率的には非常にマレな秩序だった状態へと移行させていく作業自体をたのしむものである。各種ブロックあそびや、プラモデルや模型制作などが、典型的な「完成」を本質的にめざす遊戯・趣味といえよう。

(エアロビクスほかワークアウト系)、ヨーガ・太極拳など各種運動法はもちろん、「神経衰弱」などカードゲーム、多数の「短期記憶ゲーム」など、大量のゲーム類のなかに、「訓練ゲーム」「記憶ゲーム」がみてとれるはずだ。

9
連字符ゲーム３：対時空ゲーム（時間ないし空間での種々の行為・待機）

9－0　対時空ゲーム：時間ないし空間での種々の行為・待機の本質

　とりあえずモノ／情報など、対象の具体的な特定化が容易なばあいを「対物労働」、具体的特定化が困難なばあいを「対時空労働」と位置づけて議論したことをうけて、「対時空ゲーム」もかんがえていく。

9－1　対時空ゲーム１：「待機ゲーム」

　「待機労働」が客まちの待機時間などを例外として、消極的にしかとりあげられてこなかったが、実際には無数の具体例が潜在することを指摘した。現実の労働最前線では、ひたすらまちうける状態がごくあたりまえに遍在しているのだから、当然だ（利用者たちには「バックステージ」はふせられている）。

　問題は「待機労働」に対応する「待機ゲーム」が実在するかだ。しいてあげれば、「かくれんぼ」は、オニにみつからないよう、ひたすらかくれ、ひそんで一定時間たえるわけだから、これは典型例だろう。たとえばタレントに「おにごっこ」をさせるテレビ番組「run or money逃走中」（2004年〜）なども、「ハンター（複数の追跡者＝オニ）」に発見されないようにげつつも、ひたすら通過をやりすごすので、この本質をかかえている。

　一方、園芸・菜園など植物のケア過程も、植物の成長・変化をまちこがれること自体がゲーム化している。不確実性によって、わくわくしているからである。その意味では、PC・スマホゲームとしての「放置型ゲーム」も、享受者が「放置」しているあいだにソフ

トがかってに作業をしていて、展開があるのを「待機」しているとも解釈できる（単なるものぐさにしか、みえないが）。

9−2　対時空ゲーム2：「監視ゲーム」

「異常」「絶好機」をつねに監視し発見する業務として、ほかの労働領域に不可欠の前提となる「監視労働」。このストレスがたまるはずの作業過程は、逆説的だが、さまざまなかたちでゲーム化してきた[31]。PlayStation2用ソフト「サーヴィランス　監視者」(2002年)は、複数の監視カメラからながれる映像から情報を収集し、所属する特殊部隊の隊員につたえて作戦を補佐するというゲームだそうだし（ウィキペディア）、スマホむけの配信である恋愛ゲームアプリ「囚われのパルマ」は、施設に監禁された記憶喪失の美青年の記憶をとりもどすしごとをひきうけたという設定で、付随して3つの監視カメラがひそかに設置されていて、洗面台やベッドの視点から監視できる……というもの（ねとらぼ 2016）。潜在的な窃視症傾向をかかえている人物は、男女とわず、かなりいるようだ[32]。「シェアハウス―今日も僕は監視する」というアプリは、「監視カメラでルームメイトの行動を探りながら証拠を探し出して、自分を襲った犯人を追求していく謎解き×監視ノベルゲーム」[33]という設定だが、これも「自衛系」とはいえ、やはり犯罪系ゲームであることは、明白だ。

31　ちなみに「監視ゲーム」と、モジどおりの表題の本があるが、これは「プライバシーの終焉」という副題をもつ告発書であって、「監視労働」の恐怖のはなしである（ボガードほか 1998）。

32　紹介サイトでも「犯罪臭」と、興奮をそそる様子が煽情的に記述されている。

33　「『シェアハウス―今日も僕は監視する。』主人公を襲った犯人を監視カメラで探し出そう！」(Yahoo Japan! ゲーム「ニュース」)。

9－3　対時空ゲーム３：「制圧／排除／隔離／駆除ゲーム」

「制圧／排除」労働、「隔離／駆除」労働に対応する、あそびはどうだろう。すくなくとも、ハリウッドのパニック映画など、危機がせまるというプロットの作品は、主人公たちが、脅威からにげきるという展開でないかぎり、その「制圧／排除」、ひいては「隔離／駆除」といった方向性が普通だろう。

特殊部隊をテーマにしたゲームが多数あることは、たとえば「【保存版】特殊部隊が活躍するFPS・TPSゲーム5作【名作】Rainbow Sixシリーズ／SWATシリーズ／GHOSTRECONシリーズ／スプリンターセルシリーズ／CRYSISシリーズ」[34]といった記事からも、充分うかがわれるだろう。「排除／制圧労働」は「救助／救出労働」とせなかあわせであるばかりでなく、本質的に「対」になっている領域で、特殊部隊など「救出」目的の特殊組織は、基本的に「急襲」機能を前提としており、「要人」「邦人」等の安全確保のために、敵を「制圧／排除」することが自明視されているとのべておいた。当然「排除／制圧ゲーム」は「救助／救出ゲーム」とせなかあわせである。たとえば、「対テロ特殊部隊の人質救出ゲーム【Counter Terror】」[35]、「『Rainbow Six Siege』仏特殊部隊からフィードバックを得る──人質救出で緊張感を」[36]といった記事をひろうことができる。

ちなみに「制圧／排除」「隔離／駆除」の対象は、人間をふくめ

34　『NAVERまとめ』（2016年10月08日，https://matome.naver.jp/odai/21394344 25946171901）

35　『ただですぐに遊べる★インスタントゲーム』（http://000game.biz/blog-entry-5438.html）

36　『GAME park　GLOBAL GAMING NEWS』（2014.10.22，https://www.gamespark.jp/article/2014/10/22/52459.html）

た生命体・病原体、コンピューターウイルスのような非生命体でも、有害とみなされる要素は、生命の有無にかかわらず「制圧／排除」の対象・標的化するとのべておいた。当然、フィクションの世界でも、対象・標的は多様になる。いや、SFなどのばあいは、読者や視聴者が想定していない危機を出現させることで陳腐化をさけてきたはずだ。「虫バスター」といった、駆除依頼された害虫を退治するといった、リアルなものもあれば、「害虫駆除攻防ゲーム　宇宙害虫駆除基地」といった、安易なSF的設定もある。ゲームではなく、小説のなかには、「『駆除』ゲーム」というタイトルの露骨な障害者差別をえがく作品[37]さえある。「相模原事件」のように、優生思想に毒された差別者は続々再生産されているようなので、これら差別的・攻撃的な設定は、決して皆無にはならないだろう（漸減はしていくとおもわれるが）[38]。

　ちなみに、「有害とみなされる要素」と位置づけられ「制圧／排除」されるがわからみれば、いい迷惑な把握であると、「駆除労働」等についてコメントしておいたが、フィクションにおいても同様である。たとえば、有名な『スターウォーズ』シリーズなどのばあいは、「反乱軍」が主人公たちであり、「帝国」など悪とたちむかうことになる。「帝国」がわからすれば、当然「反乱軍」は「駆除」対

37　https://ncode.syosetu.com/n9848bs/

38　ちなみに2013年には、アメリカ映画として"Purge"という近未来ホラーが公開された。2022年現在、1年のうち1日だけ殺人をふくめたあらゆる犯罪行為が違法でなくなるという「パージ法」という制度のもとにあるアメリカという設定なのだが、なにが"Purge"（粛清）されるというのか？映画内では、富裕層だけが享受できるセキュリティーシステム保護下と対極にある、ホームレスなど、社会的弱者こそ標的になるハイリスクグループであり、それは大衆の暴力性を「社会の清掃」といった優生思想的合理化で排出させる装置にしかみえない。

II部　理念型を介したゲーム概念の再検討　　**129**

象だ。おなじことは、映画『アバター』などでもそうだろう。現実の歴史で、中国大陸や台湾・朝鮮半島などの民族闘争が「帝国」がわから「匪賊」よばわりされていたように、正邪は、視点次第で容易に逆転する[39]。

火災の鎮火なども「制圧労働」にふくめるべきだとしたが、「消防」をゲーム化したものはもちろん実在する。「消防士となり炎と戦うアクションゲーム「Courage Of Fire」」[40]といった紹介記事もあるし、「小さな消防署−消防車 & 消防士」という、こどもむけのアプリもある[41]。「リアルで本格的な消防戦術教育ゲーム「EmergeNYC」がニューヨークで開発されています」といった記事[42]さえみつかる。リアルな訓練である消火器体験（消防訓練）もあげておこう。

39　前段でふれた「相模原事件」や、その起源とさえいえるナチス支配下の「ホロコースト」などは、「駆除」という発想で合理化されただろうし、オウム真理教の教祖・麻原彰晃であれば、地下鉄サリン事件などの行使を「ポア」と称して、犠牲者たちをたかい生命段階に輪廻させるための救済措置だと強弁していただろう。これらは、ナチズムや原理主義的なコミュニズムの暴走における「粛清」(purge) の思想である。

40　「消防士となり炎と戦うアクションゲーム「Courage Of Fire」の iOS 版が配信」（2015/02/13, http://www.4gamer.net/games/291/G029158/20150213065/）
　　　ほかにも、「灼熱の消防シミュレーター、『Firefighting Simulator』」「消防士アクションゲーム　Fire Catcher」「グレムリン消防士」「消防士 FPS アクション『Real Heroes: Firefighter』」といった、多数の記事がみつかる。

41　https://play.google.com/store/apps/details?id=com.foxandsheep.firestation&hl=ja

42　「AI 活用したリアルな消防教育ゲーム　NY 発「EmergeNYC」」（『ワールド ファイアーファイターズ：世界の消防新事情』2017/02/27, http://www.risktaisaku.com/articles/-/2441）

9−4　対時空ゲーム4：「抵抗／確保ゲーム」

　古典的な「陣取り」、そのボードゲーム版の囲碁・将棋・チェス・リバーシ（オセロゲーム）、電子ゲームとしての「陣取りゲーム」類、など、古代から現代にいたるまで、素材やシステムは多様であれ、地上ないし平面の占領競争ゲーム（攻略・防衛をめぐる攻防）は無数に開発され、有力なものだけでも多数あげることが可能である。競技カルタをふくめて百人一首等の争奪ゲームにも「確保ゲーム」の性格がみとめられる。後述する「経営ゲーム」の要素をもつボードゲーム「ディプロマシー」は国土・国益の「確保」をめぐる陸海軍の展開・運営シミュレーションであり、「抵抗／確保ゲーム」の性格をおびているといえよう。

　「抵抗／確保労働」が、暴動・内戦など現実の政治抗争のなかで展開されることと対照的に、ボードゲームや電子ゲームは、物理的抗争と無縁なので、おもてむきしずかでおだやかなたたかいが展開される。プロ棋士同士のタイトル戦等を極として、実ははげしい「マインドスポーツ（頭脳戦）」であることは、いうまでもないが。競技カルタのような反射神経を要するはげしい物理的運動をともなうものもあるし、現実的なはげしい攻撃などはないものの、物理的衝突が充分象徴化された「カーリング」[43]などもあげておいてよかろう。

　囲碁・将棋・チェス等、古典的ボードゲームにおいては、プロプレイヤーによる選手権や国際大会などにまで制度化されている点で、サッカーなど球技、ボクシング・柔道・レスリングなど格闘技と同形の、プロフェッショナリズム／アマチュアリズムが定着している

43　高度な戦略・戦術にもとづく頭脳戦が展開されるため「氷上のチェス」ともよばれるそうだ。

Ⅱ部　理念型を介したゲーム概念の再検討　　**131**

（スポーツと同様、地域性はかなりこいが）。

9-5 対時空ゲーム5：「整理／整頓／清掃ゲーム」

　これは、対物労働としての「時空の秩序管理」の基礎作業として「整理／整頓／清掃労働」を解析したが、ヒマつぶしとして、「無料ゲームならワウゲーム」というサイトが提供する「クリスマスの掃除」「ママは掃除王」「キッチン掃除」といったゲームがみつかるし、FunnyGamesというゲームサイトでは「おそうじゲーム」というカテゴリーをつくり、「バービーのおそうじ」「誕生日会の後のそうじ」「おそうじ2」「スクールバスの洗車」「お部屋をかたづけましょう」などの清掃ゲームを紹介している[44]。あえてグロテスクな設定をこらした「ゴミ屋敷のお掃除ゲーム The amazing fix」「"死体"の掃除をしよう　特殊清掃ゲーム「Viscera Cleanup Detail – Alpha」」といったゲームもある。

　もちろん、「掃除が趣味だといえる人」という記事[45]がみつかるように、実生活上「整理／整頓／清掃」がたのしくてしかたがない、いきがい、といった層は、かなりいるようだ。ただ、その一部が「目に見える汚れから目に見えないよごれまで、すべてきれいにしたいというのがこのパターンの人です。少々潔癖症のきらいがあるかもしれません。こういう人は、「激落ち」「消臭」「完全除菌」「Wパワー」「汚れを根こそぎ」などの言葉に胸がときめきます」と解析されているところをみると、強迫神経症的な性格がみてとれる。そうなると「しなければならない」ものとして、自発的な労働とい

44　http://www.funnygames.jp/gemu/osouji.html

45　「あなたはどれに当てはまる？ 掃除が趣味だといえる人のパターン4つ！」（『お掃除まにあ』2017/04/05, http://cleaning-mania.com/post-183-183）

うべきだろう。

9-6 対時空ゲーム6：「移動／輸送ゲーム」

「移動労働」に対応するあそびは、自転車・オートバイ・自動車など陸上輸送装置の運転、モーターボートやヨットなど水上輸送装置の操作、軽飛行機や気球、グライダーなど空中輸送装置など、無数にある。操縦者自身が移動しないものの広義の輸送であそぶものとしては、ラジコンやドローンなど。想像上の移動ゲームは、古典的なものとして、時刻表マニアやミステリーにおける時刻表トリックなどがあげられるだろう。

ちなみに、唐突に感じられるかもしれないが、競技スポーツの中心をなしてきた球技／陸上競技／水泳／ウィンタースポーツ／自転車競技／モータースポーツ等は、基本的に、移動ゲームと輸送ゲームを本質としてかかえている。たとえば、球技（ここにはバドミントンのシャトルコック、アイスホッケーのパックなども「ボール」にふくめる）は「ボールをはこぶ」ことをゲームの中軸にすえている[46]のと同時に、競技者自身も移動する宿命をおびている[47]カーリ

---

46 なお、進藤（2008）は、「球技の本質」を競技目的と認識対象から分類し「1. ターゲット型ゲーム（球送り・的当て型ゲーム）」「2. ネット・壁型ゲーム（打ち返し型ゲーム）」「3. 侵入型ゲーム（ゴール・ボール型ゲーム）」「4. 守備・走塁型ゲーム（投・打球型ゲーム）」の4類型に分類している。本論が抽出しようとした理念型とは趣旨がことなるが、球技の多様性と諸相を整理するうえでは便利である。

47 Wikipedia日本語版「球技」には "Net sports"／"Goal sports" といった競技の基本構造がしめされ、またそれぞれに「ノーバウンド型／バウンド型／非得点型……」「ゴールキーパーを置くもの／……」といった下位分類が記述されていて、多様な球技が多数あることがしのばれるし、Wikipedia日本語版「球技一覧」にはきいたこともない競技名が多数あがっ

II部　理念型を介したゲーム概念の再検討　　**133**

ングなども同様だ。陸上競技／水泳／ウィンタースポーツ／自転車競技／モータースポーツは自分自身が移動し、ときにハンマーなど重量物をなるべくとおくなげるなどする。おなじことは、登山やボルダリングなど登攀形スポーツや各種冒険、オリエンテーリングなど小旅行・小冒険競技にもあてはまるだろう（目的地到達型）。以前はアマチュア無線家の一部ではやった「フォックスハンティング」、近年だと仮想上の「モンスター」たちを捕獲しようとする「ポケモンGO」などは、「獲物」が移動していくのを電子的に探索し、「追跡」「捕獲」しようとする移動ゲームといえよう[48]。

また、器械体操や新体操、シンクロナイズドスイミングやフィギュアスケートなどパフォーマンス系競技も、自分ないしバトンなど所持物の移動の正確さ・うつくしさをきそうのだが、そこには人体ほかの物理的移動がかかせない。

ほかにも、「標的」をねらってあてようとするダーツ・アーチェリー・射撃などにも「輸送ゲーム」の要素をみてとってよかろう。

さらにいえば、このようにあげてきた「目的地」「標的」（ゴール／コート／フィールド／頂上／対岸／海中／的……）にむかうことを「目的」するゲームのみならず、ジョギング・ランニング・ウォーキングなど競技スポーツではない、趣味ないし健康維持等の

ている。ゲートボールが球技の一種にあげられながら、ダーツ・弓道などやカーリングははずされ、また砲丸投／ハンマー投が陸上球技（投擲）に分類されるなど興味ぶかい。おなじく「Category：球技」には、メジャースポーツには多数の「サブカテゴリー」があることをしらせてくれる。

48 「にげるキツネ」に扮して移動しつづける標的をさがしてあるく「フォックスハンティング」とことなり、かくされた送信機をさがしあてるARDF（Amateur Radio Direction Finding アマチュア無線方向探知）もある。ウィキペディア「フォックスハンティング」、同「ARDF」参照。

ための個人スポーツ、スイミングや遠泳・シュノーケリングなどにも移動ゲームの本質をみてとってよかろう。冒頭にあげた自動車運転など、ただ移動すること自体がたのしみ（目的）であるような、移動が手段ではなく目的そのものとして享受されるかたちである。

9－7　対時空ゲーム7：「受忍ゲーム」

「特定の苦痛な状況を一定の空間・時間でもちこたえる耐久、ないし犠牲」行為を「受忍労働」と位置づけた。こういった過程をすきこのんで、あそびにする層は普通いないはずである。しいてあげるとすれば、マゾヒストだろう（当人たちにとっては、「しなければならない」行為かもしれないが）。

虚構上の文学作品やゲームなどにおいては、物理的苦痛などはないわけだから、マゾヒスティックな設定は、むしろ安直に発明されてきたとおもわれる。ただ、ミステリーファンやそれを前提に生業としてきた作家たちが代表例だろうが、戦災や震災を想起させるパニック映画が話題作となってきたのも、大衆が「災害愛好症」を受苦ではなく無自覚なサディズムを行使してきたわけで（ましこ 2015）、その意味では、次項の「破壊ゲーム」を本質としているといえよう。

9－8　対時空ゲーム8：「破壊ゲーム」

「排除－制圧／駆除－捕獲／収穫労働」にともなう破壊活動としての「加工労働」の一種であり、また目的・秩序などにとって「有害」「不要」とみなされた存在を「なきもの」「ことなること」へと変容させる「処理労働」といった対物行為ではなく、ある時空への攻撃や組織的再編のための「破壊」活動一般を「破壊労働」とした。そこには現地の光景が一変するような劇的な物理的変貌をもたらす意図的工作全般をふくめるとした。これを擬似的にコピーした行為は「破壊ゲーム」という本質をかかえているといえよう。男児がく

II部　理念型を介したゲーム概念の再検討　　**135**

りかえしてきた特撮大怪獣の模倣（ブロックや砂場等による「建築物」の破壊etc.）はその典型例だし、「ストレス解消に効く破壊ゲームおすすめ9選！ 街や車を壊して気分晴れやか」「ストレス解消！ 無料のおすすめ破壊ゲームアプリ10選」[49]といったウェブページが多数みつかるように、ゲームアプリはたくさん開発されてきた。鬱憤をはらすために、フィクション上、物体・空間の破壊をイメージできることは重要らしい。軍艦の被弾状況が美少女の着衣の破損としてえがかれる擬人化ゲーム『艦隊これくしょん－艦これ』などもオタクたちのミソジニー＝サディズムの商品化といえよう。

　また、改竄・破壊の任務をおびてアクセス・工作するハッキング、コンピューターウイルスの発信・拡散なども破壊労働の性格をおびているとのべておいたが、任務・報酬等と無関係な作業（「愉快犯」）であれば、破壊ゲームの性格をおびているといえよう。ゆらぐことがないかのようにうつる社会秩序の堅固性・柔軟性は、反逆心をめばえさせた層にとって、挑戦をそそのかす巨壁とみえるのだ。

9－9　対時空ゲーム9：「ハイリスクゲーム」

　「ハイリスク労働」の解析のなかで、エクストリームスポーツ（extreme sports）のプレイヤーなどは、危険そのものへの挑戦が種目、参戦動機、そしてスポンサーの投資目的となっていると指摘しておいた。しかし、そうした、みるからにハイリスクなものでなくても、アマチュアの挑戦的行動は、おおくが、「ハイリスクゲーム」の性格をおびているだろう。たとえばスキー場のゲレンデをバカにした「山スキー／バックカントリースノーボード」はもちろん、

49　『Appliv』（2018年01月12日，https://mag.app-liv.jp/archive/84108）
　　　『アプリ場』（2017年7月20日，http://app-field.com/destruction-game-app）

なだれ／滑落等がつきものの雪山登山なども、その典型例としてあげられる[50]。もちろん、ハイリスクであるかどうかは、個人差がおおきいだろうし、個別具体的に検討しないかぎり、判然としないことばかりだろう（メジャーかどうかなど、競技人口の大小もふくめ）。

9-10　対時空ゲーム 10：「経営ゲーム」

「経営シミュレーションゲーム……とは、都市や企業等の経営を行うシミュレーションゲームである。主なジャンルは都市、鉄道、遊園地、博物館、コンビニエンスストア、ファミリーレストラン、ラーメン店、運送業、学校、解体業、ビルやマンションなど様々である」（ウィキペディア）とあるように、「経営労働」に対応するゲームはたくさん開発され享受されてきた。「シムシリーズ」「A列車で行こうシリーズ」のようにシリーズ化したものさえある[51]。また、欧州における外交戦略をボードゲーム化した「ディプロマシー」や、その続編「コロニアル・ディプロマシー」、ルネサンス期版の「マキャベリ」なども「経営ゲーム」的要素をかかえているといえよう。

　一方、「経営シミュレーションゲーム」を学習用プログラムとして位置づける教育者も多数いる[52]。しかし、これらは「ゲーム」の

50　ちなみに、アメリカのデータによれば、ザイルなどをつかった登山の死亡率は 1750 分の 1 と、かなり高率といえる（"Your Chances of Dying", http://www.besthealthdegrees.com/health-risks/）。

51　日本語版ウィキペディアには、「Category: 経営シミュレーションゲーム」さえ存在し、下位カテゴリー 5 件、98 ページあるとされる（https://ja.wikipedia.org/wiki/ Category: 経営シミュレーションゲーム）。

52　「ビジネスゲームを用いた中学校社会科経済学習——経営シミュレーションゲーム「Restaurant」の実践」（福田ほか 2014）、「ゲームを用いた経営学教育の実践と課題」（野村淳一ほか 2015）など。

Ⅱ部　理念型を介したゲーム概念の再検討　　**137**

かたちをとった教育実践（「ゲーム化（Gamification）」による「シリアスゲーム」）であって、生徒・学生は学習労働をこなしているとみるべきだろう。もちろん、あそびつつ学習がすすんでいるという意味で、ゲーム享受も同時にすすんでいるが。

　「経営労働」という概念で検討したように、対生命領域でのマネージメントはもちろん、資材・データ・資金など対物的マネージメント、活動拠点・ロジスティクスなど対時空マネージメント等、非常に多面的・重層的な諸領域を総合的に指揮・監督するもろもろの作業過程がふくまれるのが「経営」。実務をコピーしてあそぼうとすれば、上記のシミュレーションゲームにとどまらず、「銀行ごっこ」であれ「お店屋さんごっこ」であれ、たんなる「サービスゲーム」「パフォーマンスゲーム」などに還元できない、さまざまなマネージメント業のコピーがからまることになる。こどもたちは、さまざまな「経営ごっこ」を成人たちから、ぬすみとって成長していくだろう。ゆすり、たかり、イジメなど暴力団のマネをしてしまうような「犯罪ゲーム」もからまるような意味で、すべてがプラス面にかぎらないのは、もちろんだが。

9−11　対時空ゲーム 11：「推理ゲーム」

　すでに、不確定要素をかかえた現実との対峙、不充分なデータしか収集できない事態への対応として、いわゆる「よみ」が不可欠の要素となる「推理労働」を検討した。おなじ構図は、無数のゲーム・あそび領域でくりかえされてきた。「推理労働」でのべたことのくりかえしになるが、「世界は無数の推理ゲームでできている」といいかえることができよう。各種競技スポーツでの攻防[53]や、マ

53　代表的な「よみ」中心のスポーツとしては、ゴルフ（風向／風速、芝目）、

インドスポーツとよばれてきた競技カルタや無数のボードゲーム／
カードゲーム類、各種ダイスゲーム、マージャンやドミノなどは
もちろん、「コミュニケーションゲーム」として交差する「ジェス
チャー」なども「よみ」なしには成立しないゲーム群といえる。ま
た、各種パズル、いわゆる「紙とペンでできる」ゲーム[54]なども、
この要素ぬきにはなりたたない。

9−12　対時空ゲーム 12：「シミュレーションゲーム」

「シミュレーション労働」自体が本質的に「ゲーム」性をおびて
いるというか、ゲーム的に遂行・制度化せずにはすまない領域で発
達・洗練化されてきたものといえる。したがって、「シミュレーショ
ン労働」を訓練・実験等で実施する過程を非専門家・部外者等が体
験させてもらえないかぎり、「シミュレーション労働」のコピーは
不可能である。しかし、児童や一般市民への啓発活動やエンタテイ
ンメントとして、「疑似体験ゲーム」は無数に開発されてきた。ウィ
キペディア「シミュレーションゲーム」には暫定的な分類があがっ
ている。

　　・ウォー・シミュレーションゲーム（ストラテジーゲーム）
　　・戦略（級）シミュレーションゲーム

スキー種目（雪面状態、風向／風凍、スキー板のすべり具合）、カーリン
グ（氷面状態と変化・ストーンの反発状況・敵チームの戦術変化）、ゲー
トボール（「千変万化のビリヤード」「藤村 2008: 148-152」）。野球の投打、サッ
カーのセットプレーなども。

54　もちろん、ペーパー／ペンなど「みえる化」ツールは、黒板・ホワイトボー
ド・地面……、鉛筆・マジック・小枝など「筆記用具」で代用できるし、
電子化された市販品もある。

Ⅱ部　理念型を介したゲーム概念の再検討　　**139**

- 戦術（級）シミュレーションゲーム
- 歴史シミュレーションゲーム
- リアルタイムストラテジー
- SFストラテジーゲーム
- 経営・育成系シミュレーションゲーム
- 経営シミュレーションゲーム
- 育成シミュレーションゲーム
- 競馬ゲーム（競走馬育成ゲーム）
- ミニスケープ
- ライフゲーム
- 恋愛シミュレーションゲーム
- 実機シミュレーションゲーム
- フライトシミュレーションゲーム
- 潜水艦シミュレーションゲーム
- 船舶シミュレーションゲーム
- 鉄道車両シミュレーションゲーム
- ドライビングシミュレーションゲーム、レーシングシミュレーションゲーム
- ライディングシミュレーションゲーム

　ちなみに、日本語版ウィキペディア「シミュレーションゲーム」に対応する英語版は"Simulation video game"と端的にデジタル画像ゲームによるあそびとされている。しかし、軍事演習が「兵棋演習」から実弾射撃をふくむ「富士総合火力演習」など物理的実体との距離でさまざまな次元にわかれるように、理念型としての「シミュレーションゲーム」は、相当多様で広範囲におよんでいる。たとえば、ドライビングシミュレーションゲームなどをつかわずに教習所のコースで運転をならうことは、「学習労働」の側面をもつが、運転実践のシミュレーションゲームでもある。アマチュア球団の紅

白試合とか、劇団・バレエスクールの「ゲネプロ」(Generalprobe＝最終リハーサル) なども、シミュレーションゲームの一種だろう。

そもそも、広義の教育制度のなかで演習・実習・模試などと称されてきた学習過程の大半は、「学習労働」の本質をそなえていると同時に「シミュレーションゲーム」の様相をおびている。大学院生が演習で報告をするのは学会報告のための予備訓練ともいえるが、学会大会直前に時間をはかりながら動画で検討する、模擬発表をたがいにやりあう、指導教員に同席してもらう、といった報告準備をするなら、「シミュレーションゲーム」の典型例ともいえるだろう。

9-13　対時空ゲーム 13：「調査ゲーム」

「調査労働」に対応する趣味も、無数に存在する。天体観測・気象観測などはもちろん、考古学ボランティアや日曜歴史家、趣味の地図作成や鉄道マニア、野鳥・野獣など自然観察や自然保護ボランティア、法廷・議会の傍聴、競技スポーツやボードゲーム等の観戦・応援・批評、コンサート・舞台・講演・映画祭などの鑑賞・批評、料理・レストラン・店舗・公園などの実体験・チェック、趣味の各種データ収集・解析作業など、これも 20 世紀後半に種類・参加層とも急増し 21 世紀にはいっても増加中である。もちろん、移動手段や ICT の急伸・価格破壊のおかげである。それらには、マニアックな調査が付随している。

9-14　対時空ゲーム 14：「勝利追求ゲーム」

「ゲーム (game) ／あそび (play)」などを 2 項対立として区別しようといったこころみのばあい、その基準のひとつに「勝利追求」があげられることがすくなくない。したがって「ゲームとは勝敗をあらそう遊戯の一群」といった定義をする論者もすくなくない。だとすれば、「勝利追求ゲーム」とは同語反復にみえるだろう。実は、

「ゲーム労働」（4－11　対時空労働11）という項目を第1部でとりあげながら、「ゲーム・ゲーム」という項目をたてなかったのも、この構図に起因する。同時に、「ゲーム労働」の下位単位として「勝利追求労働」を指摘し選挙戦や多数派工作などを例示しておいた。かちまけが「零和ゲーム」になっているなどで、勝利をものにするかどうかが決定的な領域である。しかし、ここであわせて、「圧勝」など「かちかた」が非常に重要であるとか、「試合にかって勝負にまけた」など、単なる勝敗にとどまらない「かちかた／まけかたの美学」など、実際の競争現場でも、事態は単純ではないと注記しておいた。つまり、ゲームが「勝者総どり」となっているような構図はともかくとして、勝利至上主義とはズレた価値観がまとわりつくのだ。「だめもと（＝「ダメでもともと」。やるだけのことはやるが、結果はもとめない）」などではなく、「勝利の意味をなくさせるかちかた」とか、「かちにひとしいドロー」など、勝利追求を目的としているがゆえの逆説が実在する。

　井上明人が「人がゲームを遊ぶとき、競われる優劣は必ずしもフォーマルな（公式の）ルールだけではない」「フォーマル・ルールでは確かに勝利したと言えるわけだが、彼自身のインフォーマル・ルールにおいては必ずしも勝利したと言えないという事態が生じる」とのべた点である (井上 2008a)。この点は、実は結構深刻な構図であり、「勝利」というルール上の位置づけを1位獲得としたばあい、「ゲームにおける「勝利」と、ゲームに「強くなること」は全く別の事態である」という矛盾が発生する (同上)[55]。井上はさら

55　「(a) ある一回のレースをするときに「1位」をとれることが100回中3回ぐらいあるが、平均的な順位は「18位」というダークホース・プレイヤー山田太郎と、(b) 100回のレースがあった場合に、常に「2位」とり続け、平均的な順位が「2位」という強豪プレイヤー鈴木次郎という二人のプレ

に、ゲームによっては「フォーマル・ルールへの挑戦があまりにも
困難すぎるために、「フォーマル・ルール下で勝利できないことで
満足する」というインフォーマル・ルール」さえ頻発するという。
「ゲーム・に対して・勝つ」「とは、フォーマル・ルールに対してイ
ンフォーマル・ルールが優位となってしまうような事態」だという
のだ (同上)。

　以上、井上が指摘するような微妙な次元をとりあげなくても、「勝
利」とは一体なんなのか、というルールがかかえる深刻な矛盾を
暴露するのは、順位決定ルールにおける「リーグ戦」と「トーナ
メント戦」の共存である。「トーナメント戦」とは、「敗者＝死者」
という隠喩ゲームといえる。しかし、このような「フォーマル・
ルール」は、「試合にかって勝負にまけた」だけの圧倒的強者の存在、
つまり「偶然（不運）」や「相性」などが介在する以上、「敗者＝死
者という隠喩ゲームが、真の強者選出としては不適当」という経験
則と衝突する。「相性」はともかく、「不運」が勝敗を決するのは非
合理的だという合理的感覚との矛盾である。世界各地でくりかえさ
れるサッカーリーグや、アメリカに発した野球リーグは、「総あた
り」はもちろん、それをホーム＆アウェイで複数回くりかえすこと
で統計学的優位をあらそうものだ。こういった統計学的強者を基準
とするなら、トーナメント戦の優勝者は、たかだか数回まけなかっ
ただけの一発屋、という酷評さえなりたつ[56]。だからこそ、筆者は

　　イヤーを比べた場合に、強いのは後者のプレイヤー鈴木次郎だということ
　　になる。しかし、「勝つ」確率で言えば、鈴木次郎は山田太郎には全く及
　　ばない。」

56　もちろん、高校野球における夏の甲子園などを冷静に計算すればわかると
　　おり、かりに勝率を 0.5 とみなしても、たとえば最激戦区ともいわれる神
　　奈川大会のばあいノーシードなら最大 7 試合。それにくわえて甲子園で

Ⅱ部　理念型を介したゲーム概念の再検討　　**143**

以前、トーナメント戦は実力の判定ではなく、まつりの一種だとさえのべた (ましこ 2000=2007)[57]。サッカーでしばしばいわれる「ジャイアント・キリング」(Giant-killing) という「サムエル記」(『旧約聖書』) の「ダビデとゴリアテ」や『ジャックと豆の木』などに由来する「番くるわせ」劇。ファンたちが熱狂するのは、宝くじ当選なみに、ありえないというレアケース＝非日常だからである[58]。

　いずれにせよ、「勝利」競争はグローバル化したメディア空間のなかで一層肥大化した。

優勝するために最大 5 試合と 0.5 の 12 乗＝ 4096 分の 1 (実際の参加チームは 3839 校) と、10 回以上のコイントスにかつことをイメージしただけでも困難な勝利追求ゲームではある。

[57] 同時に、リーグ戦でありさえすれば強者の序列が客観的に保障されるのかといえば、そうではなく、ひきわけの評価ルール次第で順位は変動すること (勝ち点主義のサッカーと、ひきわけを勝率から除外するプロ野球 etc.)、具体的な 1 勝・1 敗を無差別に「加点」していく処理の合理性のあやうさなど、リーグ戦の妥当性自体に恣意性がまぎれこむことについても、指摘しておいた (ましこ 2000=2007, 2 章 2 節)。

[58] 岡崎慎司選手が主力としてくわわっていたレスター・シティ FC が、イングランド・プレミアリーグの 2015-6 年シーズンで下馬評をくつがえして優勝したのは驚愕のレアケースといえる (「一発屋」でない点)。9 カ月超におよぶ長期のリーグ戦 (38 戦) で、前年度残留あらそいしたような弱小チームがかちぬいたのだから。

10
理念型としての連字符ゲーム概念の射程：いわゆる団体球技ほかの解析をとおして

　今回は、てはじめにテレビ中継や報道、関連広告などの対象としてさかんに露出してきたメジャーゲームとして団体球技[59]をとりあげてみたい（おおくは学生スポーツでなくプロだが）。

10-1　サッカーなどフットボールの諸相

　競技人口の全体と内実はともかくとして、「みるスポーツ」の典型例であり、かつ世界中のファンを10億単位であつめつづけてきたメジャースポーツといえば、フットボールをおいてほかにはあるまい。基本的に北米に異常に重心がかたよったアメリカンフットボールでさえも「アメリカ国内だけでも、毎週1億人以上のファンがテレビやスタジアムでアメフトに熱狂して」[60]いるといわれ、「NFLの2016年の総売り上げは133億米ドル」[61]といった収益をあ

59　「球技の本質」を抽出した論考においては、すでに紹介したように「1. ターゲット型ゲーム（球送り・的当て型ゲーム）」「2. ネット・壁型ゲーム（打ち返し型ゲーム）」「3. 侵入型ゲーム（ゴール・ポール型ゲーム）」「4. 守備・走塁型ゲーム（投・打球型ゲーム）」の4類型が指摘されている（進藤2008）。

60　「アメリカ最大の人気スポーツ アメリカン・フットボールを巡る"脳震盪問題"」（『ひでたけのやじうま好奇心』2017/10/11）

61　「売上130億ドルへ　世界一のNFL、驚きの収益力」（渡辺史敏の「米スポーツ産業ヘッドライン」2016/05/31）

Ⅱ部　理念型を介したゲーム概念の再検討　　**145**

げているのだから[62]。さらに世界には、欧州＋大英帝国・フランス
の植民地だった地域＋αという空間に、サッカー／ラグビー等が定
着してきたのである。サッカー／ラグビー等、地域による濃淡はあ
るが、いずれにせよ、フットボールがどうでもいいあつかいをうけ
ている空間は、世界にあまりのこっていないとさえいえるだろう。

　それはさておき、フットボールは典型的な球技なので、その中核
には、「移動／輸送ゲーム」がすわることになることはまちがいない。
しかし、おびている本質としては、無数の「ゲーム」的要素がはら
まれているとおもえる。以下、めだつ点を列挙していこう。

・「抵抗／確保ゲーム」：フットボールはゴールめがけてボールを
　はこびいれる、ないしタッチすることで得点した累積点をあ
　らそうものだが、実際には、自陣／敵陣など支配領域の確保や前
　進を戦術的に前提としている。
・「推理ゲーム」：フットボールにかぎらないが、球技全般として
　「よみ」が介在しない競技スポーツはないだろう。フットボー
　ルは、①フィールド上をころがり、すべり、はねる「球体」と、
　それに種々の影響をおよぼす風向・風力、グランドの摩擦力、
　日射・人工照明等、プレイ環境、②フィールド上をはしり、と
　きに停止して好機をうかがう競技者の動静、③フィールド外か
　らしばしば、さらに休止中にだされる指示、という、つねに不
　確定要素を複数しかも同時並行ではらんだ局面が連続していく。
　それら諸局面が一義的に解釈可能なのは、試合終了等、ごくか

62　北米の大学スポーツは本来非営利業界にもかかわらず、巨大なスポーツ産
業となっているので、野球、バスケットなどと同様、北米でのアメリカン
フットボールだけの収益だけでも総額は気がとおくなうような巨額にの
ぼることがわかる。

146

ぎられている[63]。しかも、リーグ戦はもちろん、トーナメント戦でさえも、同時ないし前後に展開する他球場での結果・動向次第で、どの程度ムリをするかといった計算がかわってしまうなど、特定ゲーム内部で完結しない複雑な要素があり、疲労やアクシデントにともなう負傷欠場や選手交代などをふくめると、ゲーム内外の中長期的な動向をふくめた複雑な事情が重層的・多元的に作用する。リーグ戦・カップ戦終了後の移籍市場の動向自体が「よみ」あいゲームといえる。

・「パフォーマンスゲーム」：フットボールは、たとえば「ファンタジスタ」といった形容表現があるように、ゲームはまさにパフォーマンスにほかならない。

・「暴行ゲーム」「ハイリスクゲーム」：死者が散見されるラグビー／サッカー、脳震盪などで後遺症がのこることが指摘されているアメリカンフットボールのように、これらフットボールは格闘技的性格が濃厚で実際に犠牲者がでている。打撲による骨折・筋断裂等はもちろん、心臓発作などもふくめて、きわめてハイリスクな空間が、プロ選手だけではなく競技会で発生する。

・「感情ゲーム」：ライバル選手たちの冷静さ／集中力をそぐために、わざと卑怯なファウルをおかしたり、卑劣な暴言をはいて侮辱したりするサッカー文化。戦術的に「マリーシア」とよばれてきた「高等戦術」が必要悪として正当化されてきたプロサッカーなどのばあいは特に、侮辱や卑劣行為に対して激昂しない冷静さがとわれる。敵地でのファンによるブーイングなど

---

63 しばしば、ボードゲームなどが「マインドスポーツ」などと称されるが、これはスポーツ全般、すくなくとも局面が刻々かわるのに瞬時に対応せざるをえない選手・監督等の「よみ」「判断」を矮小化した差別意識というほかない。

選手にかかる精神的重圧は、どうやって自身の感情をおさえ、集中力を維持し、むしろそれを攻撃力／防御力へと転化するかがとわれている。

・「観察ゲーム」：競技スポーツの観戦／応援／批評という側面でいえばファンなどが当然イメージされるが、「観察・確認・計測労働」としてあげた審判／監督／コーチ、解説／取材も、職業としてする関係者以外は大会運営の各プロセスで自己実現しているといえる。

・「教育／支配ゲーム」：プレイの前提として、選手獲得・トレード、一軍練習や先発メンバーの選抜、交代要員の優先順位やタイミングなど、あきらかに「人事」という要素をかかえているのが、団体球技である。広義のトレーニングをささえるコーチングや栄養・健康管理など、ケア労働もからむ。

・「学習ゲーム」：選手同士の切磋琢磨はもちろん、球団内外での技術の継承／コピーなど、技術はもちろん人心掌握など指導法の是非などもふくめて、選手・指導層はそろって、ライバルとの競争心をかきたてられ、情報収集－研究－解析、として練習をくりかえすだろう。プロ選手や母校の栄誉をになった代表チームであれば「学習労働」の側面がつよいだろうが、アマチュアチームなら、ゲームとしての学習過程だろう。

・「経営ゲーム」：これもプレイ中ではないが、団体球技である以上、選手／監督／コーチ等の採用／解雇／移籍等「人事」計画はもちろん、リクルート市場での交渉などがくりかえされる。これらは「経営労働」という要素と同時に、まさにゲームとしてくりひろげられる。マスメディアが、これら移籍市場や解任劇をドラマとして重宝がるのは、これら「経営ゲーム」がまさに劇場的で「パフォーマンスゲーム」をなしているからだ。

　同時に、球団は選手やチームをブランド化し、関連商品を

マーケティングの対象とするなど商品化に余念がないし、中継放送権の売買などまさにビジネスの対象として、マネーゲームに興じているとしかおもえない（かれら球団幹部等にとって権力闘争と商戦なのだろうが）。アマチュアにおける募金等も重要。

10-2　ほかのメジャー球技もふくめた共通点

みるスポーツという観点からみれば、メジャーな団体球技としては、各種ホッケー、ハンドボール、バスケット、バレーボールなど、かなり多様な"Net sports"／"Goal sports"群と野球、クリケットなど投打ゲーム系をあげることができる。そのルール[64]や展開地域なども多様で一様にはかたれないが、各種の連字符ゲームは、前項で解析したフットボール群にかぎらず、おおくの団体球技にみてとれるのではないか。

もともとスポーツ文化として「みるスポーツ」と「するスポーツ」には想像以上にミゾがあるもので、競技人口の大小、プロ・アマの比率、ファンが形成する消費市場の大小など、単純な「正の相

---

[64] オフサイド・ルールの有無といった概念を軸に、1点の意味が異様におもたいサッカーと、大量点の相対的大小をあらそうバスケットという、球技思想の対立とでもいうべき文化論・文明論は、たくさん展開されてきた。資本主義との相関とからめた解析さえある。しかし、これらを地域性や歴史性に還元することにはムリがあるだろう。無論、家族的類似モデルにそって、比較スポーツ学的な作業をすることは、たのしい。たとえば、イングランドで同時代にフットボールとして「兄弟」関係にあったはずのサッカーとラグビーが、なぜこれほどまでに異質なのか（「闘球」かつ「運球」であるラグビーにおいて「蹴球」は親類とはいいがたいとか）、一見ダラダラとながれていくフットボールやバスケットなどとちがって、野球やアメフトはなぜ「ボールデッド」がやたらにながいのか、とか。

Ⅱ部　理念型を介したゲーム概念の再検討　　**149**

関」などないことは、よくしられている[65]。たとえば、間歇的に深刻なスキャンダルにゆさぶられながらも不死鳥のように人気をとりもどす大相撲だが、アマチュア相撲は近年急速に競技人口をへらしている[66]。筆者が少年時代の40数年まえには、砂場などでベルトを

---

[65] たとえば、「FIFA 加盟国別サッカー人口」によれば、プレイヤー数のベスト 3 は中国／アメリカ／インドで、いずれも 2000 万人をこえる「盛況」ぶりだが、この 3 国をサッカー大国とみなす関係者は皆無だろう。アメリカにいたっては、登録プレイヤー数でも 400 万人以上とこれも世界第 2 位だが、登録プレイヤー数 1 位のドイツはもちろん、3 位のブラジル、4 位のイタリアよりプロリーグがハイレベルといった事態は何十年後にもこないだろう。アメリカにあっては、アメフトや野球などメジャースポーツで一流たりえないと断念した層がながれこむスポーツ、みて興奮するためではなく自身が趣味でするスポーツという位置づけなのだ。(澁谷茂樹「わが国のスポーツ人口、競技人口を考える」笹川スポーツ財団『Sport Academy』2013 年 2 月 13 日，http://www.ssf.or.jp/Portals/0/resources/academy/2012/pdf/sportacademy_special.pdf)

[66] 日本相撲連盟の「平成 26 年度事業報告では」「平成 25 年度会員登録」数は「合計 5,912 名」、おなじく「平成 26 年度」は「合計 4,419 名」とされているが、実質競技人口は、「役員等」をさしひいた 4271 名（2013 年度）→ 3446 名（2014 年度）が実員だろう（http://www.nihonsumo-renmei.jp/about/pdf/H26_jigyouhoukoku.pdf)。小学生から社会人まで、へらなかったカテゴリーがない点が重要だ。2016 年度の報告書では「平成 28 年度は、正会員や大学生の選手会員を中心に会員登録を行い、前年を上回る 5,600 人を超えるまでになりました」とあるが、競技人口が実質増となったとはかんがえにくい。たとえば、相撲解説などで活躍する、もと力士は、20 世紀末から 21 世紀初頭の趨勢をつぎのようにかいていて、この動向が反転したとはおもえないからだ。

　「……日本相撲連盟（アマチュア相撲の団体）の競技者登録数は平成 10 年に 7684 人だったが、平成 20 年には 4715 人。この 10 年間で、約 4 割近くも減少した事になる。理由として考えられることは、少子化・他種目への移行等スポーツや趣味の多様化で選択肢が多くなった事などあると思う。……アマチュア相撲は各都市で毎月大会がある

まわしがわりに相撲をとる少年が多数いた。当時は、そういった
ベースのうえに「わんぱく相撲」などがあり、さらに学校・実業団
の相撲部がなりたっていたのだが、現在はメジャーではない武道な
みにマイナー化しているわけだ。

　さらにいえば、「するスポーツ／みるスポーツ」という対照だけ
ではなく、「みるスポーツ／応援するスポーツ」といった観点からも、
参加人口は競技ごとにさまざまだろう。たとえば、メジャーリーグ
ベースボールは、ホームゲームを球場で応援飲食しながらたのしむ
日常であるのに対し、NFLのスーパーボールはプラチナチケット
入手などムダな努力は断念し、自宅リビングで決戦をテレビ観戦す
るといった風に。

　しかし、それでも、「する／みる」いずれかでメジャーなスポー
ツは実在し、そこには共通する要素（本質）があることと想像され
る。まず「みるスポーツ」には、観客を魅了するスーパープレイな
ど想定をこえた展開がまちのぞまれている（非日常性）。たとえば
前項で指摘した「パフォーマンスゲーム」「暴行ゲーム」「ハイリス
クゲーム」といった要素が共通しているのではないか。機能美とい
うほかない身体をそなえた選手たちが、スーパーマン（超人／超男
性）として想像をこえた身体能力をみせつけるパフォーマンス。そ
して、それとせなかあわせで、実際負傷者が頻発する悲劇として
の「暴行ゲーム」「ハイリスクゲーム」。サッカーなどでは、しばし

のだが、大会が開かれたとしても、観客は数十人で他は関係者か家族
しかいない状態。選手や関係者も遠くまで行って試合をする費用対効
果を考えれば、大会への足は遠のく一方だ。プロ・アマ双方とも減少
する力士・選手に頭を悩ませている。……」「相撲の競技人口の減少」
（『舞の海秀平のコラム「諦めないで舞ペース」』2009 年 08 月 10 日，https://
www.kouenirai.com/kakeru/column/sports/mainoumi_mypace/546）

II部　理念型を介したゲーム概念の再検討　　**151**

ば選手がたおれこんで、ときに担架ではこびだされるが、「よくも再起不能にならないものだ」といった驚嘆・尊崇が、ファンたちには共有されている。F1などモータースポーツや競馬などのような、いかにもハイリスクな空間ではないはずなのに、危険ととなりあわせという点が、日常的な鍛錬でできあがった超人たちの機能美に具現化されているのだろう。

いいかえれば、ボールゲームという、本来、格闘技や衝突事故などとは別種のルールで構成されているにもかかわらず、実際に身体接触や衝突、転倒・落下が「長期離脱」「引退」「死」を想起させるような激闘をうんでいるのである。自分たちには到底まねできない激闘という代償行為。つまりは、「戦場」の隠喩なのである。それは、自軍兵士たちの無事をいのりつつも、戦果を期待してしまう「銃後の女性たち」と同形である。「応援」「消費行動」といったかたちで、ファンたちは「後方支援」にまわるのだ。これは、安全地帯で危険なショーをたのしむ「ブラッドスポーツ」、古代ローマ帝国の円形劇場（amphitheatrum）でくりひろげられた剣闘士（Gradiātor）たちによる闘技会観戦などと同形ともいえるわけで、残酷ないいかたをすれば、他人の苦痛・恐怖を快感の素材とするサディスティックな心理＝「災害愛好症（catastrophe complex）」の一種が興行化＝制度化しているといった解釈も不可能ではない。

自分の親族のように選手の重傷を心配するファン・関係者が実在することは事実でも、それと並行して故障者の戦線離脱を前提に戦力補充でのりきる球団、各国代表チームといった体制も現実である。まさにこれは疑似戦争状態といえるわけで、特に戦線離脱や引退においこまれる選手を心痛をもってうけとめるファンなど、結局は少数と推測できる以上、残酷というほかあるまい。

逆に、「するスポーツ」としてのメジャーなものは、基本的に「簡単にはじめられる」「体力面・経済面もふくめて負担が過重でない」

など、参入障壁のひくさがみのがせない。「おもしろそうだ」という動機だけでは、メジャーたりえないのだ。その点が、「みるスポーツ／応援するスポーツ」とおおきなちがいだろう[67]。「まわしすがたになって、ドロだらけになる相撲はとりたくないが、土俵上で人気力士が奮闘する様子はみていて興奮する」といった心理と、「するスポーツ」としてのメジャー／マイナーは不可分なのだ。団体球技も同様だろう。

たとえば、その意味で、ジョギングやウォーキングのように負担感なしにできる団体スポーツがあるだろうか。あるいはランニングのように市民マラソンへの参加のモチベーションが維持されるような、アマチュアスポーツ人口といってよい競技種目が団体球技にあるだろうか。

その意味では、すくなくとも戦後日本にかぎっていうかぎり[68]、

---

[67] 「みるスポーツ」とて、観戦コストという問題は無視できない。オリンピックのときにしか観戦しない陸上競技とか、テレビ中継が事実上不可能にちかい球技・格闘技などはすくなくない。そもそも、日本での「みるスポーツ」としてのサッカーファンは、あつみをましてはいないことは、Jリーグ、特にJ2／J3所属の球団がかかえる慢性的な財政危機、非常につらい観客動員実態からしのばれる。そもそもJ1の公式戦自体がNHK以外では地上波放送でながれないことが象徴しているように、日本のサッカーファンとは、その大半が「日本代表の対外試合だけみたい層」といっても、不当な矮小化といえない実態にあるのだ。球場での観戦はおろか、土日のテレビ中継さえもスポンサー不在で成立しない点にこそ、観戦をとおして知的成熟をはたすことのできない、日本のサッカー文化の低水準さを象徴している。それは、すこし以前のプロ野球中継全盛時代と比較すると一層含意が明確になるはずだ。

[68] もっとも、スポーツの大衆化は、高度経済成長期をへないかぎり条件がそろわなかった。ちなみに、旧制中学・旧制高等女学校の教員はもちろん生徒も、現在の大学教員・学生よりも少数であるなど、戦前・戦争直後の日

「草野球」「ママさんバレー」[69]「ゲートボール」[70]あたりが、充分定着したといってさしつかえない団体球技ではないか。これらは、参加費用がさほどたかくはなく、近隣のグランドや体育館等で気がるに同志を結集できた。あとくわえるとしたら、「草サッカー」「草ラグビー」ではなくて「フットサル」ぐらいか。それ以外のアマチュアスポーツとしての団体球技は、ほとんどすべて、学校という公教育機関での体育実技やクラブ活動としてたのしまれることはあって

本社会でスポーツ参加者とは、事実上中等教育以上の高学歴層であった。

69 「ママさんバレーは70年から全国大会があり、競技人口は10万人超」(「パパさんバレー、じわりブーム　大阪・阿倍野で大会」『朝日新聞』関西、2012年1月7日 http://www.asahi.com/kansai/sports/news/OSK201201070062.html)
「足立区のママさんバレーのチーム数、現在7部まであるらしく、1リーグに10チーム、計70チームは驚愕の数字。ここへきて、ママさんと一般のバレーボール人口の差は一体なんなんだろう？ ふと考えた。年代・年齢別・競技の問題なのだろうか。確かに、家庭婦人の平均年齢は一般バレーに比べ異様に高い。」(「ママさんバレーから感じたこと」『WE ARE ALL WITNESS』2014年09月24日，http://blog.goo.ne.jp/kumokiri15reckless/e/ead6bd2b838ce3e0d39818b067f9458e)

70 ゲートボール人口は、600万人ともいわれるピーク時をへて急減しているようだ。団体球技たるゲートボールのチームプレイが確執をうむなどして、グランドゴルフとよばれる個人競技へと移行したという説もある。
・林英樹「公園からゲートボールがなぜ消えたのか　流行に見る「お年寄り今昔物語」」(『日経ビジネスONLINE』2015年9月29日，http://business.nikkeibp.co.jp/atcl/opinion/15/221102/092800072/?P=2)
・「仕切りたがる「オレ様」急増で衰退か　ゲートボール人口が減少している」(産経ニュース，2016.1.2，http://www.sankei.com/premium/news/160101/prm1601010048-n1.html)
・「ゲートボールからグランドゴルフへそしてパークゴルフまで超高度成長する高齢者生きがいスポーツ」(『年金・医療・失業・労災困ったときの助かるブログ』2012/05/08，http://srkanemaru.at.webry.info/201205/article_4.html)

も、所詮20代中盤以降は徐々に「卒業」していくほかないのが実態だったといえよう（小中高校などでの指導者にはなれても）。それは、近隣で適当な練習・競技の空間が確保できないとか用具が高価なので、参加人員を確保できないといった理由を、公教育空間がカバーしていただけということを意味する。

では「草サッカー」はなぜ「草野球」のようにはメジャーになれなかったのか。野球よりサッカーの方が準備コストもひくい[71]のだから、一見不可解にみえる。端的にいえば、サッカーは、すくなくとも試合形式をとるかぎり野球と同等のスペースをとるのであり、優位にない。しかも、サッカーは、そもそも相当な基礎体力を要する。少年サッカーのように、15分×2や20分×2、80m×50mといった試合時間・ピッチサイズの圧縮は簡単に実現できるにしても、相当な運動量が前提となる以上、たとえば大半の中高年や女性にとっては、土台ムリということになる。結局サッカーは、学生と学生時代から長期中断せずにグランドをはしれる環境にあった人物にしか享受できない団体球技なのだ。一方「草野球」は「指名打者」などをふくめ、実働時間を極端に限定することができる。攻撃中が事実上休憩時間になるだけでなく、守備中も、はしっている時間は非常に限定されている。ゲーム中ずっと戦局をみながらダラダラながしてはしりつづけ、チャンス・ピンチ到来でダッシュする必要があるサッカーは「重労働」なのだ。公式戦でさえも、40m×20mといったコートを20分×2はしるにすぎないフットサル[72]が、都市部を中心に定着したのは、「重労働サッカー」からの実質逃避の結

71　たとえば、サッカーの世界化は「貧者のスポーツ」とよばれるように、「ボール」さえ調達できればはじめられるのだから。

72　加茂商事「フットサルとサッカーの違い」『FUTSA SUPPORT NAVI』(http://futsal.sskamo.co.jp/about/soccer.html)

果であろう。

　もともと、児童むけに負担のかからないスポーツとして日本で考案されたゲートボールが高度経済成長期以降に高齢者中心に急速に普及したことも、近年急速に「グラウンドゴルフ」「パークゴルフ」などへと高齢者が「流出」してゲートボール人口が急減していることも、うえにあげたような「参入障壁＝コスト」感覚の原理で説明することができる。ゲートボール人口急増は、公園などせまいスペースで可能であるとか、高価とはいえない水準の用具ではじめられることが功を奏して、高度経済成長期以降の余暇の急拡大にはまったということだろう。しかし、到来したブームは皮肉な阻害要因をもたらすこととなった。「高齢者スポーツ」というイメージをきらう、「自分は高齢者ではない」ないし「高齢者にみられたくない」という自意識がはたらくらしく、ゲートボール連合が統計をとりはじめた97年以降、一貫して漸減傾向がとまらないような動向をまねいた。2010年の新聞記事が報ずる状況はつぎのとおり。「状況に応じて作戦を変えたり相手の心理を読んだり、駆け引きがだいご味のスポーツ。ただ、試合後の飲み会でもミスを指摘されたりするのがわずらわしいと感じる高齢者が増えた。人づきあいが苦手になっている面もある」といった社会心理学的変容、「「人数を集めにくい」との声を受け、2〜3人でもできるルール」を考案するにいたったコミュニティーの変質[73]など、20世紀末以降の日本列島では、ゲートボールのように、コンパクトかつエコノミーに享受できる団体球技のニーズが激減しているのだろう。

　同記事は、対照的に急増する個人球技の動向もつたえる。「グラ

73　「ゲートボール斜陽、「グラウンドゴルフ」シニアに人気」(『朝日新聞』2010年10月10日, https://tsu09.wordpress.com/2010/10/10/ ゲートボール斜陽 /)

ウンドゴルフの全国の会員数はこの十数年で3倍に増えて19万人に（日本グラウンド・ゴルフ協会）。」「ゲートボールとの違いは「個人競技」という点だ。ゴルフの要領で、専用のクラブでボールを打って打数を競う。「ルールが単純」「どこでも何人でも遊べる」のが人気の理由ともいわれる」。つまり、生活リズムが大同小異でゲーム参加のシンクロがとりやすいはずの高齢者自体が、多様な生活パターンをとるような個人主義をいきることになり、ご近所の年配層といった均質性が崩壊したときに、団体球技という性格・ルール自体が「あしかせ」になったのだ。5人1チームというルールは、11人制サッカーなどとくらべれば、非常にゆるい条件にみえるが、それでも5名を動員することが困難になり、しかも、親睦をふかめるはずの反省会で同志をなじるとか、「仕切りたがる「オレ様」急増」といった老害がめだつようでは、じり貧はさけられまい。

　つまり、物理的・経済的にエコノミーであれば、それで人気が維持できるわけではないのだ。おなじような条件をもつ「ママさんバレー」が衰退してはいないようなので、その差異がどこにあるのか、確認する必要があるだろうが。

　一方、団体競技ゆえに「試合後の飲み会でもミスを指摘されたりするのがわずらわしいと感じる高齢者が増えた」とか、グラウンドゴルフの「ルールが単純」「どこでも何人でも遊べる」のが人気だという取材をうのみにするのも危険だろう。球技に分類されないが、すくなくともオリンピック開催時には話題となるカーリングは「氷上のチェス」として、頭脳戦の代表例とみされてきた。練習施設が極端にかぎられている以上、メジャースポーツになるとはおもえないが、「ルールが単純」「どこでも何人でも遊べる」という、軽薄短小系のエコノミー意識が普遍的なはずがない。囲碁・将棋などボードゲームの古典版が一定の人気を維持してきたのと同様、「ゲートボールは、おくがふかい」と認識されれば、漸増する可能性は充分

ある。「ママさんバレー」のように体力・反射神経を不可欠するスポーツとはことなり、高齢者・年少者でもたのしめる知的スポーツならば。そもそも、「スポーツは、わかものを中心に元気な人間のやること」という発想自体が、年齢差別であるし、パラリンピックなど障害者スポーツを美談化したがる社会の風潮と矛盾する。

いや、両者は一見「矛盾」にうつるが、「ゲートボールなんて、としよりのゲーム（≒スポーツじゃない）」といった発想（高齢者差別）は、「障害者なのに、こんなにすごい迫力プレイができて、自分たちがはずかしい」だとか「感動をもらった」といった「感動ポルノ」（無自覚な障害者差別）と表裏一体だという構造が浮上してくる。

これは、前節で解析した、メジャーな団体球技が「超人」たちの格闘という、戦場の隠喩であり、体力・運動能力がない大衆にとっての代償行為なのだという構造と通底する。つまり、「みるスポーツ」として「パフォーマンスゲーム」「暴行ゲーム」「ハイリスクゲーム」に興奮し「消費者」としてふるまう大衆は、「するスポーツ」としての選択肢をまえにしたときに、考慮するエコノミー原則にも、序列意識・差別意識をからませるのではないか。

１０－３　競技スポーツの本質を理解するうえでの連字符ゲーム解析と、その含意

以上、フットボール系ほか団体球技のメジャーさを規定するとおもわれる本質を、「するスポーツ」「みるスポーツ」「応援するスポーツ」といった享受形態から解析してみた。これも、広義のゲームを下位単位として本質を分解したことによって、従来にない側面や関係性がうきぼりにできたのではないか。

同様の解析は、おなじ球技でもペア競技や個人競技、陸上競技や格闘技などでは、適用できないばあいがすくなくないだろう。ただ、

たとえば格闘技系のばあいなら、すくなくとも暴力性の解析には同様の手法（「暴行ゲーム」「ハイリスクゲーム」）がいかせそうだ。

また、ペア・個人競技などでも、すくなくとも3種の享受形態をそれぞれ連字符ゲーム概念経由で解析することで、「パフォーマンスゲーム」「教育／支配ゲーム」「観察ゲーム」などの本質を抽出できるだろう。たとえば、「みるスポーツ」としてボクシング興行を解析すれば、ノックアウトシーンや打撃戦を待望する観衆の「災害愛好症」的心理＝欲望であるとか、ボクシングジム会長たちの指導体制やコミッショナーら興行利害関係者の動向へのワイドショー的関心であるとか、リングサイドでの観戦、レフリングへの不公平感といった印象、記者や作家たちによる取材・ドキュメンタリー作品など、「みるボクシング興行」という「ゲーム」群をイメージできよう。さまざまな連字符労働あっての格闘技興行を「みるスポーツ」として享受・消費する大衆を、連字符ゲームという概念で解析していくのである。

さらには、『あしたのジョー』『はじめの一歩』『がんばれ元気』といった歴代の作品群や、あるいは古代ローマ帝国の拳奴が主人公となる作品『拳闘暗黒伝セスタス』など、ボクシング漫画やそのアニメ化・実写映画化ほか、各種「ボクシング・ゲーム」など、現実的な興行界ではなく、フィクション作品の消費も当然、広義の「ゲーム」群としてとらえることができる。車田正美『リングにかけろ』のようにゲーム化、パチンコ／パチスロ化された作品をだすなど、ボクシングにかぎらず、格闘技ゲームはさまざまなモードで「ゲーム」展開が想起されるだろう。これら作品群の製作は、もちろん「加工労働」ほかになるわけだが、享受実態は、広義のゲーム論として、連字符ゲーム概念が有効なはずだ。

本章をふくめ「連字符ゲーム」解析では、「競技スポーツの本質」といった問題のたてかたをしなかった。しかし、「1.ターゲット型

ゲーム（球送り・的当て型ゲーム）」「2.ネット・壁型ゲーム（打ち返し型ゲーム）」「3.侵入型ゲーム（ゴール・ポール型ゲーム）」「4.守備・走塁型ゲーム（投・打球型ゲーム）」と「球技の本質」を4類型として提示した議論（進藤2008）などをかんがえれば、単なる分類ではない、「理念型」としての「本質」の提示を体系的にできるかもしれない。たとえば「格闘技スポーツの本質」とか「スキー競技の本質」といった、下位単位での体系化である。

　これら下位単位での体系化は、本書・著者の主要な関心事ではないので、具体的モデルの提起はおこなわないが、新種のスポーツ、特に、障害者・高齢者・児童などのために、安全化・簡易化した既存の競技の変形＝考案にとって、「球技の本質」のような体系化＝整理は有意義だとおもわれる。なぜなら、AIなどを活用することによって、既存のスポーツの構造的本質を可視化＝整理することで、危険度をなくすとか、コスト面・ルール理解など、競技参加者にとってのハードルをさげることが、より容易になりそうだからだ。グローバル化にともなって、あるいは学校文化からの漏出として、自生的なローカル化がくりひろげられてきた競技スポーツだが、コンピューター等を活用することで、自然発生的な発明・派生型が誕生するのではなく、計画的に、社会的弱者用の享受形態が簡単に案出できるということだ。

　もちろん、「敗者のいないゲーム」をめざしてきた「トロプス」などにも、意外な影響をあたえてくれるかもしれない。なぜなら、「競技スポーツの本質」が各領域ごとに体系化・整理されるなら、「勝敗」というおもしろさを除外してものこる意外性、ムリのない身体運動の本質等が浮上するはずだからだ（影山ほか1984編）。

10-4【補論】 連字符ゲーム解析からみた AI 主導社会の含意

本章は、「連字符ゲーム」概念を競技スポーツ領域に適用することによって、どのような、あらたな発見がみこめるか、具体的に考察してきたわけだが、競技人口が漸減傾向にあるとおもわれる[74]にもかかわらず、中学生プロ棋士の誕生と連勝劇など、メディアでの露出はすくなくない。大相撲とならんで、伝統芸能の一種として遇されているのであろう。

しかし、ローカル文化の典型である将棋はともかく、囲碁はチェスなどと同様世界的なボードゲームとして位置づけられており、当然、AI 研究の中心的な標的とみなされてきた。実際には、想像をこえてチェス・将棋はトッププロをゲーム AI が超越し、両者よりも数段計算が困難とみなされてきた囲碁も、あっさり世界のトップクラスが惨敗する事態へと急変した。ある程度予想されていたことではあるが、「機械との競争」という意味で、モータースポーツなどと同様、「純粋な人力」[75]は、最先端のコンピューターの計算・よみに圧倒される時代がやってきたのだ。自転車や自動車による走行

74　日本生産性本部『レジャー白書』での将棋・囲碁人口（アンケートにこたえた愛好者数）の推移は、ネット調査の導入で 2009 年急増するなど信頼性にかけるが、いずれにせよ 1000 万人にはほどとおい回答数からすれば、国民的趣味でないことはもちろん、中長期的に減少傾向にはどめはかかっていないとおもわれる。

75　そもそも「純粋な人力」という認識自体、一種の錯覚・幻想のたぐいである。自転車はもちろん、車いすも道具をつかっているが「人力」ではある。だから、マラソン等で同一条件とはみなさず、競技は別になっている。問題として浮上してきたのは、義足のスプリンターが世界クラスの記録をだすようになったからだ。パラリンピックの記録水準を「二流」視してきた陸上界等は、サイボーグ化した選手として障害アスリートを別わくにする必要が早晩でてくるだろう。

Ⅱ部　理念型を介したゲーム概念の再検討　　**161**

と、ランナーを一緒にきそわせないように、そもそもAIに計算させて最善手を「よむ」という行為自体、ゲームとして不適当だったのである。そうなると、トッププロがAIを駆使してきそいあうのと、AI同士がかってにボードゲームを展開するのを観戦するのと、どちらがたのしいのか、といった状況が早晩やってくるだろう。あるいは、ボルダリングと同様、AIの設定にトッププロが挑戦するといったかたちもありえるだろう。

　これらAIのディープラーニング能力の急伸は、ヒトの表情をコピーして自動的に映画作品を制作し、かつ「不気味の谷」（人間にそっくりになるほど、不自然さに過敏になっていく逆説）をこえた自然さ（「人間らしさ」）を実現するといった事態をむかえるとか、一流サッカー選手のボールさばきをコピーできるサッカーロボット（その基本形は球体かもしれない）の実現といった次元で実現すると、全然別種の問題を多発させるだろう。「テレビはもちろん映画もダメで、ライブの演劇が最高」だとか、「ロボットの対戦は退屈なので、ボクサー同士の肉弾戦が一番興奮する」といった、「強者」概念、「感動」概念の変容だ。スポーツも、GPS等を携帯しない山岳地帯縦走とか、ボート・ヨット等での太平洋横断とか、「機械だのみ」から徹底的に距離をおいた「ムリ」の追求といった、ヤセ我慢競争のような方向だ。

　これらは、AIやマシンの驚異的な能力があきらかになればなるほど、「本源的なヒトの能力を確認したい」「助力がうしなわれても、どこまでたえきれるか、たしかめたい」といった、一種狂気じみた方向性への挑戦である。社会がリスク回避傾向をつよめ、安全・安心が保障された社会ほど、そういった、ある種倒錯的な傾向がたかまるのではないか。「パフォーマンス労働」の意義の変質が、挑戦的なアスリートの動機を変化させるだろうし、ファンやアマチュアの競技スポーツ観を劇的に化学変化させていきそうな予感がする。

おなじく、ヒト、特に天賦の才や修行の結果としてだけうみだされる美・機能性といった価値についても、AIの解析力は、一種破壊的な作用をもたらしそうだ。たとえば、レンブラント風の絵画、バッハ風のオルガン曲などが、しろうとでは区別できないくらいの水準で自動作画・作曲できるようになった。「それは真の意味での創造ではない」といったところで、なんの気やすめにもならない。レンブラント／バッハなみの歴史的天才たちと同様の感動を市民に提供できるのが一般化したときに、芸術性を追求してきたクリエーターはあせるはずである。特に、大衆が感動しそうな定番のショット／フレーズが、簡単に創出・選択できるとなれば、大衆性と芸術性を両立させ、かつ独自の表現者となることは、なかなかつらい。もちろん、これまでのべたように、AIを最大限に活用して創作活動を展開するかたちですすんでいくだろうが、AIが有能であればあるほど、過当競争がすすむのではないか。

　このことは、アマチュアの趣味にも影響をあたえそうだ。たとえば、SAPPORO AI LAB（札幌AIラボ）がすすめる『AI俳句プロジェクト』(http://www.s-ail.org/haiku/)などは、はじめて数か月ほどで、相当の水準の完成度の作品をうみだした。俳人たちによる門人たちの添削作業は早晩不要になり、俳句結社などはAI対応の俳句自修ウェブサイトにとってかわられるのではないか。「ひょっとしたら却って人間の発想を超えた「取り合わせの妙」はAIの方が長けているかもしれない」「幸い読み手としての人間は想像力豊かに句を読み解いてくれたりするので論理的とは言えない句も感性が受容してくれることも大いにあるのではないか」と俳句愛好者のひとりが予言していた[76]が、機械的創作による感動が「人力」制作物をしば

76　「AIと俳句 ～ AIに俳句は作れるか ～」（『俳句好きの身辺雑記』2017年06

しばうわまわるのであれば、アマチュア俳人（＝非指導者層）の創作動機にも相当影響をあたえるのではないか。

　AIはともかく、「機械との競争」は、一流のアーティスト以外を苦境におとしいれてきた。たとえば、デジタルカメラの技術革新は、セミプロ層の作品の高水準化によって、プロカメラマンたちの職域をうばいつつあるようだ。「10年前に比べ、ライティングの技術をアマチュアカメラマンがYoutubeやブログ記事、書籍で学ぶことができるようになった」こともふくめて、「それまで外注されていた「小さな撮影」は全て社内でまかなわれるようになるだろう。クリエイティブではない撮影はプロに発注できなくなる」かたちで淘汰がすすむとの予測があるように[77]。インスタントアートが一般化し、専門家・アーティストはギリギリまでしぼられることだろう。

　月30日，https://ameblo.jp/elegantdragon/entry-12288439848.html）

[77]　「カメラマンは「10年後になくなる職業」なのか」（『deltaphoto』2017.05.21，https://delta.photo/blog/2017/05/21/photographer_10years/）

III部
「連字符労働」／「連字符ゲーム」 からみた「労働／あそび／やすみ」

III部のあらまし

「連字符労働」概念と「連字符ゲーム」概念の適用による解析をうけて、その射程がどういった範囲におよび、またどういった含意をもつか検証した。たとえば、過労死・過労自殺などがひきおこされる組織の実態を、個別的な逸脱現象としてみるのではなく、そもそも部下を統率する管理職や経営陣が、「犯罪労働」という本質を組織的におこなっているのではないかといった着眼を指摘した。偶発的であるとか、資本主義体制の矛盾といった、病理学的な解釈ではなく、暴力的な支配のメカニズムが具体的労働として構造的に反復している実態があり、それが可視化しただけではないかと。

広義の遊戯現象に対しても、恣意的に現象を列挙・批評するにとどまるのではなく、「しなければならない」行為と対応する「したい」行為の本質を相当程度体系的に解析することができたとおもわれる。

これら体系的解析によって、既存の遊戯論・労働論が空疎な議論に終始していた領域を克服できたし、既存の余暇論をふくめて、問題の所在をとりそこねていた点を発見することができた。拘束時間とはなんなのか、自由時間とはなんなのかをめぐる、行政や識者たちのわくぐみ自体が有効性をうしないつつあることが明白化したのだ。連字符労働／連字符ゲームという一群は、AI などをふくめた「機械との競争」問題（職種・職務の消失ほか）や、労働時間の短縮・含意をふくめた人生全体の変容等についても、あらたな予測をあたえてくれるだろう。

11
「連字符労働／ゲーム」概念の解析を介した労働／遊戯概念

11-1　「連字符労働」/「連字符ゲーム」概念による解析の射程

　以上、連字符労働／連字符ゲームという、理念型の一群を問題提起し、「対生命労働」「対物労働」「対時間空間労働」という3種の下位単位を提案し、さらにもう一次元下位の連字符労働／ゲームの具体例を展開した。

　冒頭でことわったように、以上の作業の目的は具体的労働／ゲームを分類することではない。「しなければならない作業」/「しなくてもいいけど、したいこと」の諸相における本質的要素、本質的機能、本質的性格といったものを、なるべく網羅的かつ体系的に例示しようという試案である。要素／機能／性格などと本来的にかさなる概念をもちだしたように、「本質」の諸相を明快に整理できたとはおもわない。しかし、近接する概念群が、ヴィトゲンシュタインによる「家族的類似」モデルにそってグラデーションをなすはずだし、たがいに「言語ゲーム」を形成しているだろうことを意識して、本質解明をこころみた。

　もちろん全然網羅的ではないし、格段に適当な「別解」もあるだろう。当然3種以外の下位単位があるはずで、まったく別の視座、次元からの解析も可能かとおもう。

　しかし、たとえば、つぎのようなウェブ百科事典の体系的とは到底みえない分類・記述よりはマシか。

　　　2　ゲームの要素と分類
　　　　2.1　ゲーム理論の援用

2.2 ツール

    2.2.1 ランダム性の有無による分類

    2.2.2 コンピュータの登場と発達

2.3 参加する人数による分類

    2.3.1 シングルプレイヤーゲーム

2.4 隠された情報の有無による分類

2.5 必勝法を探索する問題の困難性による分類

2.6 ルール

2.7 スキル、戦略、チャンス

3 さまざまなゲーム

3.1 スポーツ、eスポーツ

    3.1.1 ローンゲーム

3.2 卓上ゲーム

    3.2.1 器用さとコーディネーションのゲーム

    3.2.2 ボードゲーム

    3.2.3 カードゲーム

    3.2.4 ダイスゲーム

    3.2.5 ドミノとタイルのゲーム

    3.2.6 鉛筆と紙によるゲーム

    3.2.7 推理ゲーム

3.3 コンピュータゲーム

    3.3.1 オンラインゲーム

3.4 ロールプレイングゲーム

3.5 ビジネスゲーム

3.6 シミュレーション

3.7 デザインゲーム

（ウィキペディア「ゲーム」の「目次」から）

  市民のボランティア精神の蓄積による改善を期待したいが、体系化は困難にみえる。

また、すくなくとも「労働は人間の本質ではなく、堕落である」[1]かどうかの哲学的検討[2]といった議論水準よりは、格段に不毛さがひくいとおもう。最低でも、現代において発生・反復している「労働現象」を分析的で冷静に把握することを可能にするからだ。特に「はたらく」ことのたのしさ／いきがいといった、ヒカリの部分ではない、カゲにあたる部分を冷静に対象化する準備ができるだろう。大胆な修正・改廃もふくめて、この理念型からの出発は、歴史的な比較検討とか演繹的な思弁とも異質な具体的解析作業の地ならしになると信じる。

　そもそも具体的労働は、実態として多面的で多重性をおび、かつ多義的な実体なわけで、抽象的な議論は論外として、制度設計としての「ワーク・ライフ・バランス」論などにしても、労働実態の諸相にふみこまない議論は不毛なかたちに終始するのではないか。

　たとえば、過労死・過労自殺などを発生させた職場に、パワハラがあったとして[3]、モラルハラスメントを単なる個人的暴力＝逸脱行為とかたづけていいのか自体、うえの解析作業からは、論点がつぎつぎと提出できる。自殺においこんだ上司は、くち封じもふくめ部下たちを共犯関係においこんだうえで死においやったのではないか。だとすると、内実は未必の故意的な恐喝・傷害行為であり、たとえば上層部にとっての人事構想上、障害とみなされた人物の意識的排除（理想は「自主退社」）が実行されたのだとすれば、それは結果

1　たとえば、「中山元の哲学カフェ　「働く」その8」（http://business.nikkeibp.co.jp/article/life/20100601/214714/）

2　基本的には古代ギリシャの思潮やヘーゲル・マルクスらによる労働論の比較対照作業に終始している。

3　たとえば、先年の「電通事件」のばあいも、単なる長時間労働ではなく、上司による個人攻撃が指摘されている。

的に偶然労働法上の犯罪行為とあいなったというより、組織内で必要悪視されていた「犯罪労働」だったのではないかといった疑念が当然浮上する。

こういった解析は、「犯罪＝逸脱行為」とだけきめつけてしまいがちな欺瞞的な規範意識からは到底浮上しようがない視座のはずだ。冷静に労働現場を観察するなら、《「暴力団」などだけが犯罪集団なのではなくて、違法行為が露見しないよう、つねづね隠蔽や証拠隠滅に終始する組織が無数にあるだけだ》といったニヒリズムの方が一層現実的な認識なのではないか。いわゆる「ブラック企業」の問題化も、日本的労働慣行の崩壊という歴史的経緯＝近年の特殊な現実のみならず、人権意識の定着・向上などによって、問題視されて当然の現実が露呈しただけかもしれないのだ[4]。であるとすれば、上層部の違法な労務管理など支配体制に異議をとなえそうな人物をあぶりだそうといった、それこそ違法な「監視労働」が各種「犯罪労働」に付随してくりかえされていただろうといった推定も簡単にできる。

１１－２ 「連字符労働／連字符ゲーム」概念をとおしてみた、「余暇」「遊戯」

これまでの労働・余暇研究では、労働者の生活時間をたとえば「市場労働時間／家計生産時間／余暇時間」に３分類し、労働に付随する「通勤・通学」は「市場労働時間」、「家事」「介護・看護」「育児」は「家計生産時間」と位置づけたりしてきた[5]。

---

[4]　こういった、行政当局が統計化できずにいる「暗数」問題については、イジメ、児童虐待、DV、性暴力など、たくさんの事例が指摘されてきた。

[5]　「家計生産時間の分類は，資本や他人の時間を使って代替可能な時間を家

さきに検討した概念規定によれば、「移動労働」は「市場労働時間」に、「ケア労働」は「家計生産時間」に分類されるであろうが、ここでは、うえに展開したような連字符労働間での関係性とは別個に、一般的に対立概念として、うけとめられてきた、「余暇」「遊戯」などと対比させてみたい。

　動機・原因などをとわないことにして、「労働」を「必要とされる活動ないし待機等」と暫定的に定義するなら、「余暇」「遊戯」はともに対立する領域として異論がでないことになる。しかし、「趣味」「自己実現」としての営為が同時に「生業」であるとか、ボランティアないしアルバイトとして参加した「睡眠実験」といった学術調査等への参与など微妙な領域が多数浮上することも明白である。うえにあげた「パフォーマンス労働」や「加工労働」の相当数は、実態として、「必要とされる活動」として外部からしいられているとか、経済的理由から無理をしても遂行されているわけではないケースが多々みつかるだろう。したがって、「余暇」「遊戯」などと明確な境界線をひきうるような実体として「労働」を分離することは不可能である。「睡眠実験」の被験者なら、「待機労働」や「提供労働」という性格をおびているだろうが、特段の必要性がないまま、いきがかり上参加することをきめた学生等のばあい、「ひまつぶし」とか「自己実現」（学術研究や新薬開発への参与etc.）といった実感でしかないかもしれない。すくなくとも、たとえば献血マニアの退職者層などをかんがえれば、それが「余暇時間」にあたるだろうこ

計生産時間と定義した Reid（1934）の定義に従っている」（黒田 2012: 35）。
　なお、イギリスを中心に「余暇社会学」「レジャー・スタディーズ」では、余暇概念の諸相（階級／ジェンダー／エスニシティー）をとらえた多様な議論が展開されていることがわかる（小澤 2010）。官庁統計のような乱暴で機械的な分割などはしていない。

とは、すぐに理解できよう。

　また、資本や他人の時間の利用でまかなえる育児・家事等を家計生産時間と位置づけるというが、マクロ的な統計データとしてしか意味をもたないことも確実である。哺乳瓶を徹底的にいやがる乳児への授乳は代行不能かもしれないし、パートナーなどの助力をえられない深夜の授乳は物理的に金銭で解決するような性格のケア労働ではない。授乳時のわがこをかわいくてしかたがない保護者にとっては、至福の時間帯であり、消耗する義務的労働とは位置づけていないかもしれない。「来て嬉し 帰って嬉し 孫の顔」[6]といった、非日常的な対応でさえ「ケア労働」「感情労働」がともなっていることを象徴した実感が確認されている。おなじように、闘技場で死力をつくしてたたかうアスリートや舞台上のパフォーマーたちは、ときには、たっていられないほどの疲労感におそわれるかもしれないが、かれら／かのじょらが、みずからの極限的パフォーマンスを消耗する義務的労働とは位置づけているはずがなかろう。かれら／かのじょらは自尊心・名誉欲・達成感・使命感など、複数の動機をもって、消極的で消去法的な選択肢として死力をつくしたはずがないからだ[7]。

　ちなみに、ウィキペディア「労働」など辞典類は、労働者の権利などについての記述以外は、経済思想史上のスケッチがあるだけで、

6　第10回サラリーマン川柳コンクール91位作品（「「来て嬉し 帰ってうれし 孫の顔」お盆と正月の帰省はお互いに疲れる!?」, https://mammami-a.club/?p=10058）

7　もちろん、独裁国家の、いわゆる「ステート・アマ」のように、政治的指導者たちに勝利至上主義をしいられているとか、学校・企業などの売名のために動員されている選手たちにとっては、義務的労働だろうが、こことは別のはなしである。

III部　「連字符労働」／「連字符ゲーム」からみた「労働／あそび／やすみ」　　171

ほとんどやくだたないといって過言でない。

> 人間と自然との関係にかかわる過程。すなわち，人間が，自ら
> 自身の行為によって，自然との関係を統制し，価値ある対象を形
> 成する過程が，労働である。(ブリタニカ国際大百科事典 小項目事典)

1　からだを使って働くこと。特に、収入を得る目的で、からだ
　　や知能を使って働くこと。「工場で労働する」「時間外労働」「頭
　　脳労働」
2　経済学で、生産に向けられる人間の努力ないし活動。自然に
　　働きかけてこれを変化させ、生産手段や生活手段をつくりだす
　　人間の活動。労働力の使用・消費。　　　　　　(デジタル大辞泉)

　実際、たとえば「（経済学）人間が自然に働きかけて、生活手段
や生産手段などをつくり出す活動のこと」(広辞苑第5版) といった定
義を、とりあえずうのみにしてしまう読者はおおそうだ。そもそも
経済学者たち自身、自分たちの業界のモデルの抽象度のたかさをむ
しろ誇示してきたのではないだろうか。一方、これら定義・記述の
空疎さ・不毛さを「王様ははだかだ」と公言できるのは、既存の説
明では全然説明できない／できなかった領域が「対生命労働」とか
「対時空労働」といった図式のもと、俄然一目瞭然となったからで
ある。
　おなじように、歴史家による古典「ホモ・ルーデンス（Homo
Ludens)」(ヨハン・ホイジンガ) とか、それをうけたロジェ・カイヨ
ワなどの遊戯論は、理念型・歴史的経緯は参考にはなるものの、現
代社会、とくに経済先進地域のおける労働の本質をうきぼりにして
くれるわけではない。
　「遊戯」の本質をめぐる議論の不毛さを、カイヨワの「遊び」論

から確認してみよう[8]。

1. 自由意思にもとづいておこなわれる。
2. 他の行為から空間的にも時間的にも隔離されている。
3. 結果がどうなるか未確定である。
4. 非生産的である。
5. ルールが存在する。
6. 生活上どうしてもそれがなければならないとは考えられていない。

いわゆる「あそび」の本質的条件が理念型的に列挙されているが、プロ棋士・アスリート・数学者など、たくさんの「職種」がこれにあてはまることだけが、逆に再確認されるだろう。皮肉なことだが、カイヨワらの議論は《必死な遊戯[9]を本職・生業とし、ときに巨大な資産・名声をえることもある》プロたち、《消費的にみえるが巨大な市場が形成されることがある》エンタテインメント産業等を浮上させてしまう[10]。

同様な事態は、「余暇」概念についてもいえてしまう。たとえば、ウィキペディア「余暇」の冒頭部は「余暇（よか）は、一日のうち労働の合間に生じる空いた時間。休息時間。労働を中心とした一日の生活の中では、仕事の合間に生産労働の効率を維持するため肉体

8　ウィキペディア「遊び」

9　これは本来、理念上あきらかに矛盾しているはずである。理念型上は「同居」可能にしてもだ。

10　カイヨワらの「遊び」概念の致命的欠陥は、西村（1997）、李（2002）、井上（2008b）ら、おおくの論者によって、再三指摘されてきた。

Ⅲ部　「連字符労働」／「連字符ゲーム」からみた「労働／あそび／やすみ」　　**173**

的疲労を癒す食事や休息の時間が設定される」とはじまる。抽象度をあげた定義のばあい、いたしかたないだろうが、無味乾燥で労働概念をうきぼりにしてくれることも期待できない。

アカデミックな定義も空疎さでは大差ない。

> 余暇とは，個人が職場や家庭，社会から課せられた義務から解放されたときに，休息のため，気晴しのため，あるいは利得とは無関係な知識や能力の養成，自発的な社会参加，自由な創造力の発揮のために，まったく随意に行なう活動の総体である。[11]

アスリートや企業家、研究者などは、まとまった休暇を「充電」としばしば称してきた。このことひとつかんがえただけでも、すくなくとも創造性を要求される職種のプロの相当数が、単に休息をえたり、教養等を充実させたりするために長期休暇をとっているとはかんがえづらい。「現役」を自任するかれら／かのじょらにとって、「充電」とは「休息のため，気晴しのため，あるいは利得とは無関係な知識や能力の養成」などではなく、意識的、あるいは制度的に「参戦しない期間」を利用した「リハビリ」である。いや、より積極的には「イノベーション」過程なのだろう[12]。

以上のような考察をへるなら、「余暇とは、生理的時間（1次活動）および義務的時間（2次活動）をのぞいた自由時間（3次活動）のうち自発的にすごせる時空の総体をさす」といった、消極的な残

---

[11]　デュマズディエ（1972）＝市川（1981）から再引。

[12]　野球選手のかがみとされてきた、イチロー選手が典型例だろう。かれにとっては、睡眠などもふくめて「参戦準備」なのだから。イチロー選手の「労働」観についての検討は、後述。

余概念としてしか定義できなさそうにおもえる[13]。

逆に、「労働」を定義するなら、「生理的必要（睡眠・摂食・排泄）および自由時間以外で、さまざまな理由でしなければならない作業および待機・受忍の総体」という消極的な残余概念におちつくのではないか。

もし、この仮定にもとづくなら、主体的な選択としての学習以外の通学や共依存状態にあるDV被害は「受忍労働」だろうし、特段の要請・納期などのない論文を作成する作業は、執筆経過を出版社や学会誌編集委員会に通知しないかぎり「加工労働」ではなく、「余暇」の一種という風に解釈できるだろう[14]。したがって、「労働」には報酬の有無がとわれないことはもちろん、しばしば授業料・受講料・参加費・生活費・お布施などをしはらいつつ苦痛にたえる「受忍労働」、論文掲載料などを捻出して投稿する論文作成など「加工労働」があること。同時に、行為者・受任者当人に、「しなければならない」理由がないなら、自己実現や趣味等へと含意が変質することをわすれてはなるまい。放火依存症・窃盗依存症などのような犯罪嗜癖による「しなければならない」意識を「労働」とみなすべきかは微妙だが（当人の主観にとっては「労働」そのものの可能性がたかいが）、すくなくとも、「やせねばならない」意識による減量努力は「受忍労働」だし、名誉欲にせよ不安にせよ「かかなければならない」意識による執筆は「加工労働」などして理解できよう。

一方、思想家の内田樹は、「「働く」ことの本質は「贈与するこ

13　総務省統計局「平成28年社会生活基本調査の結果　用語の解説（調査票A関係）」（http://www.stat.go.jp/data/shakai/2016/pdf/kaisetua.pdf）のうち、「行動の種類」（p.5）を参照している。

14　本稿も、だれにもたのまれずに開始され執筆が進行したので、編集者とのやりとりが開始する直前までは「余暇」の産物でありつづけた。

と」にあり、それは「親族を形成する」とか「言語を用いる」と同レベルの類的宿命であり、人間の人間性を形成する根源的な営みである」「人間以外の動物はしないことはたぶん労働である。「たぶん」という限定を付すのは、それが労働であるのかどうかは事後になって、それを「贈り物」として受け取る他者の出現を待ってしか判明しないからである」といった、独自の労働概念を主張する (内田樹 2009)。しかしこれは、万人をなっとくさせる普遍性などもちえないとおもわれる。こういった労働概念なら、たとえば自分自身のみづくろいなどは全部「非・労働」になってしまう。まさか、孤島で単独者生活をいとなんでいたロビンソン・クルーソーは労働していなかった、「下僕フライデー出現で、はじめて「労働」が発生した」と解釈するのだろうか。そもそも、動物行動に「贈与」の含意がないという断定自体理解しがたい。すくなくとも動物の求愛行動のおおくには「贈与」がみとめられてきたし。そうかんがえれば、単身者も毎日「労働」するし（自分自身に対しても）、野生動物も「労働」を反復すると。

　このようにかんがえるなら、「あそび」の本質とは、「しなければならない」意識の不在だろう（「しなくてもいいけど、したいこと」）。カイヨワらの「自由意思」という条件は、実際きわめて本質的な要素といえそうだ[15]。逆に、どんなに周囲からは過酷にみえようと、当人がしたくてしかたがないことを実行するなら、それは報酬をえたにしても、普通イメージされる「労働」を本質としてみいだすべきでないかもしれない[16]。

15　逆にいえば、ほかの要素は、理念型としても有意義か微妙な気がする。

16　実際、表現者などに多数いそうなのが、「表現したくてしかたがない」から制作・表現するが、結果として生活費がかえってくるといった経済的合

たとえば社会学者・藤村正之は、井上俊の遊戯文化論 (井上 1981)
をうけて、自由（自主性）−拘束（他律性）、自己完結性−社会的
連関性、という2次元を交差させることで自由で利他的な「ボラ
ンティア／NPO」、他律的な利他行為＝「労働（職業生活）」、自由
で自己完結的な「遊び」、自己完結的な拘束状況として「嗜癖」と
いう4分類を提起した (藤村 2008: 62-63)。藤村の「日常生活行動の分
類」は、理念型ではなく、あくまで生活時間の分割のようなモデル
でしかないが、「しなければならないこと／したいこと」という動
機上の二項対立を、自己完結性／対社会性という二項をかさねあわ
せることで、相当、本質を整理してくれる。すくなくとも、「嗜癖」
という行動様式が自己完結的でありながら拘束的もあるといった問
題性の整理である。しかし同時に、とりつかれたように社会奉仕に
いそしむ心理であるとか（それは主体的な利他行為にみえながら、
ひとりよがりな「おためごかし」の偽装にすぎないかもしれない）、
野球小僧・サッカー小僧たる天才アスリートのパフォーマンスの
ような「真剣な遊戯」等、二次元分類を無効化する現実も浮上す
る。たとえば「エゴイスト」と形容される天才ストライカー。かれ
がゴールまえで無心にはなったシュートが「社会的連関性」をもつ
とか「他律性」があるとかいった解釈は、失笑しかかわないはずだ。
それは、すでに批判的に検討した内田の「労働」論でいう「贈与」
といった本質をさがすことのナンセンスさとにている。イチローの
最高のパフォーマンスのための細心・入念な準備、という「バック
ステージ」でのトレーニングにしても同様だ。そこにはたしかに、

　理性である。
　たとえば、葛飾北斎などは、最晩年まで職人としてのしあげにほこりを
もっていただろうが、それは生活費捻出とか富貴目的の名声ほしさなどで
はなかっただろう。

チームメイトやファンへの「贈与」という本質を明白にみてとれる。しかしその動機は「一流のプレイを演じて観衆・関係者全員をあっといわせたい」という、少年っぽい、イタズラごころとチャレンジ精神なのではないか。それは「せずにはいられない」という意味で当人にとって「しなければならない」プロセスであり、嗜癖的傾向をおびた労働である。

一方、イチローの球場での全力プレイが「他律性」をおびているはずがないから、そこに「労働」だの「嗜癖」だのをみてとるのは、皮肉がすぎる。しかし、それは病児をよろこばせたくてしかたがないピエロのようなボランティアであると同時に、自己陶酔せずにはいられないという点で、チクセントミハイのいう「フロー」状態の要素も否定できまい。「満足のいくプレイを一定期間維持できて、充分な資産と名声をえたら、引退して悠々自適ないし社会貢献など第二の人生」といった、アメリカの一流アスリートたちが共有しているだろう人生観からしたら、可能なかぎり現役生活（もちろん感動をよぶ一流のプレイがくりかえせるという前提だが[17]）を維

17　イチロー選手自身が 50 歳まで現役続行できることを目標にしていることは有名だが、アメリカの野球解説者の一部が 60 歳現役説を提起したのだから、非現実的な妄想でなどないし、一流プレイヤーという水準の維持ももちろんの議論だ。

「60 歳現役説を唱えたのは米全国紙の USA TODAY。同紙のボブ・ナイチンゲール記者はイチローについて、「彼は 22 歳の身体を持った 42 歳の選手。誰よりもシェイプアップされている。午前 3 時に寝て、午前 10 時か 11 時から練習する生活を続けている。50 歳までといっているがその考えは捨てるべきだ。たぶん 60 歳までいけるのではないか」と伝えている。現状で体力的な衰えはまったく感じさせず、肉体年齢が 20 歳若いのだから、還暦でのプレーも可能だというのだ。」（「イチロー、60 歳まで現役　米全国紙が提唱　メジャー通算でのローズ超えも」『ZAKZAK（夕刊フジ）』2016.06.18）

持したいという野球観自体が異様にうつるだろう。しかし、稀代の天才イチローが特殊だから、例外的に4分類を超越してしまっていると解釈してすませていいのだろうか。おそらくちがうはずだ。藤村は日常的な生活行動を分類したつもりだろうが、自主性－他律性、自己完結性－社会的連関性、という2次元自体が理念型だったのだ。イチローの選手生活に他律的労働以外の要素が全部みてとれるのは、そのせいである。そしてそれは、生活費捻出とか借金といった他律性を全然かかえていない、すきでしかたがない生業をもった人物（たとえば葛飾北斎など）にとっては、ごくあたりまえにくりかえされる職業人生ではないだろうか。

　近年浮上した「ワーク・ライフ・バランス（work–life balance）」論は、過労死・少子化など社会病理・社会問題に対する法整備・政策論上はかかせないわくぐみだ（「週労働時間」etc.）。しかし、「ワーク」と「ライフ」を二項対立図式にもとづく概念として対照し「バランス」をとるといった議論が粗雑な認識にもとづく姿勢であることは、うえのような労働／あそび／余暇の本質の比較対照をへれば一目瞭然だろう。もちろん「在宅ワーク」などでさえ、私的生活時間と賃金労働などは、同一時間中に両立しえない。両者の時間配分はバランスをとるほかないことは、いうまでもない。しかし同時に、「ワーク（はたらくこと）」と「プレイ（あそぶこと／たのしいこと）」は共存する。私生活のなかに無数の「ふばらい労働」があること、在宅労働の強度／拘束度の質／量や公私のきりかえ実態の複雑さなど、かんがえるべき課題は無数に伏在するようにおもえる。

　いずれにせよ、理念型としての「連字符ゲーム」概念は，つぎのような慨嘆から解放してくれるだろう。

遊びの社会学は、遊びが何かについて明晰に説明することが
できなかっただけでなく、真理を探究する科学的理論としての性
能も疑わしいものであったため、多くの遊び理論を創出してきた
遊びの科学の論理構造を確認することにした。しかし既述したよ
うにきわめて制限された条件のもとでしか議論が成り立たないか、
それとも研究者の主観に基づく前提によって議論が成り立つ具合
であったため、そこから導かれた結論は限られたものであり、け
っきょく遊びが何かについて実際には何も述べたことにならない
と述べた。そして先ず遊びを自明なものにする必要が生じ、遊び
行動や現象を観察する方法とそれを仮定された原因ないし動機の
面から定義する方法がとられたが、前者は客観性の確保の問題の
ため、そして後者は循環論法に陥るため、なお問題は残されたま
まになる。そこで遊びは何らかの意味をもち、遊びそのもの、そ
れ自体の本質を、さらにそれは遊んでいる当人にはどんな意味が
あるのかを問うべきだとするHuizingaの議論を検討することにし
た。しかしながらHuizingaによる遊びの意味は、実は遊びの意義
であってその意義を支えるものは他のモラリストたちと同じく何
らかの規範であった。彼にとってそれは神聖なるものが横滑りす
る形で導かれ、遊びは精神の最高の境地まで引き上げられること
になる。もはや遊びは〈ただの遊び〉ではなく、社会現象すべて
と関わることになる。しかし、経験的に実在する遊びから定義を
構成した瞬間、脆かった規範的基盤は崩れてしまい、彼の遊び論
全体の整合性も失ってしまった。　　　　　　　　　　（李 2002: 29-30）

　循環論法におちいってでてこられないとか、あそびの本質を抽出
できないのは、「遊戯」概念などは所詮「言語ゲーム」にすぎない
という現実を直視していないからだろう。もちろん、ここまでの議
論が、「あそびとは一体なにか」を明確に定義できず、「しなくても

いいけど、したいこと」といった、いかにもにえきらない理念型を
うちだすにとどまることはみとめよう。しかし、それが不毛だとは
全然おもわない。「しなければならないこと」（労働）と「しなくて
もいいけど、したいこと」（ゲーム）という理念型の二項対立をう
ちたて、結果として「いずれでもない残余部分」（やすみ）ととら
えれば、現実の本質の大半は充分整理できるし、解析不能な領域は
さほどないはずだと[18]。

11-3 「中範囲の理論」としての「連字符労働の社会学」と「労働の未来」[19]

いずれにせよ、「連字符労働」概念は、「労働」実態の多面性・多
重性・多義性を隣接する現象同士で対比することで位置づけを鮮明
にできるし、「労働」と対立・共存する概念としてイメージされて
きた「あそび」「余暇」「趣味」などとの関係性も、より具体的に解
析できるとおもわれる。それは、既存の労働概念が、「自然」への
はたらきかけだとか、抽象性があまりにたかかったのに対して、い

---

18 たとえば「労働」概念の解析のときに少々ふれた現実として、強迫神経症
や依存症などは、当人にとって「しなければならないこと」になっている
行為なのだが、それがときに社会的に有害なことで処罰対象であるとか、
報酬など当然ともなわないとかが現実であっても、「労働」の本質を位置
づけることは議論の整理として有効だろう。これらと当人が「ゲーム」と
みなす「嗜癖」との非連続性は微妙だが。

19 副題の「労働の未来」は、古典、中岡哲郎『人間と労働の未来』(1970)
へのオマージュである。しかし、中岡がえがいたディストピアの基本装置
は、まだまだソボクなオートメーション段階にすぎなかった。当時は、コ
ンピューター支配の未来は具体的にイメージできただろうが、入力不要な
自己学習するAIまでは想定外だったはずである。だからこそ、後述する
ようなディストピアは、まだ想定されえなかったと。

わば「中範囲の理論」(R.K.マートン) として解析できたからだろう。いまさら、マルクス・ヘーゲルらまで遡行し、疎外だとか、外化だとか、対象化だとか、抽象的なイメージをこねくりまわしても、具体的イメージは全然わかず不毛におもえる。一方、個別の労働現象を徹底追究しても、それが労働一般や最頻値的現実を代表しえている保証がないなど、問題があった。労働の本質を、「生命」「非生命」「時空」と視座を設定し、下位概念を列挙したからこそ、労働現象の具体的諸相や種々の関係性が浮上したのだ。

　こういった解析作業は、AIなどをふくめた「機械との競争」[20]が懸念される現在、今後、人類はどういった労働現象と対峙するのかを試算するためにも、やくだちそうな予感がする。計算・計測機械や反復動作装置がこなせる「対生命」「対物」「対時空」の領域とは、具体的に一体どのあたりなのか。たとえば、パターン化が困難な状況がたくさんありそうな領域での感情労働／教育・支配労働／ケア労働は、ロボットによる代替は不可能だとか、救助／救出労働、排除−制圧／駆除−捕獲／収穫労働、犯罪労働などのばあい、よきにつけあしきにつけ相当ロボットが導入されそうで危険な印象だとか(たとえば、暗殺・虐殺作戦etc.)、さまざまな具体的予想が可能におもえる。実際、軍関係者や福祉関係者にとっては喫緊の課題だろう。

　また、ひょっとすると、「失業」という現象が意味をなさなくなるユニバーサルなベーシックインカム時代がやってくるかもしれない。過剰生産状態なのだから、分配問題さえ解決できれば、論理的には充分可能なはずだ[21]。実際、経済学者をはじめとして、人工知

20　ブリュニョルフソン／マカーフイー (2013) および、小林 (2015)。

21　ここではあくまで、現在懸念されている温暖化問題など地球の放熱機能の

能時代を試算する経済学者たちは、「はたらかないでいい時代」（失業喪失状態）における、「ひまつぶし」問題を真剣に議論しはじめている（井上 2016）。それらを前提にしたレジャー産業だとか、ゲームだとか、豪華客船上の乗客をあきさせないのと同質の「余暇」を社会が提供する必要があるというのだ。もはや、SF、しかもディストピア的な空間、ピーターパンたちによる「ネバーランド」というよりは、高齢者同様の「ひまつぶし志願者」たちの集合体による「すばらしい新世界」となるというわけだ。

　しかし、マルクスがコミュニズム的社会を夢想してイメージをかたったように、経済的な必要性から解放されてやりたいことを存分にするというのは、理想的にちがいない。アマチュアのアーティスト、アマチュアのアスリート、アマチュアの冒険家、……そんな理想郷では、《ボランティアによる弱者のサポート》といった構図さえマイナー化しているはずだ。それこそ「ケア労働」も過酷さから解放されて（つまりは「感情労働」的側面さえ最小限化して）、「能力に応じてはたらく」世界へと変質しているにちがいない。なにしろ、機械システムによって「ひとで」はあまっているはずだから。きっと、各種ゲームはもちろん、「ひまつぶし」の手法・システムも、AIが無限のくみあわせを試算して提供してくれるにちがいない[22]。

限界であるとか、環境負荷の問題は度外視した思考実験としてのべている。

22　山田胡瓜の SF マンガ作品『AIの遺電子』は、90％がヒト、のこりがヒトと識別不能なヒューマノイドとして共存しており、社会を完璧な AI が管理しロボットによってサポートさせているという近未来をえがいている。第 33 話は、主人公（ヒューマノイド専門医）の患者が、「労働のない街」に移住し、「友人も役割も生きがいも……全部 AI がお膳立てしてくれたものだと思うと自分が操り人形のように思えて……」とつぶやくシーンがでてくる。友人のひとりは「堕落するヒマなんて全然なかった」「ある意味昔より働き者かも……！」と肯定的で、なやみなどないようだが、女性

III部　「連字符労働」／「連字符ゲーム」からみた「労働／あそび／やすみ」　　**183**

もちろん、機械が発明できない異次元の享受形態を考案する天才が誕生してもかまわない。個々人の個性が無数に細分化されマスな余暇が消失してこそ、多様な余暇のすごしかたを、それこそ AI と協働して多品種少量生産・カスタマイズしていってよいわけだ。これらはディストピアどころかユートピアとしかみえない[23]。

患者は不眠をうったえる（山田 2016: 20-2）。

23 松尾公也は『AI の遺電子』の第 33 話「労働のない街」を紹介して、つぎのように解析をくわえる。

「AI の遺電子では、人間もヒューマノイドも、多くの成人がなんらかの形で働いている。これまでのエピソードを見ると、職種としては今とさほど変わらない。ベーシック・インカムによって一定水準の暮らしはできるが、人の労働意欲を削がないよう、産業 AI も必要以上に踏み込まないように制限が加えられているので、人間の活躍の場は残されている。超高度 AI のコントロールによるものなのだが。」

「ナイル社は、この物語に何度も出てくる、未来の巨大企業だ。モデルになっているのが Amazon なのは間違いない。ナイル製の円筒形据え置き型コミュニケーションロボットは何度か登場していて、ヒューマノイドや人間たちの悩みを聞き、音声で適切なアドバイスをしている。まるで Siri のように。いや、この場合は Echo か Alexa と言うべきか。」

「面白いのは、この特区は 1 つの企業が全てをコントロールしているということ。」「ナイル社の特区では、一定額以上の財産を持っていれば没収されるが、入ってしまえば充実した暮らしが期待できる。コミュニティーに貢献すればポイントがもらえ、ちょっとしたぜいたくが楽しめる。」「出家するときに全財産を寄進する宗教団体と、行動履歴の全てをポイントに換算するサービスとのハイブリッドのようだ。特区では、Amazon GO のように買い物では支払いする必要なく（Whole Foods 買収でさらに近くなったかも）、自分が何かやったことは、Amazon Mechanical Turk のように誰かの役に立つ。それをコントロールするのも AI だ。」

「ユートピアのようにもディストピアのようにも思えるこの世界

しかし、世界は、こういった理想像へと収束していくことはないような予感もする。SFがすでにえがいているように、あてがわれた「ひまつぶし」「安逸・安全」には満足できない層が、秩序を破壊することで、鬱憤をはらそうとするという図式である[24]。実際、明確な社会的不満の産物とはおもえない「愉快犯」として、コンピューターのハッキング／クラッキングがあるではないか（「破壊ゲーム」参照）。かれらが端的に象徴しているのは、「ひま」というストレスがもたらす伏在する爆発的なエネルギー、こもった悪意である。「巨大で堅固な秩序ほど破壊してやりたくなる」といった不敵な挑戦意識が、「ひま」な時代には頻発する可能性がある[25]。

　そうなれば、毒性のちいさな「鎮静剤」的な薬理作用にすがる人口もふえかねない。不満があらぬ方向に暴走・暴発しないように、

　　は、ネットでもリアルでも普段の行動を学習され、ターゲティングされているわれわれから、そう遠くない未来かもしれない。」「ナイル社はこの特区を「新世界」と呼ぶ。オルダス・ハクスリーが苦笑いしそうな、すばらしい新世界だ。」（松尾 2017）

　しかし前項でふれたように、主人公の患者（女性ヒューマノイド）は不眠など「ユートピア」に違和感をおぼえている。

24　たとえば、ミシェル・フーコーの「生政治」が究極まで貫徹した「理想社会」と、そこからの脱却をめざす主人公たちの反乱がえがかれるディストピア小説、伊藤計劃『ハーモニー』などは、その一種だろう（伊藤 2014）。

25　SNSやポータルサイトのネットニュースがしばしば「炎上」してきたように、かりに攻撃者がごく少数であれ、攻撃コストが激減すれば、攻撃頻度がひくくおさえられる保証などない。実際、ウイルスソフトの頻繁な更新をみれば、「脆弱性」をさがしては攻略したがるマニアがたえないことを証明している。ちなみに、国分功一郎『暇と退屈の倫理学』は、定住生活をはじめて以降の人類に通底する「退屈」をふかく考察し、ポストフォーディズムの含意についても解析がなされているが、AI社会等今後については不充分な予想におわっている気がする（国分 2015）。

悪意エネルギーをねむらせるための薬剤利用である。これは、気よわな人物がアルコールのたすけをかりて、あばれたりしてきたのとは逆方向で病的である。しかし、「愉快犯」化しないよう自制心に自信がもてない層は、それこそ依存症的に薬理作用にはしって不思議でない。

　実際、リスクをあえてまぜて放置するといった、高度な制度設計などできない以上、リスク回避的なシステムが主流になるはずで、それがAIによって実現されれば、全部「さきまわり」されている、いわば、幼児がケガなどしないような危険物０状態の室内と、同質なリスク抹殺空間がまっているとかんがえるほかない。「これほどつまらないところはない」という時代が当然到来する。そうなると「愉快犯と薬中患者」とでも戯画化可能な二極化現象は、大して突飛な予測ではなくなるおそれがある。これは、かなりリアルなディストピアである。であればなおさら、われわれは「しなければならない」という、内的な必然性、ないし社会的責任をおびた「労働」を必要としているといえるのではないか。

　「すきなことを、すきなときに、すきなだけやる」という幼児や自由人が実行している人生。しかし、それをかりに社会的に制度設計できたにせよ、個々人が自己責任でえらべるほど、うまくはまわらないのである。マルクスらの夢想は物理的に実現しないのではなくて、生存のためにいきることができない有閑人の個人心理がゆるさないのである。「つまらない秩序をぶっこわしたい」とか、「反社会的なことをしでかしたくなるかもしれないから、おとなしくしていられるような措置をえらびたい」といった、きわめて不健康な心理を、それこそAIはみごとに制御できるシステムを考案できるだろうか。いや、無理だろう。また、「犯罪労働」という「ひまつぶ

し」実行者を予防するシステム、といったAI支配もおぞましい[26]。それは、既存のビッグデータを解析し、ひとの逸脱行動を統計化することで、徹底的に個々人を監視し、ときに内面を統計的に憶測するかのような疑心暗鬼的な判断をくだしかねないからだ。まさに、ロボット支配社会だ。

そういったSF的想像力からすれば、平穏無事すぎる退屈さを解消するために、たとえばアトランダムに（AIが確率論的に発生させるかたちで）「あらぶる神」のごとくカタストロフィーが出現するといった、意図的な冷酷さを機械が創出する（震災・火災など）、端的にいえばかなりグロテスクな社会となるほかないからだ。「通常は、ほぼ0リスクだが、ごくごくマレに運のわるい地域・住民が突然犠牲になる」といった、「神のみぞしる」ロシアンルーレット的災厄が到来するシステムをAIがくみ、それを人類が甘受すると

---

26 フーコーの「生政治」が究極まで貫徹した「理想社会」はAI支配でありディストピアだから、その秩序に反乱をおこす必要がある。こういった不安から妄想へとはしったヒューマノイドが確信犯として連続殺人をつづけ、予想どおりあっというまに逮捕されとりしらべをうける、という舞台設定がなされているのが、山田胡瓜『AIの遺電子05』収録の第52話「妄想」である。

人類社会のもと「がん細胞」化したかのようなヒューマノイドが犯人という設定だが、こういった犯行動機（こういった意識水準については、人間とヒューマノイドに差異は皆無という設定になっている）を主人公は、つぎのように解析している。「彼の言い分が妄想だったとしても超高度AIの見えざる手が人間を支配しているというのは、もっともな不安だ」と（山田 2017, 156）。このプロットは犯人が人間でも不思議でないということを当然含意するだろう。つまり、「機械との競争」にやぶれてヒマだからではなく、公憤としての反逆もありえるし、それこそ、映画『マイノリティ・リポート』のように、反逆者予備軍を予期したAIの「防犯」システムが作動しはじめるかもしれない。

いった構図は、もはやディストピアそのものだろう。それこそ、そういったAI支配をいきぐるしいとして、「犯罪労働」や精神的破綻が発生するような予感がしてくる。自然災害等ではなく、機械が「全部お膳だて」してしまうようなシステムは、結局悪循環しかうまないだろう。

　結論は簡単なことかもしれない。「機械でやれば楽であり、やすくつく」といった合理化は、一定水準でとりやめる、というイノベーション停止。つまりは、AIによる改善はいずれ一定水準に達した段階で強制停止するしかないという判断だ。生存欲求だけでいきられる野生獣とは正反対の人類は、「しなければならない」という「労働」を、「いきがい」として、のこしておくしかない存在なのだ。そして、それらを冷静に位置づけるためにも、すでにのべたような既存の現代労働の諸相を、連字符労働として下位分類に分解して整理することが有意義であろう。われわれ現代人の実態としての行動様式とその含意を冷静に位置づけ、必要以上に不幸をふやさないためにもである。

　同時に、「はたらかないでいい時代」といった状態がはたしてくるのかという試算もしておく必要があるはずだ。なぜなら、コンピューターが、いわゆるフレーム問題などを簡単にクリアできるとはおもえないからだ。さきにとりあげた、SFマンガ『AIの遺電子』のような、人類と区別がつかないヒューマノイドの登場どころか、ヒトのニーズに完璧こたえるロボットさえも実際には実現しないのではないだろうか。コドモや、自閉症スペクトラムをはじめとして、具体的局面での瞬間ごとの文脈理解がうとい人物はすくなくない。しかし、たとえば自動運転などをはじめとして、ロボットに具体的作業をまかせるとは、「文脈理解がうとい機械にいのちをゆだねる」ということを意味する。ヒトのばあいは、「うっかり事故だから（ヒューマンエラーだから）」ということで、過失責任をと

われることですむわけだが、「文脈理解がうとい機械」にいのちをうばわれて、なっとくするヒトがいるだろうか。

　もちろん、「やすかろう、わるかろう」で、「ほとんど事故が発生しないロボット」と、「ときどきしくじるロボット」といった、コスト格差を選択させるという制度はありえるだろう。しかし、たとえば公共交通機関などで、「ときどき事故死がある車両」といったシステムがゆるされるはずがない。そもそも、そういった高度な機械制御時代に、経済階層差などで、人命が露骨に統計的差別されていいわけがないのだ（LCCの事故率懸念など参照[27]）。

　すくなくとも、対人サービスで、ロボットが事故をおこすといった事態はさけねばならない。そうなると、高齢者など社会的弱者のサポートをする具体的資源は、人力（人的判断力）になる。

　さきに、機械システムによって「ひとで」はあまっているはずだから、「ケア労働」も過酷さから解放されている（「感情労働」も不要化している）にちがいない、とユートピア像をのべたが、主婦・主夫たちのシャドウ・ワーク等をみるかぎり、そんな楽観主義など実現しないようにもおもえてくる。それこそ、「文脈理解がうとい機械」がまかなえない無数のシャドウ・ワークをこなす必要がずっとのこるのではないか。「5-2　主婦・主夫の職務の解析」で、「待機労働」「受忍労働」「経営労働」「政治労働」「教育／支配労働」ほか、無数の「ケア労働」「感情労働」「サービス労働」を主婦・主夫はに

27　たとえば、格安航空券を前提にしたLCCが安全度評価であきらかにひくく位置づけられるのは、日航や全日空が世界でも上位10位以内にはいるのに、日本のLCC全社が中位にかたまっていることでもわかる（「微妙に危険な「航空会社ランキング」＆全航空会社の危険度一覧（2018年版）」『やじり鳥』2018-01-15, http://www.bousaid.com/entry/2018/01/15/074844））。人為的サービスの削減＝低コスト化が安全性と負の相関をもつとすれば、輸送機械の低コスト化は露骨に安全性低下につながるはず。運賃は保険となる。

なうとのべておいたが、これらがAIほかのアシストをもって、ほとんど完全省力化となるとはおもえないのである。もちろん、介護現場などは、歴然とした改善がみられるだろうが、バラ色にえがく楽観主義は無責任だろう。「気がきかない人物」が遍在する現実は、ロボットによるユートピアの実現を絶望視させる。

このような悲観的観測からすれば、AIをはじめとした機械化による省力化傾向を、基本的に人類の進歩なのだ、とすなおにうけとめるのは困難だ。

　　　無為と自由の時間のなかで、人ははじめて、自由な人格として、自律的な人間として、「共同の事物」について考え、自分の意見を他人の視線にさらし、他人の評価の対象としてもちだし、共に語り、検討し、討議することができる。共同の事物、公共的な事柄を思考し、公共的なものと自己との関係を構築し、それを公共空間のなかに投げだすといった行為が可能になるには、労働の拘束から解放されていなくてはならない。ここでいう自由は、「労働からの解放と分離」の意味での自由である。人は身体の保存と維持に必要な、その意味では必然的な時間を投入することを余儀なくされるが、その必要と必然の領域を越え出る自由な時間がなければ、公共的空間は成立しない。

　　この二百年の歴史を眺めれば、一日の労働時間は徐々に縮小してきた。十九世紀の十二時間あるいは十五時間から、二十世紀現在の八時間への労働時間の削減は、人間生活にとってひとつの歴史的成果であり「進歩」である。しかも今後はもっと労働時間が縮小する見込みさえある。「一日三時間労働」という理想もけっして夢ではない。こうした現実の歴史の傾向を踏まえてみれば、労働からの解放はユートピアではなくて、人類がその実践のなかで要求していることである。

この傾向は、同時に、自由な時間（余暇）の創造であるのだが、問題はその自由時間を、公的空間を創造し、その空間のなかで人間の社会生活の歴史と現実を思考し、より良き生活の構築を共同で討議することへと振り向けることができるかどうかである。しかも労働現場のなかでこそ、公共的討議空間を作ることが目指されなくてはならない。このとき、自由時間を消費時間に還元して、公的討議空間を解消する傾向（現在の消費社会の現実はそうしたものである）との闘いが、当面の課題となるであろう。

（今村仁司 1998: 186-187）

　男の子育てと仕事の両立を難しくする最大の要因は、異様な長時間労働です。フランスやドイツの労働時間は一九九〇年代末で年間一四〇〇時間から一五〇〇時間。当時の日本は二〇〇〇時間超。現在は、行政が正規非正規をちゃんと区分した統計をとろうとしないので実態は判りませんが、一八〇〇から二〇〇〇時間だとされます。日本特有の長い通勤時間を含めると、さらに二〇〇時間が加わります。

　過労死や鬱の問題も深刻化しています。そのためワーク・ライフ・バランスの観点から労働制度の見直しについて行政からも民間からも提言されています。ところが、日本でワーク・ライフ・バランスというと、趣味やプライベートな時間を増やして人間らしい生活を送ることだという理解が専らです。これは先進各国の理解から程遠い滑稽な勘違いです。

　欧米におけるワーク・ライフ・バランスの「ライフ」とは社会参加のこと。家族や地域やNPOの活動への関わりを指します。日本では男は正規非正規を問わず仕事が忙しい。むろん昨今は共働きで女も仕事で忙しい。ならば妻と夫で社会参加をシェアするかといえば、日本の男性の育児休暇率は三％。北欧各国は九〇％、

アメリカやドイツは四〇％ですから、一〇分の一以下の惨状です。

〔中略〕日本の経営者は価値を生むことより、労働コストを下げることで生き残ろうとしがち。低賃金で働かせれば長時間働くしかないので社会参加が疎かになって社会は痩せます。社会が痩せれば高い価値は要求されません。悪循環です。だからOECD諸国内でも労働生産性が低い。

（宮台真司 2018: 85-87）

　著者の世代も発表年代も20年前後ずれている[28]ので、単純な比較はできないが、両者の意外な共通点は、欧米先進地域のようなかしこい社会構築さえできれば、効率がたかまる好循環になって余暇時間が大量にふえ社会参加にも充分時間・エネルギーをさけるのだ、という、無邪気な楽観主義である。両者は、現状認識はもちろん趨勢においても、欧米社会を過大評価し、社会構築の現実の困難さを過小評価することで、現代日本の民度のひくさを反省する素材は提供できても、そこへの具体的みちすじはえがけていない[29]。

　まず、欧米が総じて実質労働時間をへらして充分な社会参加のゆとりをそなえた、非常に効率のたかい合理的空間となっているという総括は、それ自体典型的な本質主義であり、合理化＝美化である。たとえば鈴木宏昌は、「主要先進国では，1980年代までは，経済の高度成長を背景として労働時間の短縮（週当たりの労働時間とさまざまな有給休暇）が実現したが，その後は，労働時間短縮のスピードは鈍り，国ごとの違いが大きくなる。21世紀になると，EU主要

---

[28] 今村仁司（1942−2007）と宮台真司（1959−）は世代として17歳差、参照文献の刊行としてほぼ20年の時代差がある。

[29] 宮台自身は、自身をモデルにしているらしい「ウンコおじさん」なるスーパーマン登場で、問題解消できるのだ、しなければならないと力説しているが〔宮台 2018: 88〕。

国の年間労働時間の推移はいくつかのグループに分けることができる」と指摘し、すくなくとも「年間労働時間が高止まりで、あまり変化がみられない国（例：アメリカ、イギリス）」が実在することにふれている（鈴木 2016: 4）。

〔……〕たとえば、週35時間制を2000年に採用したフランスでは、時間外労働の扱い方は政治問題にもなっている。フランスの多数の企業では、法定労働時間が39時間から35時間になった後も、生産工場の現場では、以前のままの37～39時間の体制を維持していた。つまり、時間外労働がほぼ恒常的に生産工程に組み込まれる結果となった。2002年に政権交代が行われた後には、割増賃金率のコストを実質的に引き下げること（社会保険料の減免）や企業が時間外労働を業務命令で行うことができる時間外労働の年間割り当てが増加した（2000年の180時間から現在は220時間）。なお、時間外労働に関する規制を持たないイギリスやアメリカにおいては、割増賃金は賃金の上乗せであり、低賃金労働者は好んで時間外労働を行う傾向がある。

〔中略〕専門職・管理職への労働時間規制の緩和は、技術革新の進む企業では大きな意味を持つ。どこの国でも、管理職やエンジニアあるいは販売担当責任者は、現場の責任を負い、顧客の注文期限に合わせて仕事をすることが多く、労働時間は実質的に個人の自主管理になっている。そこで、それらの専門職・管理職を労働時間規制の一般的な枠組みから除く措置である。例としては、フランスの労働時間の年間請負制がある。これは、専門職・管理職あるいは技術者を、一般的な労働時間規制からはずし、年間契約という形で処遇するものである（この場合、法定労働時間である1607時間をクリアする必要はある）。忙しく働くこれらの専門職・管理職の平日の労働時間は、9時間あるいは10時間を超える

ことが珍しくない。

　アングロサクソン系の労働現場が、現代日本と意外ににかよった水準であることはもちろん[30]、労働者の天国であるかのように宮台がえがいたフランスが、過度に美化されるような実態ではないこと、まして今村の20年まえのイメージと全然ちがった現実があることは、明白だろう。そもそも、フランスで過労死問題がとりざたされた近年の動向にふれない宮台は、悪意があってふせているとしかおもえない[31]。典型的な「出羽守」である。

　ジャーナリストの池上彰は、10年以上まえに、つぎのように問題提起していた。それが改善できたどころかむしろ悪化したとしかおもえない以上、今村の議論が現代日本でナンセンスであることはあきらかだ。しかも、宮台も重要な本質にふれずに社会参加の条件をかたるなどをみると、そもそも欧米のように社会を効率化すれば、現代人の生活の質はあがる、という楽観主義自体があやしげではないか。

　　〔……〕厚生労働省によると、二〇〇三年から二〇〇四年にかけて、

30　あくまで日本で横行してきた「サービス残業」「もちかえり残業」などを考慮しない「公式統計」での比較にすぎないが、OECD「世界の労働時間 国別ランキング・推移」によれば、イギリス（1676 時間）＜日本（1713 時間）＜アメリカ（1783 時間）と、極端に現代日本だけ労働時間がながいとはいえない。日本と同程度のカナダ（1703 時間）、イタリア（1730 時間）を例外として欧州大陸各国やオーストラリアが 1700 時間未満であることはあきらかだが（グローバルノート— 国際統計・国別統計専門サイト 2017）。

31　河合薫「フランスで過労自殺が急増。G8 で自殺率世界 3 位の仏が抱える闇」（河合 2017a）

194

一般労働者より労働時間の短いパートタイム労働者の割合が増え

　　　たことによって、全体の労働時間が減ったことが考えられるとい

　　　うのです。　　　　　　　　　　　　　　　　　　（池上 2006: 123）

　失業率が近年へったという政府の喧伝も、男性もふくめて非正規
雇用の比率がふえたからにすぎないという指摘があるし、いわゆる
「サービス残業」はもちろん、「裁量労働」制による過労死・過労自
殺[32]などが問題視される現在、今村の「一日三時間労働」といった
理想は根底から破綻したというべきだ[33]。そして、宮台の指摘は現
代日本の深刻な体質について妥当であるが、欧米のようにうまくや
れるはずだという根拠が非常に脆弱だし、すくなくとも自身の議論
にとってつごうのいいところだけつまみぐいした本質主義がすけて

32　「野村不動産　50 代社員が過労自殺　裁量労働制を違法適用」（『毎日新聞』
　　　2018 年 3 月 4 日）

33　念のため今村の名誉のためにつけくわえておくと、狩猟採集民が 3 時間
　　　程度の労働しかしないですんでいるという人類学的知見であるとか、『怠
　　　ける権利』等、「一日三時間」労働という究極の時短を目標にかかげたポー
　　　ル・ラファルグらの主張をうけての議論を展開しているだけだ。しかし「労
　　　働が「一日三時間」にまでなるなら、おそらくその労働は労働とは言えな
　　　くなるだろう。短縮された労働は、フーリエのいう「魅惑する労働」……
　　　のごときものになり、かぎりなく遊戯やスポーツに近づく、いわば文字通
　　　りの「朝飯前の一汗」になる。要するに、生理的欲求になるだろう。これ
　　　こそがラファルグの言いたかったことであり、それこそが喜びに溢れた無
　　　為の生活である」（今村 1998: 172-3）とのべている点など、あまりに無邪
　　　気というほかない。家事・育児・介護などが 1 日 3 時間程度に圧縮され
　　　るみとおしなどたっていないわけだし、今村がいう「労働はどれほど縮小
　　　されても、身体的生命の保存目的に拘束された必然の領域にある」（同上）
　　　といったときの「労働」とは、具体的に一体なにを含意しているのかわか
　　　らない。

みえる。

このようにみてくると、われわれは、「AIの普及によって労働時間が減少する」という未来予想を、楽観的にとるか悲観的にとるかにかかわらず、目前の課題を直視しなければなるまい。今村や宮台が当然視するような余暇時間・精神的ユトリにもとづく社会参加、という課題のまえに、そもそも精神的ユトリをもてるような社会を構築できるのか、それと並行して、失業や職種自体の消失といった精神的に残酷な事態がともなわないのか、といった深刻な不安の解消である。

数学者の新井紀子は、「ほぼ日刊イトイ新聞（ほぼ日）」のように、「競合者がいないブルーオーシャンで、需要のほうが供給を上回るように仕事をしていけば」活路がひらけるはずだと楽観主義を主張する。世の中の「困ったこと」を発見して、それを商売にすればいいというのだ。新井は、第二次世界大戦の「焼け野原」から無数のビジネスがうまれたこと、ICTの急伸で起業コストがかつてなくさがったことをあげて自説を擁護する (新井 2018: 274-281)。しかし、どうだろう。戦後70年以上の長期にわたって無数に起業されたビジネスのほとんどは死滅したはずである。水中にはなたれた受精卵のうち、ほんのわずかしか成体たりえず、さらにその一部しか受精卵の供給者には到底なれない宿命と同形で。「競合者がいないブルーオーシャン」の発見者になれるのは、例外的少数である。希望をかたる楽観論は、自由に主張する権利があるが、それで不安が払拭されるはずがないのである。そういった楽観論には、《宝くじなみの幸運》といった理不尽ともいえる確率論が、巧妙にかくされているのが普通だからだ。ビジネス書という商品である以上、こういった論理構成には、さけられない宿命があるとはおもうが、やはり偽

196

善・欺瞞にしかみえてこない[34]。

---

34 たとえば、戦後の焼け野原からの復興のイメージとして「数えきれないほど多くの「リアルな」商売が大量に生まれました」とあり、新井自身は悪意なく例示したとおもわれるが、代表例が、ソニーやホンダであることは、象徴的だ。両者は独創的な創業者による起業の成功例だったが、決して「ブルーオーシャン」を発見した成功者ではない。両者とも激烈な「レッドオーシャン」の勝者＝生存者であり、だからこそ苦境にもおちいってきた。「私たちは70年前の第二次世界大戦後にまさにそれに似た状況を乗り越えた経験があるから」というが、これからおきるとされる「労働の半分が機械に代替される」構造を「吸収するほどの新しい仕事が生まれる」可能性の根拠としてあげるのは、完全に破綻しているだろう（新井 2018: 279）。歴史的条件がちがうだけでなく、未来予測など基本的にできないのだから。

12
「はたらく／あそぶ」解析からとらえかえす「いきる」

　すでに内田樹による「労働＝贈与」論などを批判的に紹介したが、カイヨワらの「遊び」論と同様、「言語ゲーム」としてしか「労働／遊戯／余暇」などはとらえきれないことをみおとしているからこそ発生した「おとしあな」といえよう。

　内田による人類学的な「労働＝贈与すること」論からは、たとえば、人工呼吸器をつけることで発声不能になり、まばたき等で意思表示するALS患者などの日常生活は解釈不能になる。生命維持のために「しなければならないこと」として、ともかく「いきぬく」という意思を家族・支援者等につたえることは「贈与」ではなく、「たたかい」だろう。もちろん、家族・支援者らは「いきぬいてほしい」という感情を共有し、それにこたえようとするALS患者の意思表示は、なくてはならない「贈与」にみえるかもしれないが、それは解釈として強引すぎる。無報酬であろうが、それは本質的に「いきる」という労働をかかえているのだ。

　一方、ALS患者の意思表示が全部「しなければならないこと」であるはずはないだろう。すこしは「しなくてもいいけど、したいこと」をまぜるとおもわれる。冗談をいいたくなったとか、きばらしの動画をみたいとか、いろいろな意識・感情があるだろう。その意思表示が、たまたま失敗しても、残念ではあれ、生命維持に支障をきたすことはなく、つぎの機会をまてばいいだけだ。

　アスリートや棋士など、勝負師たちにとっての「しなければならないこと」は、当座の最善手をくりだすことだ。無観客試合など、だれかの「贈与」とならないケースもふくめ、たとえば「無気力相

撲」のような「てぬき」は、プロフェッショナリズムからもスポーツマンシップなどからも、ゆるされない。もちろん、主要大会へのピーキングとか、年度・試合途上でのペース配分とか、故障の予感からくる「制御」であるとか、さまざまな配慮（「死力はつくさない」という戦略的計算）はあるだろう。しかし、サッカーにおける両チームの時間かせぎ（＝「ひきわけ」ねらい＝勝ち点問題がらみの「暗黙の合意」）といった「文化」以外で、あからさまな「投了」などは、きびしく指弾されるだろう。近年などは、連戦による疲労や故障全体が、プレイヤーや球団がたえるべき負荷・リスクと位置づけられる風潮があり、たとえば、試合を回避するごとにどんどんランキングが低下するようなシステムがとられている。これも、「ペース配分」を卑怯とみなす規範の産物だ。かくして、プレイヤーや球団は慢性的な疲労と故障にくるしみながら、連戦をこなす宿命をせおっている[35]。イタリアのサッカー一部リーグなどで何度か浮上した八百長事件や、主要タイトルでないと位置づけられた試合に、ひかえメンバーを先発させるとかいった戦術が批判されたり、すべて「全力をつくして勝利をめざしているはず」という前提がくずれたりをステークホルダー全体がおそれているからだ[36]。

---

[35] これらを、たとえば内田流「贈与」論で、「ファンがまちこがれている」「投資家などステークホルダーが全力プレイを当然期待する」と位置づけて「労働」と解釈することは不可能ではないが、すくなくともアマチュアスポーツなどには適用不能だろう（経営学マンガ『もしドラ』の不自然さは、ここにある）。

[36] 再三浮上する、大相撲での「八百長」疑惑／「無気力相撲」問題も、本質はこの点につきる。『ヤバい経済学』が統計学的に事実上「八百長」（力士間での勝敗の互助システム）の実在を立証したにもかかわらず、文科省など関係組織が一切沈黙をまもるのは、うわさがいささかでも妥当すれば、公益法人による興行というタテマエが崩壊し、公共放送が季節的なレギュ

また、プロである以上生業であり、参戦とそのための準備は報酬ぬきにはありえない。しかし、アルバイトをしないと生活ができない「プロ」選手が多数いるように、「しなければならないこと」としての全力プレイは報酬の多寡とは関係ない責務だ[37]。

　一方アマチュア選手や棋士たちの向上は本来「しなくてもいいけど、したいこと」にすぎない。プロ選手・棋士たちがせおう責務がない以上、「全力プレイ」は「フェアプレイ精神」といったアマチュアリズムの理想でしかなくて、士気（戦意の強度）は当人次第だ。プロ選手同士の士気の濃淡とは別次元で、「イヤになったらやめる」姿勢こそ、アマチュアたるゆえんだ。《必死な遊戯》は理念型上「同居」可能にしても理念上あきらかに矛盾しているはずとのべておいたが、アマチュアリズムでの「必死さ」はあくまで一時的でなければおかしい。常時本気であるとか、いつまでも必死というのは原理的にありえないのだ。生業でないのに「常時本気」「いつまでも必死」といった心理におちいっているとすれば、病理現象を呈してい

ラー番組として中継を制度化してきた経緯とか、天皇の臨席観戦といった一連の実態の合理性・正当性が瓦解してしまうからだ（レヴィットほか2007: 44-51）。また、「自分はテニスがきらいだが、たまたま才能にめぐまれているので、生活費かせぎとしてたえているだけだ」と公言したプロ選手が物議をかもしたのも、「八百長」ではないものの、死力をつくしているとはかぎらないこと、プロ選手によるパフォーマンスがセックスワークなどと本質的には断絶がなく、単なる生業にすぎない（享受者がいかに感動しようが、パフォーマーはただ労働しているだけ）という無残な現実を露呈させたからだ。

37　ゴルフ・テニスなどが典型例だが「プロ」の相当数は、「ツアープロ」として生活できない、生業化としての「レッスンプロ」だ。女子サッカー選手等のばあい、現役生活を持続するためにアルバイトを「しなければならない」層も大量にいる。プロボクサーは、世界チャンピオン以外、たべていけないそうだ。

て、事実上「労働」化していると[38]。スポーツ社会学者の杉本厚夫は、学校のクラブ活動が「遊」なる世界から「聖」なる空間へと変質し、本来的な自由意志から「辞める」という選択肢をうばい、ときに自死にさえおいこむ構造を指摘している（杉本 1995: 163-166）。古代ローマ帝国の剣奴ではないプロ選手さえも引退という選択肢がゆるされているのに、アマチュア選手にやめるにやめられない構造（学校・企業等の利害[39]、指導層のメンツetc.）があるとすれば本末転倒（受忍労働）だし、クラブ活動という特別教育活動は「非・教育」[40]そのものというほかない。

　学校教育空間における勝利至上主義など、スポーツが本来的にか

38　したがって、アルバイトをしないと生活ができない「プロ」選手が「ツアープロ」に昇格することを断念したとき、自然と引退になる構図は、プロ／アマの遷移体として発生していることになる。

　　一方、どうかんがえても「アマチュア」にすぎないはずの学生や公務員の選手が、パワハラや周囲からの期待がもたらす精神的重圧から自死へとおいこまれる現実もある（杉本 1995: 163-168，ましこ 2013: 100-104）。これらは、クラブ活動や実業団スポーツが本質的に、パフォーマンス労働／受忍労働の要素をおびていることをしめしている。特に、学校スポーツ組織は、「指導死」（大貫 2013）を構造的に発生させるハイリスク空間を形成しているといえそうだ（内田 2015, 2017）。

39　選手が全国大会等競技スポーツにおいて、学校・企業の「広告塔」と化してきたこと、いや、学校・企業がスポーツクラブを許可し運営費などで協力体制をとること自体、端的に費用対効果をみこんだ宣伝活動の一種であることは、私立校や私企業で露骨にくかえされてきた。特に所属組織や大会スポンサーの企業名を長時間テレビ中継等で露出させつづけるマーケティングとして有名なのが、駅伝やマラソンなど陸上長距離種目とプロ野球である（「箱根駅伝」「全日本実業団対抗駅伝」etc.）。

40　このグロテスクさは「（民主主義）人民共和国」と国名をうたう政治体制の「羊頭狗肉」ぶり、いや「自由は服従である」といった、オーウェル的な矛盾といえる（ましこ 2010: 11-21）。

かえていた「遊」を喪失しかけていると批判した杉本は、そのメカニズムとして「常に教育目標に向かって、努力することが要求され、試合に負けることは、その努力が足らなかったこととして理解され、さらなる努力をするという循環になっている」「このことが近代合理主義を支えてきた価値観であり、そうすることが、遊びによって、学校そのものの秩序が崩されないための防波堤だった」と指摘している (杉本1995: 171)。こういった悪循環というべきメカニズムができあがるのは、単に近代的合理主義の貫徹というロジックのみではない点が重要だ。杉本があわせて指摘するように、「フロー体験」(チクセントミハイ)＝「没入」状態にあるスポーツ享受者たちが本質的に目標をみうしない「いっさいの規制から自由」になってしまうという「浮遊」するアナーキーな存在であって、かれらは本質的に「既存の秩序を壊す可能性を秘めている」(同上) というのだ。要するに、教員が「教育／支配労働」的営為をくりかえす時空としての近代公教育である以上、学校スポーツは「体育」はもちろんのこと、課外活動たるクラブ自体が「支配労働」的関与にたえる「受忍労働」を不可避の要素としてかかえこんでしまう宿命があったといえよう。特に、学校や指導陣の名誉・メンツ・宣伝効果などが期待される代表選手にかかる重圧が、本来的な「教育」の趣旨からはずれる「指導」になる（＝支配・抑圧）ことはもちろん、「遊」的要素が徹底排除されることは、さけられなかったのである。「アマチュア」というカテゴリー自体が偽装工作なのだ。それは「選手とスポンサー」という観点から、現在も中朝両国などに露骨な国威発揚の装置としての「ステート・アマ」など独裁的な社会主義体制での「アマチュア選手」と本質的に同形といえる[41]。選手にとってスポー

---

[41] オリンピックなどで当初自明視されていたアマチュアリズムが、アメリ

ツは、「しなくてもいいけど、したいこと」（ゲーム）では全然なくて、完全に「しなければならないこと」（労働）なのだ。オリンピックの金メダリストがナショナルチームのコーチ等を約束されているとか、年金生活者として保障されているといった社会主義体制ほど露骨でないにしろ、「タダほどたかくつくものはない」の典型例でもあるわけだ。これらに貫徹している本質は、端的に「プロフェッショナリズム」といえよう。選手にとっては、睡眠や摂食、いや排泄などもふくめて、「商売道具」たる自分自身に対する「ケア労働」の要素を否定できないのだから。

　一方、「近代功利主義」「近代の合理主義」といった価値観に還元しようとした杉本がみおとしている要素もあるようにみえる。杉本は、県の陸上界のホープとして期待されていた女子高生の自死や、東京五輪マラソンで銅メダルを獲得しメキシコ五輪での活躍を期待されたがゆえに重圧につぶされ自殺した円谷幸吉選手の双方に「聖」なるものの存在をみいだしている。杉本はさらに、スポーツに対して開会式などの儀式によって「聖」なるイメージが制度化される構造を、逆説的に「俗」なる政治システムによる手段化であ

カなどの商業主義に批判的なはずの社会主義諸国のスポーツ政策の一環で「ステート・アマチュア」が大量育成されて問題化することでゆさぶられたことは歴史的皮肉といえよう。札幌五輪（1972 年）で五輪憲章 26条抵触をとわれてアマチュア資格を剥奪され失格となったシュランツ選手への位置づけが、アマチュアリズムがかかえこんでいた階級的偽善・欺瞞をてらしだし、競技スポーツにおけるプロ／アマの境界線が無意味化していったのは象徴的な現象だった。商業主義と「お祭り」がどんどん競技大会にしみわたるプロセスが 1970 年代から 80 年代に展開し、近代スポーツの基軸だったアマチュアリズムがとってかわられていった推移には、おそらく時代的必然性があったのだ（「お祭りとなったスポーツ　Amateurism − Commercialism − Festival」，杉本 1995: 88-97）。

るとする。また銀幕のスターをしたしみやすいタレントへと「俗」化させたテレビ放送などマスメディアが、同様にスポーツ選手の「聖」性を侵食したとする（杉本 1995: 164-168）。では、これら政治家・官僚やマスコミ関係者・スポンサーなどによる「俗」化圧力、あるいはメダル獲得を至上命題視させる俗っぽい大衆ナショナリズムもすべて、「近代の合理主義」ないし「近代功利主義」の産物と、還元できるのだろうか。すくなくとも、国威発揚のために露骨に選手を利用する社会主義体制と同様、過剰な期待、みがってな支配意識等から円谷幸吉をつぶしたも同然の自衛隊組織、支援するというよりは露骨に広告塔としてあつかうスポンサー企業や球団等の商業主義など「功利主義」とはいえても、「合理主義」ですませてしまうにはムリがある[42]。

こども同士の自生的なゲーム感覚（あきち・路上などで、こどもだけでかってにあそぶ現実）がうすれて、本格的なトレーニング等を自明視する昨今の風潮（厳密なルールがある制度化したスポーツとして、指導資格等をもった成人が正式に育成するといった硬直的なシステム）。これらの風潮が支配的な点を「功利主義」「合理主義」と批判するのは妥当だろう。しかし、いつまでたっても同質な現象がくりかえされるなど、合理主義にそった改善が実現しないとすれば、そこには構造的非合理がまとわりついているはずだ。

以上みてきたように、すくなくとも単身者／難病患者／表現者等の人生を検討しただけでも、「いきる」という現実を、「生理的時間」／「義務的時間」／「自由時間」（1次／2次／3次活動）というぐあいに3分割できるという官僚の統計は、便宜的分類にすぎないことがわかるだろう。また、かりに「生活時間」を生活時間のミク

---

42 円谷自死をめぐる諸状況の詳細については、岡部（2007）、村上（2016）など。

ロ的データ収集のための操作主義的理念型として「生理的本質」／「義務的本質」／「本質的自由」といった3概念で提起したと解釈するのも、ムリがある。すくなくとも単身者／難病患者等にあっては、「生理的本質」／「義務的本質」は単純な二項対立にはない。

さらに、表現者にあっては「義務的時間」／「自由時間」が単純な二項対立にはない。摂食・睡眠・休息・排泄などの「生理的時間」自体、公的な「贈与」たりえるだろう「義務的時間」の準備過程にほかならない。なぜなら、かれらは享受者たちへの「贈与」たる表現を充実させ、みずからがときに感動し、あたらしい時代をきりひらくために、「生理的」次元を何重にもこえた「余剰（slack）」として自己を表出する「パフォーマンス労働」を責務としてこなす使命をおびてしまっているからだ（それが充分にできなくなったとき「現役」引退となる[43]）。こういった現実はもちろん狭義の表現者にかぎらない。ラーメン店の経営者であろうが寿司職人であろうが、そして家族たちにとっての主婦・主夫であろうが、「生理的本質」／「義務的本質」は不可分の領域であり、前者あっての後者成立なのだ。

なお、「生理的時間／義務的時間／自由時間」（1次／2次／3次活動）という3分割と類似した統計として、NHK放送文化研究所が1960年から5年ごとに実施してきた「国民生活時間調査」の「大分類」は「必需行動／拘束行動／自由行動／その他」である（佐藤博樹 2012: 13-6）。「生活時間調査」という厚生労働官僚的な視座には、結局、社会学的発見はないのだが、「大分類」の呼称やその下位分類としての「中分類」「小分類」の具体的視線には、少々かんがえ

---

43 すでに解析したイチロー選手にとっての"ワーク""プレイ"概念でも明白なように。

させられる。

　たとえば、「生理的時間／義務的時間」と「必需行動／拘束行動」という対立概念は、ほぼ同一の現実を分類しようとしていると理解できるが、国家官僚たちがとらえる市民の生活実態とは、「生理的」現実＝「必需」時間であり、「義務的」現実＝「拘束」時間であることが浮上する。しかし、「対生命労働」の下位概念として位置づけた「ケア労働」の箇所でのべたように、「しなければならない」ケア行動は、他者＝弱者ないし貴賓だけではない。「セルフ・ネグレクト」とよばれてきた生活崩壊におちいらないためには、セルフケア、ないし介助が不可欠なのだ。逆に、「義務的」現実＝「拘束」時間とは、一般に他者に提供しなければならない時間・エネルギーととらえられてきたが、完全な単身世帯で家事サポートなどを不要とする層以外は、単純に、対自（再帰的）行動／対他行動とはわりきれないことがわかる。要するに、公私いずれかで、他者とのつきあいで発生する「義務」「拘束」と、自分自身の「生理」等にそった「必需」とに完全分割できるとはかぎらないのだ。極端なことをいえば、セルフ・ネグレクトにおちいれば「必需」行動は激減し、自死行為以外のあらゆる行動選択からの「撤退」が発生する。

　他方、徹底的な個人主義、「人間ぎらい」ほか種々の事情から、「ひきこもり」層以外でも「義務」「拘束」が発生する「つきあい」を徹底回避する市民は例外的少数ではないはずだ（マンション・アパート等集合住宅の居住者etc.）。当然、NHKの研究員があげる「仕事のつきあい」「社会参加」といった中分類が、はたして「拘束」された行動なのかも微妙になっていく。「送別会」とか「PTA」「地域の行事」「奉仕活動」などは、個人・所属組織・地域などによって多様であろう。「学業」（中分類）における「クラブ活動」「自宅や学習塾での学習」なども、サボタージュうんぬんだけでなく、そもそも「拘束」されて参加するものだという趣旨自体が、ゆらい

でいるだろう（高校生での「帰宅部」etc.）。所属集団における「つきあい」は、たしかにことわりづらい、事実上拒否困難といった状況はごく一般的だが、拘束された義務（＝「受忍労働」etc.）という状況自体の自明性がゆらいでいる。

　もうひとつ、近年一部で話題化した「全人格労働」といった問題提起は、どうとらえればいいだろう。「全人格労働」とは「人生の一部であるはずの仕事に自分の全人生や全人格をつぎ込んでしまうような、破滅的な働き方」。阿部眞雄（産業医）『快適職場のつくり方　イジメ、ストレス、メンタル不全をただす』がこの概念を提起、「全人格労働が日本の社会に少しずつ広がっていると指摘」したものだ[44]。この問題提起について、ある論者は、会社組織が必然的にもたらす悲劇ではないし、近年急増したというのは錯覚ではないかと批判的だ（青木勇気 2016）。「全人格労働としか言いようのない事態が起こっていたとしても、真の理由と問題はむしろ「ブラック化した企業」の側にはない」「ある人が全人格労働をできてしまうという、まさにその状況こそが危機的なのであり、なぜ全てを注ぎ込んでしまうようなことができるのか、この理由にフォーカスする必要がある」というのである。「筆者自身ITベンチャーを渡り歩き、様々な企業を取材してきたが、こういう状況はどこか別の世界の話ではなく、具体的にイメージできる。実際に、そうとしか言いようのない人たちが一定数いることは間違いないだろうとも思う」とのべているように、政治的意図があって、悪意で企業擁護論を展開しているわけではなかろう[45]。あくまで、労働者としての自衛策として、「君

44　「全人格労働」（日本の人事部『人事辞典』, https://jinjibu.jp/keyword/detl/792/）

45　この点は「一部のブラック企業だけの話ではなく、誰もが全人格労働に囚われる可能性がある、他人事ではないという話になるのは納得できる。実

たちはどう生きるか」を問題提起しているのだ。

　ただし、つぎのような構造分析・情勢判断が完全に妥当なのかといえば、疑問符をつけるほかない。グローバル化や複製・通信技術の異様な急伸が21世紀的きつさを加速化させていることは、あきらかだからだ。

　　確かに、厳しい時代ではある。労働と対価のバランスが崩れていると感じる人が多いのも無理はない。インターネットやデバイスの進化により、どこでも仕事ができるようになった代わりに、オンオフが切り替えにくい。SNSで上司や取引先で繋がっていて、息がつまる。そういったストレスもあるだろう。

　　ただ、会社という仕組み自体が労働者を搾取し、人生を損なわせるものに変わってしまったわけではない。全人格労働そのものは突如生まれたものではなく、長らく行われてきたことである。

　　問題は、全人格労働が時代の変化と多様性の中で取り残された愚直さ、そして、硬直化した価値観や生き方の表れとして可視化されたことにあるのだ。つまり、状況が変わっても従来通りにやるから悲劇が起こるのである。

　　全人格労働とは本来、終身雇用や社会保障制度という強固な基盤や、出世競争があるからこそ、"機能"する。受験戦争に勝ち、一流大学を卒業して、終身雇用を約束する大手企業に入り、30歳までに結婚して子どもをもうけ、右肩上がりの給与を担保にマイ

────────────────────

際、長時間労働や休日出勤が常態化している会社はざらにある。」「また、それを「組織貢献」として良しとする風潮が見えない同調圧力を生み、その状況を助長することは珍しくない。その意味では、全人格労働の理由とされているものが複合的に絡み合い、ネガティブスパイラルを生み出しているとも言える」とのべていることからも充分うかがえる。

ホームを買い、ローンを返し、リタイヤ後は第二の人生を……という画一化された人生設計に組み込まれることで、全人格労働は社会問題として槍玉に挙げられるどころか、競争に打ち勝つための要素であり、その後の人生を左右するものとして組み込まれてさえいた。

だから、今や機能しなくなった全人格労働を悪者扱いしていても仕方がなく、自分自身でそこから脱却する必要がある。時代は変わり、価値観やライフスタイルが多様化し、言い換えれば、社会から個人として分断された状態で、情報の海の中でもがきながら「答え」を探すことが求められているのだ。　　　（青木2016）

　処方箋自体は全否定しないが、歴史的総括はまちがっている[46]。ことの本質は20世紀後半に端的にあらわれていたことの延長線上にあり、しかも20世紀末からの20年強で急速に事態が悪化したというほかないからだ。たとえば、増長することはあっても反省がない価格破壊を当然視する大衆市場と、そこへの過剰適応しかかんがえない流通大手の「合成の誤謬」である。流通大手は、同業他社とのせりあいにぬけがけしようと、薄利多売に奔走してきた。フォー

46　そもそも「受験戦争に勝ち、一流大学を卒業して、終身雇用を約束する大手企業に入り、30歳までに結婚して子どもをもうけ、右肩上がりの給与を担保にマイホームを買い、ローンを返し、リタイヤ後は第二の人生を……という画一化された人生設計」は、高度経済成長期の日本にだけ数十年つづいた特殊な「人生」イメージであり、「標準世帯（＝夫婦＋こども2名）」モデルなど、「国民皆結婚」時代と同様に「短命」だった。このような人生設計は、戦前なら人口数％のエリート層、戦後も高度経済成長がすすむまでは、大学進学層など相対的上位にとってのみ意味のある物語だった。つまり、時代の推移だけでなく階層論もふまえないから、こういった極端に単純化された歴史的総括をおかしてしまうのだ。

ディズムに感動して松下幸之助が提唱した「水道哲学」は、中内功らが先導した流通革命がもたらす価格破壊によって、まずはメーカー各社の過当競争と労働者の徹底軽視という構造的体質を悪化させていった。労働者は「機械との競争」に構造的に敗北し、自動機械＋AIの下僕と化した。そういった「献血」を搾取する流通業界は、「顧客満足度至上主義」にはしって反省することがない。「合成の誤謬」により、「国民経済」の「家計」は圧迫されるから、どんどん購買力はうしなわれていく。市場が縮小したのは、単に人口減少のせいではない。そもそも、「いいものには相応の対価をしはらう」という消費者倫理が崩壊し、ミクロ的には平均的購買力がのびなやみ、マクロ的に下降運動にむかった産物だ。

　さらに、流通革命が促進した価格破壊は、当然サービス業にも浸透していく。第3次産業、特に対人サービス業界におけるマクドナルド化は、抵抗勢力がでようがない。「中産階級が享受してきた生活水準を自分たちにもよこせ」という大衆の「民主主義」的要求は、モノにとどまることはないからだ。自販機・セルフレジなど、セルフサービスも急増し、「機械との競争」で人員が増員されることはない。少子化を理由に教員削減まで合理化される時代なのだから。これで景気回復・GDP増加がのぞめるはずがない。

　SNSをはじめとして各種通信サービスの急伸はもちろん、パソコンが大衆化・モバイル化したことは、「ホワイトカラー」とよばれた相対的高学歴層を中間階級からたたきだしはじめた。『窒息するオフィス』という告発本が21世紀初頭アメリカで刊行されたことは象徴的だ（フレイザー 2003）。「機械との競争」が工場のみならず、管理部門たるオフィスにもはいりこみ、要するに、ごく例外的な空間以外、搾取構造の被害者へと労働者がころげおちていく社会が出現したということだ（「勝ち組」労働者層は、芥川的な「蜘蛛の糸症候群」へとなだれうつ）。近年の「裁量労働制」導入の機運は、

端的に残業代をなくし人件費を圧縮したいという経営層・投資家たちの合理化志向＝強欲の産物だが、そのさきは「柔軟な雇用」として基本的にスタッフが非常勤化し、さらにいきつく地点では「全員フリーランス」制という事態をむかえるのではないか。企画運営や製品開発でさえもフリーランス化し、それは学校・託児サービス・高齢者－障害者ケアなどにも、いきわたりかねない。「高級マックジョブ」化か。先年、テレワーク層の時給の価格破壊を問題化したが (ましこ 2014: 80)、それが普遍化する時代到来か。それは、一部の企業家とそこに投資する資産家たちによる総奴隷化の完成だ。

　もちろん、性犯罪・殺傷事件など凶悪犯罪やイジメ・虐待等暴力が近年急増したのではなく、単に暗数だった実態が浮上し、しかもメディアが喧伝することで、さも悪化しているかのような錯覚がおきているという現実は非常に重要だ。問題は、「全人格労働」のような、「ブラック化した企業」でしかおきなさそうにおもえる事態が過去にも遍在していて、それがたまたま近年可視化されただけなのか。そういった事態にうまく対処できないのは企業の構造的体質ではなくて、やはり労働者各人の自衛力＝危機回避能力の不足にある、と断定してよいかなのである。

　そもそも「今や機能しなくなった全人格労働を悪者扱いしていても仕方がなく、自分自身でそこから脱却する必要がある」といった論理は、あたかも「全人格労働」が「機能」していた時代はよかった、という、中高年のノスタルジーを免罪するかのようだ。若年層が嫉妬心をいだかずに現実に適応しなければならないという論理は、自衛策というよりは、消極的な現状肯定なのではないか。なぜなら、論者の論埋は、結局個々人の自助努力に帰するばかりで、機能など全然していないくせに、恣意的に全人格労働を要求するような「ブラック化した企業」が、大企業を中心に遍在している現実が、議論の後景へとしりぞいているからだ。

こういったサバイバル志向＝自助努力が強化されればされるほど、企業の人事・労務担当者は本気で労働条件の改善をはからずに「コストカット」できるので、非常によろこぶはずだ。なにしろ、ステークホルダーのなかで、投資家の方だけ注視してすませたいのが経営陣なのだから。ユニオンのような連帯による自衛策の方向ではなく、単に劣悪な労働環境に適応しようという個々の努力は、(現状の日本の労働市場がそうなっているとおり)合成の誤謬をきたしつづけるだろう。専業主婦も、ともばたらき夫婦も、個人的努力のつみかさねで家事・育児・介護等をきりぬけることで、企業文化をあまやかしてきたように、就活生や20代の企業人が自己責任論／自助努力志向によって犠牲をくりかえすかぎり、企業社会・中央官庁・病院・福祉施設等は変質しえないのだ[47]。個々人の必死の自衛策が、中長期的・巨視的に自分たちのくびをしめるとは、あまりに皮肉な構図ではないか。

　過去に「パラサイトシングル」という家族社会学的モデルが流行したが、その提案者の冷酷な指摘は、両親との同居という「ぬるまゆ」は確実にさめていき、最後は凍死しかないという通告だった。中長期的・巨視的には、そのとおりかもしれないが、自活し結婚等の新生活にうってでられない個人的事情は多様であり、あたかも「ぬるまゆ」にあまえているかのようなモデルは、冷酷すぎたといえよう。そして、「全人格労働」否定論は、「ぬるまゆ」なんて、そもそも存在しないのだから、企業の福利厚生など恩恵を期待したりせず、うまくビジネスモデルをぬすんだら、起業でもするほかなかろう、といった結論しかみちびけないはずだ。

47　アメリカだったら、法外な報酬を前提にする経営者たちや自分たちの利害しか計算しない投資家たちを、結局は黙認する労働者たちが、自分自身のくびをしめつけつづけるように。

しかし、北欧など高率の課税に我慢しながらも、進学や老後に不安をかかえているわけではない空間が実在する。そもそも前述したように、「国民皆結婚」にもとづく「標準世帯」自体が「短命」だった（注46参照）。そうかんがえれば、「全人格労働」否定論＝自己責任論にそった人生設計が「唯一解」のはずがなかろう。「全人格労働」へとおいこまれるような、個々人の人生を資源化してはじない、カルト宗教的ともいえる洗脳的企業文化、学校にかぎらず、あきらかな犯罪まで「みうちのはじ」とばかりに隠蔽し、リークを「うらぎりもの」あつかいするマフィア的組織文化、要するに、つごうよく「利他主義」を搾取することを自明視する組織文化を是正し、個々人が、まっとうに余暇を享受できる社会、それこそ必要だろう。

　しごとを趣味にしてもいいけれども、それに埋没しなくても充分人生が謳歌できるような社会。スポーツをはじめ「しなくてもいいけれど、したい」ことが無数にあり、同時にそれで生計をたてねばならないとか、それでないと社会的上昇がはかれないといった、受忍労働的な要素が実生活から一掃された社会。地球物理学者、竹内均が提唱した「新エンゲル係数［＝生活費を得るための時間／（24H－睡眠時間）］[48]のように、賃金労働の心身への負担が軽減される社会。しかし、同時に「機械との競争」にさらされないでいきられる社会。……

　AIをはじめとする技術革新の急伸への、そこしれぬ楽観論と悲観論が交錯する現在。価格破壊による「マックジョブ」化やオフィスの窒息状況といった急変をみるかぎり、現状では、このさき10年さえもみとおすのは困難だ。しかし、われわれは、そういった技

48　「新エンゲル係数」『ソフトウェア開発者の生きざまと死にざま』(2014/3/17, https://blogs.yahoo.co.jp/artery2020/38917988.html)

術革新とグローバル化の急伸が促進する急変にうまく対応していくほかない。ただし、個々人がてんでんばらばらの自助努力でなんとかしのぐのではなしに、連携してくみたてるかたちで。

　ことは、津波発生時の「てんでんこ」[49]ではないのだ。市場原理主義＋グローバル化＋AI支配という暴風・濁流はまさしく人災だし、「ノアのはこぶね」のように、ごく少数の人口だけしかいきのこれないといった災厄ではないはずだから。いや、むしろ「てんでんこ」の本義にたちかえって、ひごろから周到な準備と利他的な互助関係をはぐくみつつ、緊急時にはともかく独力でにげきる、という（単なる利己主義ではない）緊急避難的決断がもとめられている時代なのかもしれない。ともだおれにならないために、ときに「トリアージ」的非情さも要求されるかもしれないと。

49　津波被害史研究者の山下文男（1924-2011）が被害者を最小限にくいとめるために提唱した、まずは自分自身でたすかろうと、各自てんでんばらばらに高台に避難との大原則（山下 2008）。ウィキペディア「津波てんでんこ」、矢守克也（2012）参照。

おわりに

国会では安倍内閣が裁量労働制の導入などをねらった「働き方改革関連法案」なる、あやしげな「改革」案をうちだして、野党などから批判をあびた。おりしも、有名企業の裁量労働にきりかえた50代男性が過労自殺にはしり労災として認定されるという、なんとも、まのわるい報道がからまり、首相は「裁量労働制」を一時ひっこめる事態においこまれた。財界の要望をどんどんうけつけようという与党だが、「ブラック企業」等、大企業の労働力搾取の実態が露呈し、イメージがさがる一方で、ひとで不足で賃金上昇という、経営がわにとって、逆風がふくご時世となった。

　一方、国家をあげての競技スポーツ振興策などは本気でうつきがないのに、オリンピックでメダリストがでるや、急にいろめきたつ政府。金メダリストに国民栄誉賞を授与するといった、支持率上昇をあからさまにねらった褒章ムードが一挙に浮上するありさま。きわめてみぐるしいというほかない。要するに、本当の意味でのスポーツファンでなどなく、単に日本代表の選手たちの活躍で、にわかナショナリストが急増、超短期サポーターが出現しただけなのだ。そして、そういった一時的で軽薄なブームさえも政局上の素材として利用しようとする。さらに、それに無批判なマスメディアが視聴率競争・部数競争に狂奔するわけだ。まことにあさましい。正直、「はじをしれ」といいたくもなる。ひごろ応援しないどころか、そもそも4年間わすれているはずのカーリング等、種々の種目が、オリンピック期間前後だけ急にスポットがあたるわけだ。「みるスポーツ」としての未成熟はもちろん、「応援するスポーツ」としては最低の水準というほかない。要するに、オリンピック期間前後とは、厚顔無恥な「おまつりさわぎ」が発生する、まさに「パンとサーカス」の典型例が演出されている時空なのである。

　冬季オリンピックにつづくパラリンピックは、典型的な「感動ポ

ルノ」の素材と化し、2020年の東京オリンピック・パラリンピック開催への関心へと誘導されていくだろう。一方、横綱のほとんどが関係した暴力事件に自浄作用がはたらかない相撲界が反省もなく興行を再開するは、女子レスリングでパワハラ騒動が浮上するは、自浄装置が基本的に欠落しているらしい「スポーツ界」という業界団体の「体質」がスキャンダル・疑惑としてつぎつぎと露呈して、ワイドショー・スポーツ紙などマスメディアにおどる。政府が野党からはげしく批判をあびているさまを、かすんでみえるように煙幕をはるかのように。

当然、東日本大震災の復興事業の進捗状況の検証（政府・東電・原子力関連企業等関係組織の責任）や沖縄の米軍基地等がミサイル攻撃をうけるリスクがまさないかなど、優先順位上当然まさる政治問題が遠景にとおざかるような報道態勢が常態化する。要するに、ワイドショーを軸とした自称「報道番組」等が、いわゆる「スポーツ新聞」的なラインナップと化しているのだ。現代日本の成人たちの大脳をしめている相当部分を反映しているといえるだろう。「どうかしている」としかいいようのない日本のスポーツ界で、関心・エネルギーの相当部分が浪費されてしまう現代日本は、それこそ「どうかしている」。

本書は、そういった、かなりユガんでいるとしかおもえない現代日本を俯瞰するために、「はたらくこと」「あそぶこと」を対比させつつ解析することを、こころみた。抽象度が非常にたかい議論と奇妙にふみこんだ議論との混在は、筆者の関心のムラ＝粗密の反映で、読者はとまどったかもしれない。しかも、ほとんどの著作において、かならずといっていいほど、なんらかの「あそび」がはさみこまれてきた既出の作品群とはことなり、今回は、7〜8年に1度程度の頻度でだしてきた「研究書」なみに、「あそび」がないものとなった。それは、うえにのべたように、このくにでの競技スポーツの消費の

されかた、現代社会における、労働現象のあつかわれかたが、あまりに「ユガんでいる」と感じられたことの反映だ。正直、いつものように、読者をなんとか苦笑させようという「しかけ」をこしらえる気分に一度もなれなかった。ひごろは、こころがけている「サービス精神」なるものが全然発揮できなかったことを、ここにおわびもうしあげる。

　もちろん、20年にわたってかきつづけてきた著作群の相当部分を経験ずみの、ごくわずかな読者層もいるだろう。そういったかたがたにとっては、「ましこは相当機嫌がわるいな」と、記述のはしばしに鬱積をみてとるのではないか。ひょっとすると、かきての「渋面」を想像しながら、おもわず苦笑してしまう箇所があるかもしれない。当人の「くそまじめ」が意図せず喜劇性をおびるといったかたちで。別に禁欲的に「あそび」を排除したわけではないが、意図しない苦笑であれ、それがいくつかでも発生したら、そういった偶然を、こころからよろこびたいとおもう。

　社会学界関係者なら、著者がスポーツ社会学やギャンブル社会学など、いわゆる「あそび」関連の社会学的業績など全然ないことに、すぐお気づきだろう。「きっとこいつは、関連学会などにはいっていないにちがいない」と、ピンときたはずだ。労働社会学関連も同様である。実際、スポーツ社会学会、労働社会学会など、関連組織に所属したことは1度もない。通常、こういった単著をかくばあいは、いきなりかきおろすのではなく、しかるべき学会、研究会にかおをだし、報告などを数回はこなし、数本の論文ないし研究ノートなどを業績としてかためてから、論集ないし総括的な研究書などをかくのが「ノーマル」なありかた。その意味では、想定読者もさだかでない異様な企画である。刊行企画を承認してくださった編集者・出版社社長の楽観主義は、相当なものである。

ただ、遊戯や労働といった話題をいままでまったくとりあげてこなかったのかといえば、そうではない。たとえばスポーツについては『たたかいの社会学』『あたらしい自画像』『社会学のまなざし』といった社会学本で、すくなからずあつかってきている。労働にまとわりつく諸問題という点では、おなじく『たたかいの社会学』で少々あつかい、労働者や家事労働・ケア労働担当者の苦境といった観点から『加速化依存症』『愛と執着の社会学』で話題化してきたのである。なにより、18年におよぶ社会学教員としての授業で、遊戯や労働などをとりあげない学期は存在しなかった。かりにそれが、中心的課題群ではなくても。

　本書は、すでにのべたように、明確に想定読者がイメージされていない、おかしななりたちをもっている。文学部の教職科目の社会学で、学期末ちかくにでた学生からの質問がきっかけで、回答プリントに「連字符労働」というカテゴリー表をかきだしたことが発端なのだ。結局、質問者の学生には体系的な回答ができないまま学期が終了し、学期後もフォローできずにおわった。当該学生が本書をよんでくれるとはおもえないので、「宿題」へのあまりにもむなしい「答案」なのである。

　ただ、本書には、別の社会学の授業を受講した学生（G君）の紹介してくれたSF作品などが反映されている。ヒューマノイドが隣人として共存するというSFマンガをはじめとして、授業でとりあげた「機械との競争」のゆくえとAIの意義について、回答プリントやメールのやりとりは、たのしかっただけでなく、非常に有意義だった。機械が代替可能な作業が急増していったときに急増するだろう「有閑」層の問題は、現在、経済学者などが失業問題と余暇産業の可能性などとして議論しはじめているが、それらを学生に紹介するなかでプリントにかいたことやメールで回答したことが、「連

字符ゲーム」論へとつながった。これら一連の着想の誕生はG君からの質問・紹介がなければありえなかった。あつく感謝したい。つまりは、本書はG君へのかってな宿題提出であり、おかえしなのだ。

　沖縄の地域ヒーロー「琉神マブヤー」論を少々かいた経緯で、なぜか特撮大怪獣論で1冊かきおろすことになってしまった奇妙な経緯については『ゴジラ論ノート』でふれた。今回も、教職科目として履修した文学部学生への半期授業ででた質問に回答しようとし、それと全然別個のからみでG君の触発をうけて、遊戯／労働論で1冊かきおろしてしまった。だれにも注文をされず、内田樹氏のいうような「贈与」たる夢想など予期できないままかきおろしたのであるから、奇妙以外のなにものでもあるまい。

　いずれにせよ、この作業は、『たたかいの社会学』の「あとがき」でふれた労働環境の諸問題について、一定の整理をつけた印象があり、安堵している。同時に、『たたかいの社会学』がその中核テーマとして「競争」論をすえていたのに、「ゲーム理論」を完全に回避してしまったことへの後悔も克服できて、正直うれしい。そもそも、自分の能力・関心・適性上、数理社会学的な「ゲーム理論」への進出などはかる意味はほとんどない。それよりむしろ、「ゲーム理論」周辺でさかんにたたかわされている議論がとりおとしている論点のおちぼひろいをする作業。ヴィトゲンシュタイン流言語ゲームとしての「ゲーム理論2」＝理念型「連字符ゲーム」の提起こそ、本書の意義だと確信できたのである。

　おしむらくは、《言語現象と琉球列島が主要テーマとしてかならずふくまれる》という、いわゆる「ましこ本」の定型から、はじめてはずれてしまった点か。もちろん、少数の読者は、本書の各所に言語現象および琉球列島への言及がちりばめられていることに、お気づきだろう。しかし、「琉神マブヤー」→「琉球列島が舞台の怪獣

映画」→「特撮怪獣論」論と展開した『ゴジラ論ノート』などとは
ことなり（ちなみに言語現象としては"Godzilla"等の表記解析な
どがされた）、いつもの《琉球＋言語》という「楕円」の2中心が
くめなかった。修士論文以来からの「個人的伝統」がとだえてし
まった感が少々残念ではある。現在執筆中の社会学入門では、また
定型にもどるのだが。

　一方本書は、修士論文以来、自身の「知的体幹」ともいうべき、
「知識社会学」というカテゴリーの産物だと自負してもいる。その
意味で博士論文＝デビュー作以来一貫して意識しつづけた方法論的
営為の一環であり、『知の政治経済学』で方法論的総括をした方向
性の一種の回答でもある。「おわりに」で提起した自分への宿題は
全然はたせていないのだが。

　ともあれ本書は、労働論／遊戯論であると同時に労働論・論＋遊
戯論・論でもあり、大衆社会における知識はいかに構成・再生産さ
れていくかという課題に一定の示唆をあたえたと信ずる。端的にい
えば、具体的労働や遊戯には基本的に複数の連字符労働ないし連字
符ゲームがはらまれているのに、通常意識されずに捨象されたり矮
小化されたりしてきた。それは労働者が不当に過小評価される知的
基盤にもなっているということだ。面接調査など実態解明が必要だ
ろうが、「労働を動員する人物・組織にとって、労働実態や本質の
矮小化・抑圧こそ、対価をねぎったり罪悪感を最小限にできたりし
ているのではないか」といった仮説も当然うかぶ。主婦の家事労働
を過小評価し「シャドウ・ワーク」化してきたのと同様に。

　連字符ゲームによる解析が、具体的にどのような社会学的含意を
もちうるか、不充分にしか展開できずにおわったかもしれない。し
かし、連字符労働概念との交差ないし対照は、すくなくとも既存の
「ワーク・ライフ・バランス」論などがみおとしがちな認識上の死
角に、ひかりをあててくれるはずだと確信する。その意味では、ご

おわりに　　221

くわずかしか言及できなかった鷲田清一氏の『だれのための仕事』、藤村正之氏の「overview 仕事と遊びの社会学」および『〈生〉の社会学』などがベースとなっている。学恩をおかえしできたか微妙ではあるが。

　わたくしごとを、もうひとつつけくわえると、著者は、本書脱稿と前後して、1年の研究休暇直前の「オフシーズン」をむかえた。厳密にいえば、もう1度教授会があるのだが、オブザーバー参加のような気分で会議をやりすごすだろう。年度内の成績処理や事務作業がほぼ完了した現在、気分はすでに「プレ研究休暇」に突入なのだ。「そんな、めでたい期間なら、もっと上機嫌でよかろうに」というのが、おおかたの見解だろう。そのとおりである。しかし、冒頭にあげたような世間の動向は、気分をめいらせる。せっかく、がらにもなく、理論社会学的なかきおろしをおえようとしているのに気分がはればれしないのは、研究休暇がもたらす解放感や、脱稿による安堵感などではぬぐえないなにかが、あるからだろう。

　いずれにせよ、着任後2年目からはじめた、自作の入門書をテキストとして指定しそれへの質問への回答をプリント化して配布するという作業は、正直負担だった。簡潔にかききれていないテキストには、当然個別の疑問点が無数に発生する。まあ自業自得であり、自分で自分のしりぬぐいを毎学期毎週くりかえすという惨状が15年以上つづいたことになる。学生がなにを疑問におもっているかを的確に理解すること自体が「受忍労働」「感情労働」をかかえていた。それを受講生のなるべく多数に理解させるかたちで回答するという作文作業は、心身にダメージを蓄積させる「加工労働」の色彩をおびた。その意味で、今回の研究休暇は、自分への褒美というほかない、「余暇」なのである。

　ある著名な長距離ランナーがオリンピックをおえて「自分で自分

をほめたい」という表現を詩の一節からかりて話題となったのは20年以上まえになる。筆者も、うむことなく毎週数万字におよぶプリントを、ほとんど欠号をださずに学生に配布しつづけた15年以上の年月をふりかえり、その頑固さに「自分で自分をほめたい」という気分になっている。基本的には毎週よみすてられ、熱心な学生も卒業時には絶対廃棄してしまうだろう消耗品の印刷だから、達成感ではない。しかし、融通のきかない姿勢、「しなければならない」わけではないけれど決して「したい」わけではない。「せずにはいられない」という、労働とも趣味ともちがうこだわりが、15年以上単純にとぎれなかったという事実に、正直あきれるということだ。セメスターが12週だった時代がおわり、休講なしで15週やりとげるという時代になっても、毎週「おつとめ」をこなしてきた自分の足跡は、「勤行」のたぐいだっただろうと。それで徳性がましてないことはもちろん、文章修業になっていないらしいことは、種々の状況からみにしみてわかるのが、ものがなしいが。

　ともあれ本書は、編著・共著等を除外して、14冊めにあたる著書となる。一般書といえない著書としては、6点めといえるだろう。10進数的には、なんら区ぎりにはならないが、うえにのべたように、大学着任時についでおおきな転換点にある時期に急におもいたったのは、なにかの啓示だろう。「かかねばならない」わけではなかったが、なにか「かかずにはいられない」ものとして、本書は成立したのだから。

　本書脚注で「だれにもたのまれずに開始され執筆が進行し」「編集者とのやりとりが開始する直前までは「余暇」の産物」だったと告白した。また、「想定読者もさだかでない異様な企画」を「承認してくださった編集者・出版社社長の楽観主義は、相当なもの」といった失礼なことまでかいた。このような、わがまま放題な著者を

おわりに　　**223**

ご寛恕いただき、感謝にたえない。

　最後になるが、いたらぬ原稿をきっちり成型いただいた上山純二さん、企画をおゆるしくださった石田俊二社長ほか、お世話になったみなさまに、あつく御礼もうしあげる。

　「沖縄核貯蔵提案「説得力ある」　米議会聴取に秋葉外務次官、09年に発言　メモ存在も本人は否定」（琉球新報）、「河野外相「核容認ない」　秋葉次官の2009年発言を否定」（沖縄タイムス）等の報があいつぐなかで。

（2018年3月6日）

　追記: 本書で言及した英国の宇宙物理学者ホーキング博士が3月14日死去した。

参考文献

青木冨貴子，2008，『731　石井四郎と細菌部隊の闇を暴く』新潮社

青木勇気，2016，「私たちは本当に「全人格労働」を強要されることで、人間らしさを失っているのか」『YAHOO! JAPAN ニュース』2016/6/20（https://news.yahoo.co.jp/byline/aokiyuki/20160620-00058387/）

青山　薫，2007，『「セックスワーカー」とは誰か──移住・性労働・人身取引の構造と経験』大月書店

東　浩紀，2007，『ゲーム的リアリズムの誕生　動物化するポストモダン 2』講談社

アブストラクトゲーム博物館，2017，「ゲーム理論と室内ゲーム」（2017-11-20, http://www.nakajim.net/index.php? ゲーム理論と室内ゲーム）

阿部浩之，2010，「感情労働論：理論とその可能性」，経済理論学会『季刊経済理論』47（2），64-76

阿部眞雄，2008，『快適職場のつくり方──イジメ、ストレス、メンタル不全をただす』学習の友社

新井紀子，2018，『AI vs. 教科書が読めない子どもたち』東洋経済新報社

荒川敏彦，2007，「殻（ゲホイゼ）の中に住むものは誰か「鉄の檻」的ヴェーバー像からの解放」『現代思想 11 月臨時増刊　総特集マックス・ウェーバー』青土社，78-97

安藤喜久雄編，1993，『人生の社会学』学文社

池上　彰，2006，『ニッポン、ほんとに格差社会？』小学館

市川孝一，1981，「余暇の生活学」『生活科学研究』3, 文教大学

伊藤計劃，2014，『ハーモニー』早川書房

伊藤憲二，2006，「ゲーム研究の方法と意義についての序説」日本デジタルゲーム学会（http://digrajapan.org/?wpdmact=process&did=My5ob3RsaW5r）

伊藤憲二・井上明人，2006，｜発展するゲーム学──伊藤憲二＋井上明人」国際大学 GLOCOM『智場 108 号』（http://www.glocom.ac.jp/j/chijo/text/2006/11/game_study.html）

井上明人, 2008a,「勝利」『Critique of games：ビデオゲームをめぐる問いと思索』

（http://www.critiqueofgames.net/data/index.php?%BE%A1%CD%F8）

井上明人，2008b，「遊びとゲームをめぐる試論」モバイル社会研究所
（http://www.critiqueofgames.net/data/vol.13_inoueakito.pdf）

井上　俊，1977，『遊びの社会学』世界思想社

井上　俊編，1995，『仕事と遊びの社会学』岩波書店

井上智洋，2016，『人工知能と経済の未来──2030年雇用大崩壊』文藝春秋

今津孝次郎，2008，『人生時間割の社会学』世界思想社

今村仁司，1998，『近代の労働観』岩波書店

イリイチ，I.，＝玉野井芳郎ほか訳，2006，『シャドウ・ワーク──生活のあり方を問う』岩波書店

ウィキペディア「九州大学生体解剖事件」

ウィキペディア「人体実験」

ウィキペディア「731部隊」

ウィキペディア「新潟大学におけるツツガムシ病原菌の人体接種問題」

ヴェーバー，マックス＝大塚久雄ほか訳，1972，『宗教社会学論選』みすず書房

ヴェーバー，マックス＝中村貞二ほか訳，1982，『政治論集2』みすず書房

ヴェネツィア，シュロモ＝鳥取絹子　訳，2008，『私はガス室の「特殊任務」をしていた』河出書房新社

内田　樹，2005，『先生はえらい』筑摩書房

内田　樹，2009，「人間はどうして労働するのか」『内田樹の研究室』（2009.12.16）

内田　良，2013，『柔道事故』河出書房新社

内田　良，2015，『教育という病──子どもと先生を苦しめる「教育リスク」』光文社

内田　良，2017，『ブラック部活動』東洋館出版社

梅澤　正，2001，『職業とキャリア──人生の豊かさとは』学文社

大貫隆志［編著］，2013，『指導死』高文研

大前　治，2015，「「空襲は怖くない。逃げずに火を消せ」──戦時中の「防空法」と情報統制」『SYNODOS』（2015.03.10，https://synodos.jp/politics/13238）

岡部祐介，2007，「競技スポーツにおける「自死」に関する一考察──円谷幸吉を事例として」（早稲田大学 大学院スポーツ科学研究科スポーツ科学専攻 スポーツ文化研究領域修士論文，http://www.waseda.jp/sports/supoken/research/2007_2/5006A016.pdf）

小澤考人，2010，「英国レジャー・スタディーズの問題構成（1）：余暇社会学の成立とそのパラダイムシフト」『社会情報学研究：大妻女子大学紀要 —— 社会情報系』19号，pp.129-148（https://ci.nii.ac.jp/els/contentscinii_20180311134459.pdf?id=ART0009678251）

押川　剛，2015，『「子供を殺してください」という親たち』新潮社

織田輝哉，2015，「社会学におけるゲーム理論の応用可能性」『経済社会学会年報』37巻，pp.24-33
（https://www.jstage.jst.go.jp/article/soes/37/0/37_24/_pdf）

開沼　博，2013，『漂白される社会』ダイヤモンド社

カイヨワ，ロジェ＝多田道太郎ほか訳，1990，『遊びと人間』講談社

影山健ほか編，1984，『みんなでトロプス——敗者のないゲーム入門』風媒社

神谷則明，2017，『長き沈黙　父が語った悪魔の731部隊』かもがわ出版

河合　薫，2017a，「フランスで過労自殺が急増。G8で自殺率世界3位の仏が抱える闇」『MAG2NEWS』2017.11.14
（http://www.mag2.com/p/news/329821）

河合　薫，2017b，「朝3時着替え、食堂3時間放置、半年で認知機能低下——91歳入居者が激白 "介護現場のリアル"」『YAHOO! JAPANニュース』2017/11/24
（https://news.yahoo.co.jp/byline/kawaikaoru/20171124-00078518/）

川上武志，2011，『原発放浪記——全国の原発を12年間渡り歩いた元作業員の手記』宝島社

岸田　秀，1993，『嫉妬の時代』文芸春秋

北村　文／阿部真大，2007，『合コンの社会学』光文社

グローバルノート，2017，「世界の労働時間　国別ランキング・推移（OECD）」（データ更新日2017年6月26日；直近データ2016年）
（https://www.globalnote.jp/post-14269.html）

黒田祥子，2012，「日本人の余暇時間：長期的な視点から」労働政策研究・研修機構『日本労働研究雑誌』54(8), 32-44（http://www.jil.go.jp/institute/zassi/backnumber/2012/08/pdf/032-044.pdf）

現代思想編集部編，2000，『現代思想　特集＝感情労働』（2000年8月号＝Vol.28-9）青土社

鴻上尚史，2017，『不死身の特攻兵——軍神はなぜ上官に反抗したか』講談社

国土交通省海事局運航労務課安全衛生室，2011，「船員災害防止対策について」（http://wwwtb.mlit.go.jp/hokkaido/bunyabetsu/senpaku/setsumeikaisiryo/seninsaigaibousi.pdf）

国分功一郎，2015，『暇と退屈の倫理学　増補新版』太田出版

小林雅一，2015，『AIの衝撃――人工知能は人類の敵か』講談社

小柳敦史，2011，「資本主義の精神と近代の運命：ヴェーバー・ゾンバルト・トレルチの比較から」『キリスト教と近代社会』，「近代／ポスト近代とキリスト教」研究会，39-54

コリンズ，R.＝新堀通也監訳，1984，『資格社会――教育と階層の歴史社会学』有信堂高文社

齊藤　実，2016，『物流ビジネス最前線――ネット通販、宅配便、ラストマイルの攻防』光文社

佐光紀子，2017，『「家事のしすぎ」が日本を滅ぼす』光文社

佐藤博樹，2012，「生活時間配分――生活と仕事の調和を求めて」，佐藤博樹・佐藤厚編『仕事の社会学　変貌する働き方［改訂版]』有斐閣

佐藤麻衣／今栄宏典，2012，「感情労働の本質に関する試論―A. R. Hochschildの所論を中心として―」『川崎医療福祉学会誌』Vol.21, No.2, pp.276-283

柴田弘捷，2000，「社会調査としての工場見学―工場見学でなにが見えるか、工場の大量観察―」『日本労働社会学会年報』11, pp.17-27

渋谷明子／七邊信重ほか，2016，「各学術領域の視座からみたデジタルゲーム研究論文」，日本デジタルゲーム学会『デジタルゲーム学研究』8 (1・2)，pp.17-23

進藤省次郎，2008，「球技の本質とは何か」『北海道大学大学院教育学研究院紀要』第104号，pp.1-16

ジンメル，G.＝清水幾太郎訳，1979，『社会学の根本問題』岩波書店

杉本厚夫，1995，『スポーツ文化の変容――多様化と画一化の文化秩序』世界思想社

寿里　茂，1993，『職業と社会』学文社

鈴木智彦，2014，『ヤクザと原発――福島第一潜入記』文藝春秋（初出2011）

鈴木宏昌，2016，「主要先進国の労働時間――多様化する労働時間と働き方」独立行政法人 労働政策研究・研修機構『日本労働研究雑誌』2016年12月号（No.677）

（www.jil.go.jp/institute/zassi/backnumber/2016/12/pdf/004-014.pdf）

スミス，パム＝武井麻子ほか訳，2000，『感情労働としての看護』ゆみる出版

生野繁子，2003，「〈論説〉ケアの本質とジェンダー：高齢者ケアをめぐる諸問題の視座として」『アドミニストレーション』第9巻3・4合併号，熊本県立大学

(https://ci.nii.ac.jp/els/contents110000483515.pdf?id=ART0000872901)

関　曠野，1985，「教育のニヒリズム」『現代思想』vol.13-12（1985 年 11 月号，特集：教育のパラドックス），青土社，pp.175-187

副田義也，2008，「ケアすることとは――介護労働論の基本的枠組み」，上野千鶴子ほか編『ケアすること』岩波書店

高杉晋吾，1982，『七三一部隊――細菌戦の医師を追え』徳間書店

高橋暁子，2017，「【女子高生と LINE】女子高生の SNS 事情」(1)–(7) ブログ『高橋暁子のソーシャルメディア教室』
(http://akiakatsuki.hatenablog.com/)

高橋潤二郎，1984，「「ルドゥスの発見」ホモ・ルーデンス論考」『三田学会雑誌』Vol.77，No.2，pp.168-192

高橋志行，2009，「文芸批評家のためのルドロジー入門――ゲーム定義のパースペクティヴ」『ルドロジー研究』2009 年 3 月号
(http://archive.fo/Ka3d#selection-9.0-9.16)

竜田一人，2015abc，『いちえふ　福島第一原子力発電所労働記』(1)(2)(3)，講談社

武井麻子，2001，『感情と看護――人とのかかわりを職業とすることの意味』医学書院

武井麻子，2006，『ひと相手の仕事はなぜ疲れるのか――感情労働の時代』大和書房

田中かず子，2008，「感情労働としてのケアワーク」，上野千鶴子ほか編『ケアすること』岩波書店

チクセントミハイ，M.＝今村浩明訳，1991，『楽しむということ』思索社

チクセントミハイ，M.＝今村浩明訳，1996，『フロー体験　喜びの現象学』世界思想社

チクセントミハイ，M.＝今村浩明訳，2001，『楽しみの社会学』思索社

土屋貴志「今日における人体実験 (1) 戦後日本の人体実験問題例」（同志社大学講義用ノート）
(http://www.lit.osaka-cu.ac.jp/user/tsuchiya/class/doshisha/2-6.html)

常石敬一，1999，『医学者たちの組織犯罪――関東軍第七三一部隊』朝日新聞出版社

デービス，モートン・D.＝桐谷 維／森 克美訳，1973，『ゲームの理論入門　チェスから核戦略まで』講談社

デュマズディエ，J.＝中島 巖訳，1972，『余暇文明へ向かって』東京創元社

寺尾紗穂，2015，『原発労働者』講談社

東野利夫，1985，『汚名「九大生体解剖事件」の真相』文藝春秋

トンプソン，デイミアン＝中島京子訳，2014，『依存症ビジネス──「廃人」製造社会の真実』ダイヤモンド社

内閣府, 2014,「産業社会・労働市場の未来の姿と求められる人材像」（第5回人の活躍ワーキング・グループ資料3）（http://www5.cao.go.jp/keizai-shimon/kaigi/special/future/wg2/0723/shiryou_03.pdf）

内閣府, 2014,「人の活躍ワーキング・グループ参考資料」(資料2-3)（http://www5.cao.go.jp/keizai-shimon/kaigi/special/future/wg2/houkoku/shiryou.pdf）

内藤和美，2008，「ケアする性──ケア労働をめぐるジェンダー規範」，上野千鶴子ほか編『ケアすること』岩波書店

中岡哲郎，1970，『人間と労働の未来』中央公論社

中川伸子，2011，「「ホスピタリティ」の起源」『神戸女子短期大学論攷』56巻（http://www.yg.kobe-wu.ac.jp/jc/research/ronkou/pdf/56/vol56_04.pdf）

七邊信重，2014，「ゲーム研究とゲームの社会学」，日本デジタルゲーム学会（DiGRA JAPAN）2014年夏季大会編集委員会セッション（https://www.slideshare.net/nobushigehichibe/140824-di-grajapansummer2014）

西日本新聞，2017，「「給食は休憩ではありません」10分で食べ終える先生泣く、席を立つ…児童の素顔が噴出する時間」（2017年12月22日）（https://topics.smt.docomo.ne.jp/article/nishinippon/life/nishinippon-20171222115447114?fm）

西村清和，1997，『遊びの現象学』勁草書房

野村淳一／天野圭二，2015，「ゲームを用いた経営学教育の実践と課題」『星城大学経営学部研究紀要』15, pp.1-12（https://ci.nii.ac.jp/els/contentscinii_20180207181513.pdf?id=ART0010447267）

ハキム，キャサリン＝田口未和訳，2012，『エロティック・キャピタル──すべてが手に入る自分磨き』共同通信社

ハクスリー，オルダス＝黒原敏行訳，2013，『すばらしい新世界』光文社

樋口健二，2011，『闇に消される原発被曝者 [増補新版]』八月書館

福田正弘／佐藤弘章, 2014,「ビジネスゲームを用いた中学校社会科経済学習──経営シミュレーションゲーム「Restaurant」の実践」『教育実践総合センター紀要』13, 長崎大学, pp.31-40（http://naosite.lb.nagasaki-u.ac.jp/dspace/bitstream/10069/35519/1/Jissen13_31.pdf）

藤村正之，1995，「overview 仕事と遊びの社会学」，井上編『仕事と遊びの社会

学』岩波書店

藤村正之，2008，『〈生〉の社会学』東京大学出版会

藤本　徹．2015，「ゲーム学習の新たな展開」『放送メディア研究』No.12，
pp.233-252
（https://www.nhk.or.jp/bunken/book/media/pdf/2015_34.pdf）

藤本　徹，森田裕介編，2017，『ゲームと教育・学習』ミネルヴァ書房

ブリュニョルフソン，エリック／マカーフイー，アンドリュー＝村井章子訳，
2013，『機械との競争』日経 BP 社

フレイザー，ジル・A．＝森岡孝二訳，2003，『窒息するオフィス』岩波書店

ホイジンガ，ヨハン＝高橋英夫訳，1973，『ホモ・ルーデンス』中央公論新社

ボガード，ウィリアムほか＝田畑暁生訳，1998，『監視ゲーム：プライバシー
の終焉』アスペクト

ホックシールド A. R. ＝石川准，室伏亜希訳，2000，『管理される心：感情が商
品になるとき』世界思想社

堀江邦夫，2011a，『原発労働記』講談社

堀江邦夫，2011b，『原発ジプシー　被曝下請け労働者の記録［増補改訂版］』
現代書館

マートン，ロバート，K.，＝森東吾ほか訳，1961，『社会理論と社会構造』み
すず書房

前屋　毅，2017，『ブラック化する学校　少子化なのに、なぜ先生は忙しくなっ
たのか？』青春出版社

ましこ・ひでのり，2000，『たたかいの社会学──悲喜劇としての競争社会』
三元社（増補新版 2007）

ましこ・ひでのり，2010，『知の政治経済学──あたらしい知識社会学のため
の序説』三元社

ましこ・ひでのり，2012，『社会学のまなざし』三元社

ましこ・ひでのり，2013，『愛と執着の社会学──ペット・家畜・えづけ、そ
して生徒・愛人・夫婦』三元社

ましこ・ひでのり，2014，『加速化依存症──疾走／焦燥／不安の社会学』三
元社

ましこ・ひでのり，2015，『ゴジラ論ノート──怪獣論の知識社会学』三元社

ましこ・ひでのり，2017，『言語現象の知識社会学──社会現象としての言語
研究のために』三元社

松尾公也，2017，「近未来 SF マンガ「AI の遺電子」出張掲載　第 33 話「労
働のない街」(3/3)」，ITmedia　NEWS『ITmedia NEWS　AI ＋』

2017/06/29

（http://www.itmedia.co.jp/news/articles/1706/29/news017_3.html）

松永伸太朗，2016，「アニメーターの過重労働・低賃金と職業規範――「職人」的規範と「クリエーター」的規範がもたらす仕事の論理について」，労働社会学会『労働社会学研究』17 巻

水島朝穂／大前治，2014，『検証　防空法――空襲下で禁じられた避難』法律文化社

水谷英夫，2013，『感情労働とは何か』信山社

水野真木子／内藤　稔，2015，『コミュニティ通訳』みすず書房

三井さよ，2006，「看護職における感情労働」『大原社会問題研究所雑誌』567，pp.14-26

宮台真司，2018，「仕事と子育ての両立」『おそい・はやい・ひくい・たかい』No.100，ジャパンマシニスト社

ムッライナタン，センディルほか＝大田直子訳，2015，『いつも「時間がない」あなたに――欠乏の行動経済学』早川書房

村上　正，2016，「64 年東京五輪　円谷氏と縁談の女性「自由奪った五輪」」『毎日新聞』2016 年 12 月 31 日

（https://mainichi.jp/articles/20161231/k00/00m/040/128000c）

元木淳子，2013，「ジェノサイドの起源：スコラスティック・ムカソンガの『ナイルの聖母マリア』を読む」『法政大学小金井論集』(10), 33-58　（http://repo.lib.hosei.ac.jp/bitstream/10114/9160/1/ ジェノサイドの起源 .pdf）

森　史朗，2006，『特攻とは何か』文藝春秋

森江　信，1979，『原子炉被曝日記』技術と人間

森村誠一，1983a，『新版　悪魔の飽食』角川書店

森村誠一，1983b，『新版　続・悪魔の飽食』角川書店

森村誠一，1985，『悪魔の飽食　第三部』角川書店

安冨　歩／本條 晴一郎，2007，『ハラスメントは連鎖する――「しつけ」「教育」という呪縛』光文社

安原荘一，2017，「精神保健福祉法「改正」法案の問題点 ――相模原事件をうけて精神医療が「治安の道具」に！」

（https://blogs.yahoo.co.jp/taronanase/64082648.html）

山下文男，2008，『津波てんでんこ――近代日本の津波史』新日本出版社

山田綾子，2017，『その家事、いらない。』ワニブックス

山田胡瓜，2016，『AI の遺電子 04』秋田書店

山田胡瓜，2017，『AI の遺電子 05』秋田書店

矢守克也，2012，「「津波てんでんこ」の 4 つの意味」，日本自然災害学会『自然災害科学』No.31-1, pp.35-46
（https://www.jsnds.org/ssk/ssk_31_1_35.pdf）

横田増生，2010，『潜入ルポ　アマゾン・ドット・コム』朝日新聞出版

吉田輝美，2014，『感情労働としての介護労働——介護サービス従事者の感情コントロール技術と精神的支援の方法』旬報社

吉田　寛，2016，「ゲーム研究の現在——「没入」をめぐる動向」，アステイオン編集委員会編『アステイオン』84 号、CCC メディアハウス
（https://www.newsweekjapan.jp/stories/world/2016/07/post-5504.php）

ライアン，デイヴィッド＝河村一郎訳，2002，『監視社会』青土社

李　百鎬，2002，「遊びと社会（科）学・序説」『ソシオロゴス』No.26, pp.19-35（http://www.l.u-tokyo.ac.jp/~slogos/archive/26/lee2002.pdf）

リッツァ，ジョージ＝正岡寛司監訳，1999，『マクドナルド化する社会』早稲田大学出版部

レヴィット，スティーヴン・D. ＋ダブナー，スティーヴン・J. ＝望月衛訳，2007，『ヤバい経済学〔増補改訂版〕——悪ガキ教授が世の裏側を探検する』東洋経済新報社

鷲田清一，2011，『だれのための仕事——労働 vs 余暇を超えて』講談社

Carl Benedikt FREY & Michael A. OSBORNE, 2013, THE FUTURE OF EMPLOYMENT:HOW SUSCEPTIBLE ARE JOBS TO COMPUTERISATION?
（https://www.oxfordmartin.ox.ac.uk/downloads/academic/The_Future_of_Employment.pdf）

索　引

あ

アーチェリー　134

IOC　38

愛玩ロボット　116

愛情　32, 101

愛憎劇　105

『AI の遺電子』（マンガ）　27, 101, 183-4, 187-8

AI の俳句プロジェクト　163

AIBO ／ aibo（ペットロボット）　116

麻原彰晃　130

足尾鉱毒事件　35, 65

『あしたのジョー』（マンガ, 1968-73）　159

東浩紀　123

アスリート　37, 73, 104, 108, 162, 171, 173-4, 177-8, 183, 198

『遊びと人間』　11

アニマルホーダー　32, 66

『アバター』（映画, 2009 年）　36, 130

阿部浩之　22, 23

阿部眞雄　207

Amazon GO　184

アマチュアスポーツ　38, 115, 153-4, 199

アマチュアリズム　38, 131, 200, 202-3

アメリカンフットボール（アメフト）　73, 115, 145-7

新井紀子　196-7

アルチュセール, ルイ　25

暗殺　35, 122, 211

暗殺者　46

暗数　53, 105, 182

安藤喜久雄　11

アンドロイド　28

アンドロメダー型神話　102

異議申し立て　39

育児　18, 24, 84, 87, 109, 169, 171, 191, 195, 212

育児／保育　26, 100

池上彰　194-5

囲碁　131, 157, 161

イスラム過激派　70

イスラムテロ　69

異性装　104

移籍市場　147-8

依存症ビジネス　35, 56, 124

1 次活動　13, 174, 205

イチロー（鈴木一朗, 野球選手）　174, 177-9, 204-5

逸脱行動　187

『一般言語学講義』　93

移動／輸送ゲーム　94, 133-4, 146

移動／輸送労働　19, 32, 67, 85

井上俊　11, 177

イノベーション　61, 174, 188

違法　33-4, 67, 129, 169, 195

今津孝次郎　11

今村仁司　191-2, 194-6

イリイチ，イバン　18, 86-7

医療関係者　72

医療／看護／療育　26, 100

イングランド・プレミアリーグ　144

印刷　53-4, 71, 223

インスタ（インスタグラム）　123

インスタントアート　164

インディアン保護区　62

隠蔽　34-6, 40, 53-4, 82, 98, 111, 121-2, 169, 213

隠喩ゲーム　143

ヴィトゲンシュタイン，L.　15, 20, 93, 166, 220

ウィンタースポーツ　73, 133-4

内田樹　56, 61, 81, 175-7, 198-9, 201, 220

浦河べてるの家　29

ウラ金融　33

うらない　37

運河建設　71

エアロビクス　125

HIVウイルス　63

ALS（筋萎縮性側索硬化症）　17, 198

AV（ポルノビデオ）　41, 45

AV女優　44

A列車で行こうシリーズ（ゲーム）　137

駅伝　201

エクストリームスポーツ　73, 136

エゴイスト　177

エコノミー　79, 156-8

SNS（Social networking service）　24, 108, 116-7, 123, 185, 208, 210

SM（Sadism & Masochism）　45, 99

江戸川乱歩　113

NFL（National Football League）　145, 151

n人ゲーム　95

LCC（格安航空会社）　189

エロゲー（アダルトゲーム）　111

エロティックキャピタル　45, 111

遠泳　135

遠隔暗殺兵器　68

演技　11, 23, 37, 73, 92, 95, 99, 105-6

円形劇場　152

園芸　27, 120, 126

冤罪　36, 105

エンタテイメント　70, 120

応援するスポーツ　151, 153, 158, 216

OJT（On the Job Training）　24

大相撲　150, 161, 199

オートバイ　120, 133

オートレースドライバー　73

お買い物ゲーム　124

岡崎慎司　144

沖縄守備隊　69

押川剛　67

おそうじゲーム　132

お務め　37

おにごっこ　126

オフサイド・ルール　149

お店屋さんごっこ 138
オリエンテーリング 134
オリンピック 38, 73, 153, 157, 202-3, 216-7, 222
オリンピニズム 38
おわらい芸人 37
音楽家 37, 104

か

ガードマン 59
カーリング 131, 133, 139, 157, 216
カーレーサー 23, 73
介護／介助 26, 100
害獣駆除 63-4
外商部 40, 42
海上保安庁 32
かいだし 85
害虫駆除攻防ゲーム 129
開沼博 34
買い物依存症 56, 124
カイヨワ, ロジェ 11, 92, 172-3, 176, 198
快楽殺人 46, 112
課外活動 78, 202
価格破壊 141, 209-11, 213
学位授与 78-9
学習ゲーム 94, 124-5, 148
学習労働 19, 56-7, 124, 138, 140-1, 148
格闘技 73, 75, 114-6, 131, 147, 152-3, 158-60
かくれんぼ 121, 126
家計管理 84

家計生産時間 169-71
加工ゲーム 91, 94-5, 107, 116, 118-9, 123-4
加工労働 15, 19, 20, 28, 42-3, 45, 49, 51, 53-7, 71, 83, 85, 87-9, 111, 118-9, 121, 124, 135, 159, 170, 175, 222
火災現場 72
『華氏911』(映画, 2004年) 43
家事代行 66
『華氏451度』(レイ・ブラッドベリ) 54, 113
カスタマイズ 184
ガスぬき 113
家政婦 66, 86
仮装行列 104
家族的類似 15, 20, 149, 166
過大評価 192
カタストロフィー 187
家畜 24, 67, 80, 103
学校行事 83
学校用務員 52
葛飾北斎 177, 179
カップル 85, 87
家庭菜園 120
カティンの森事件 46
株式学習ゲーム 124
カミカゼテロ 69
「紙とペンでできる」ゲーム 139
仮面舞踏会 104
ガラパゴス文化 87
カラリング 119
過労死 165, 168, 179, 191, 194-5
過労自殺 34, 165, 168, 194-5, 216
河合薫 29, 31, 194

かわいがり　100

監禁　29, 46-7, 70, 101, 103, 127

がん細胞　63, 187

監視カメラ　101, 127

監視ゲーム　94, 127

漢字パズル　125

感情ゲーム　91, 94, 97-9, 100, 106,
　109, 147

鑑賞・批評　141

感情労働　12, 15, 19-24, 26-7, 40-1,
　68, 79-80, 85, 87-9, 95, 97-100,
　171, 182-3, 189, 222

監視労働　19, 29, 32, 51, 57, 59-61,
　74, 81-2, 85, 101, 127, 169

完成ゲーム　125

完成労働　19, 57, 94, 125

観戦・応援・批評　141

観戦コスト　153

感染症　72

完全省力化　190

歓待　42-3, 109

『艦隊これくしょん―艦これ』（ゲー
　ム）　136

邯鄲の枕　93

関東大震災　62

感動ポルノ（無自覚な障害者差別）
　158, 216

監督　16, 37, 74, 77, 147-8

『がんばれ元気』（マンガ, 1976-81）
　159

かんばん管理　122

ガンプラ　118

官僚　25, 35, 37, 39, 54, 60, 74, 79,
　108, 113, 204-6

官僚制　54-5, 99, 107-8

記憶ゲーム　124-5

記憶労働　56, 124

議会　39, 74-5, 77, 141

器械体操　134

機械との競争　161, 164-5, 182,
　187, 210, 213, 219

危機言語　32

気球　133

企業犯罪　34

着ぐるみキャラクター　37

危険物　52, 186

棋士　37, 131, 161, 173, 198, 200

疑似戦争　152

疑似体験ゲーム　139

岸田秀　25, 70-1

記者　51, 159, 178

機銃掃射　71

気象観測　77, 141

希少財　39, 52

義足　161

帰宅部　207

帰宅まち待機　61

キツネがり　102

機能美　151-2

義務教育　25, 70-1

客室乗務員　23

キャラクター捕獲ゲーム　121

ギャルゲー　111

キャンディークラッシュ　122

ギャンブル　34, 76, 218

球技　75, 91, 115-6, 131, 133-4,
　145-6, 148-9, 153-8

球技の本質　133, 145, 160

救急隊　32

救助／救出ゲーム　94, 102, 128

索引　　237

救助／救出労働 19, 32, 42, 52, 60, 64, 102, 128, 182

給食 78-80

休職予備軍 83

求人／派遣ゲーム 94, 110

求人／派遣労働 19, 43, 45

求人労働 43, 55

旧制高等女学校 153

救命救急センター 32

教育ゲーム 122, 130

教育／支配ゲーム 91, 94, 99-100, 148, 159

教育／支配労働 15, 19, 23-5, 39-40, 42, 48, 56-7, 70, 76, 78, 80, 82, 85, 89, 95, 100, 124, 182, 189, 202

教員 15, 37, 70-1, 78-85, 100, 141, 153, 202, 210, 219

競技カルタ 131, 139

狂言自殺 106

強制収容所 25, 53, 62-3, 99

強迫神経症 132, 181

強迫的行為 34

虚構性 11, 93

金魚すくい 102, 121

銀行ごっこ 138

近代合理主義 202

禁断症状 56

筋力トレーニング 124

グァンタナモ基地内刑務所 62

草サッカー 154-5

草野球 154-5

苦情受付 23

クメール・ルージュ 46, 62

蜘蛛の糸症候群 210

グライダー 133

グラウンドゴルフ 156-7

クリエーター 88, 163

クリック誘発 44

クルーソー、ロビンソン 176

車いす 30-1, 161

クレーンゲーム 120-1

グローバル化 144, 160, 208, 214

軍慰安婦 69

軍事組織 32, 46

軍隊 32, 35, 43, 46, 52, 60, 63, 68, 74-5

訓練ゲーム 124-5

訓練労働 56, 124

ケアゲーム 91, 94-5, 99-101, 109

ケア労働 12, 15, 19-20, 22-6, 28-9, 32-3, 41-2, 44, 48, 60, 62, 66-7, 69, 78, 80, 85, 95, 99-101, 109, 148, 170-1, 182-3, 189, 203, 206, 219

経営ゲーム 94, 131, 137, 148

経営ごっこ 138

経営シミュレーション 137

経営労働 19, 74-5, 81, 84, 89, 137-8, 148, 189

経済学者 97, 172, 182-3, 219

経済学的合理主義者 (Homo economicus) 97

経済思想史 171

警備会社 60

軽飛行機 133

警備労働 61

刑務官 71

刑務所 25, 61, 70, 99

経理学校 174

ケータイ小説　110-1

ゲートボール　134, 139, 154, 156-8

ゲームアプリ　12, 127, 136

ゲーム化　110, 124, 126-7, 130, 138, 159

ゲームセンター　120

ゲーム労働　19, 75-6, 94, 142

潔癖症　132

ゲネプロ　141

下僕フライデー　176

現役　38, 62, 174, 178, 200, 205

研究者　77, 98, 174, 180, 214

献血マニア　109, 170

言語ゲーム　15, 20, 91, 93, 166, 180, 198, 220

言語コーパス　94

検察官　37

剣奴　201

『拳闘暗黒伝セスタス』（マンガ, 1997-2009）　159

剣闘士　152

憲兵　61, 64

研磨　57

原理主義　130, 214

権力行使　39

恋人　32, 101, 105

公安警察　77

校外研修　83

公共の福祉　35

興行利害関係者　159

考古学ボランティア　141

広告塔　201, 204

『合コンの社会学』　106

興信所　77

校正　57

合成の誤謬　209-10, 212

構造的死角　82

拘束　29, 60, 101, 165, 177, 179, 190, 195, 205-7

拘束性　18

紅白試合　141

後方支援　51-2, 85, 119, 152

拷問　46-7

拷問殺人　62

強力　67

高齢者スポーツ　156

小型対人地雷　46

ゴキブリ　62

顧客満足度至上主義　210

国分功一郎　185

国民皆結婚　209, 213

獄吏　71, 82

コケットリー　92, 105, 111

胡蝶の夢　93

国家のイデオロギー装置（アルチュセール）　25

護摩焚き　37

ゴミ屋敷　28, 66, 132

コミュニケーションゲーム　94, 116-7, 139

コミュニケーション労働　19, 42, 48, 116

コリンズ, ランドル　16, 39-40, 51, 74, 107, 119

コレクター　59, 61

勤行　37-8, 223

コンシェルジュ　40, 42

昆虫採集　103

コンピューターウイルス　21, 63, 72, 97, 129, 136

さ

サービスゲーム　94, 109, 138

サービス残業　194-5

サービス労働　19, 23, 41-3, 78, 85, 109, 189

災害愛好症　135, 152, 159

財産管理　75, 84

在宅ワーク　179

サイボーグ化　161

裁量労働　195, 216

裁量労働制　195, 210, 216

相模原事件　29, 129-30

詐欺　33-4, 37, 44

詐欺商法　34, 44, 81

詐欺メイク　104, 119

作画監督　88

サクラ　44

佐々木友次　69

作家　77, 135, 159

サッカー　18, 73, 84, 115, 131, 139, 143-7, 149-51, 155, 157, 162, 199

サッカー小僧　177

サッカー人口　150

サッカーファン　153

サッカー文化　147, 153

サッカーロボット　162

殺傷／暴行ゲーム　94, 112, 114, 147, 158-9

殺傷／暴行労働　19, 35-6, 46-7, 49, 112-4

殺処分　25, 46, 53, 122

サディズム（sadism）　34, 46, 106, 112, 135-6

サド、マルキ・ド　45, 106

佐藤麻衣　23

査読　57

サポート行為　26, 100

サラリーマン川柳　171

山岳救助隊　171

山岳地帯縦走　162

残余部分　181

三里塚闘争　65

JK ビジネス　41

自衛行動　64

自衛隊　32, 112, 204

ジェスチャー　139

シェルパ　67

時間外労働　172, 193

指揮・監督　74-5, 138

ジグソーパズル　125

死刑執行　46-7

事件化　82

時刻表トリック　133

自己実現　100, 104, 108, 148, 170, 175

しごと（work）　18

事故率　189

自殺未遂　106

自主退社　168

市場労働時間　169-70

自生的なゲーム感覚　204

自然観察　77, 141

自然保護ボランティア　141

死体処理　53

実業団　38, 151, 201

実質労働時間　192

自転車　120, 133, 135, 161

自転車競技　133-4

240

自動運転 188

指導死 26, 82, 113, 201

自動車 52, 68, 120, 133, 161

自爆テロ 69

自閉症スペクトラム 188

嗜癖 46, 112, 175, 177-8, 181

シミュレーションゲーム 94, 114, 121, 137-41

シミュレーション労働 19, 76, 139

市民マラソン 153

シムシリーズ 137

ジャーナリスト 51, 77, 194

シャーマニズム 37

ジャイアント・キリング（Giant-killing，番くるわせ） 144

『社会学の根本問題』（ジンメル） 11, 92, 105

社会的弱者 26, 129, 160, 189

社会的遊戯（Gesellschaftspiel） 11, 92

シャドウ・ワーク（イリイチ） 18-9, 86, 189, 221

自由意思 173, 176

収穫ゲーム 121

就学前教育 24

宗教指導者 37, 40

銃後 152

充電 174

柔道 61, 114, 121

柔軟な雇用 211

収容所 29, 35, 46, 61, 69

自由連想法 93

粛清 47, 129-30

守護神 84

主体性 18, 43

出家 25, 184

出産 44, 109-11

受忍ゲーム 94, 135

受忍労働 18-9, 28, 42, 44-5, 57, 68-70, 80, 83-4, 89, 135, 175, 189, 201-2, 207, 213, 222

シュノーケリング 135

Spiel 12, 92-3, 107

主婦・主夫 15, 24, 43, 75, 83-5, 87, 109, 189, 205

『主婦の友』 84

循環論法 180

殉職の美学 69

純粋な人力 161

浄化 62

障害アスリート 161

障害者スポーツ 158

将棋 96, 131, 157, 161

将棋・囲碁人口 161

焼却 36

小説のようなゲーム 123

商売道具 203

消費者倫理 210

情報格差 81

消防士 32, 130

勝利至上主義 142, 171, 201

勝利追求ゲーム 75, 94, 141, 144

勝利追求労働 75, 94, 142

ジョギング 134, 153

職業威信スコア 17

職業ヒエラルキー 17

食肉加工 46

職人 20, 88, 177, 205

助産 44, 110

女子サッカー選手 200

女性蔑視（ミソジニー）　32
食器洗浄　60, 85
処理ゲーム　94, 121-2
処理労働　19, 49, 53-4, 65, 71, 80,
　　83, 85, 122, 135
シリアスゲーム　138
素人歌舞伎　104
仕訳（ピッキング）　54, 122
新エンゲル係数　213
シンクロナイズドスイミング　134
神経衰弱　125
人身売買　33, 44
人身売買ゲーム　103, 124
人体実験（human traficking）　35,
　　46-7
新体操　134
新大陸　36
新兵募集　43
陣取りゲーム　131
新任教員　80
ジンメル, G.　11, 92, 105
心理カウンセラー　22
侵略　36, 64
人類史　36
進路不安　80
水泳　133-4
推定無罪　36
水道哲学　210
スイミング　135
推理ゲーム　94, 138, 146, 167
推理労働　19, 76, 88, 138
数独　125
スーパーマン（個人／超男性）
　　151, 192
数理科学　91, 93, 96

スカウト　43-4
スキー・スノーボード　73
杉本厚夫　201
スキンケア　27
鈴木宏昌　192-3
スターウォーズ・シリーズ　69
ステート・アマ　171, 202-3
ストーキング　29, 101
ストリッパー　37
頭脳労働　16-7, 172
すばらしい新世界　183, 185
スポーツ社会学　201, 218
スマホゲーム　12-3, 122, 126
相撲　100, 112, 150-1, 153, 198-9,
　　217
するスポーツ　149-53, 158
制圧／排除／隔離／駆除ゲーム
　　94, 128
制圧／排除／隔離／駆除労働　19,
　　33, 35, 47, 61, 63-5, 101, 114,
　　130
整形メイク（詐欺メイク）　104
性ゲーム　94, 106, 110-2
生産・製造労働　49
生産労働　16, 39-40, 51, 106-7,
　　119, 173
政治ゲーム　45, 75, 94-5, 99, 105,
　　107-8, 119
政治労働　15-6, 19, 23, 25, 39-40,
　　42-3, 51, 74, 79, 81-2, 84, 95,
　　104, 107, 119, 189
精神科医　22
精神病院　29
清掃　20, 65-6, 81, 129, 132
清掃指導　78

生態系　33, 36, 64

制度化したスポーツ　204

生徒指導　26, 78, 81

性奴隷　69

生野繁子　27

整備　52, 81, 120, 179

整理／整頓／清掃ゲーム　94, 132

整理／整頓／清掃労働　19, 65-6,
74, 81, 85, 132

生理的時間　13, 28, 174, 204-6

性労働　19, 44-5, 69, 100, 111, 112

セクサロイド（セックスロボット）
111

セクハラ的ヤジ　108

セックスワーク　26, 33, 41, 45,
200

窃視　29, 101

窃視症　127

折衝　39

絶滅危惧種　32

セルフ・ネグレクト　28, 66, 206

世話　27, 100, 102, 110

「全員フリーランス」制　211

『1984 年』（ジョージ・オーウェル）
54, 113

選挙戦　142

先住民　36, 62

戦場　69, 72, 80, 152, 158

戦時レイプ　46

全人格労働　207-9, 211-3

戦闘ゲーム　113

千日回峰行　38

船舶乗務　72

臓器提供　41, 109

送迎準備　61

痩身運動　124

ソーシャルワーク　23

造成工事　71

贈与すること　175, 198

狙撃手　46

素材化　44, 50

組織的レイプ　46-7

ソシュール，F.　93

措置入院　62

ソムリエ　40, 42

ゾンダーコマンド
（Sonderkommando，特殊部隊）
53

た

ダーツ　134

体育会系　112

大学スポーツ　146

待機ゲーム　94, 126

太極拳　125

待機労働　19-20, 41-2, 44, 59-61,
68, 81, 84, 89, 126, 170, 189

第三次産業　23, 42, 78, 109

対時空ゲーム　19, 91, 94, 97, 118,
126-8, 131-3, 135-9, 141

対時空労働　15, 19, 21, 49, 51-3,
57-61, 65, 67-8, 71-2, 74-7, 81,
85, 94, 118, 126, 166, 172

対人サービス　22, 40, 189, 210

対生命ゲーム　91-2, 94, 97, 99-
100, 102-4, 107-10, 112, 116

対生命労働　15, 19, 21, 24, 26, 32-
3, 36, 39-44, 46, 48-53, 57, 65-
7, 74, 79, 97, 166, 172, 206

索引　243

大道芸人　37
ダイナマイト爆破　71
体罰　26, 82
対物ゲーム　91, 94, 97, 103, 118,
　　120-5
対物労働　15, 19, 21, 27, 49, 51-8,
　　65, 74, 87, 118, 125-6, 132, 166
逮捕術　114
たからさがし　121
託児　32, 211
タクシー　59, 61
竹内均　213
打撃戦　159
多数派工作　142
田中正造　65
『楽しみの社会学』　11
多品種少量生産　184
ダブルバインド　71, 105
短期記憶ゲーム　125
ダンサー　37, 104
断種・不妊手術　62
男性政治家　108
探偵社　77
チアリーダー　37, 77, 104
チェス　131, 157, 161
チェック労働　61
地下鉄サリン事件　130
チクセントミハイ, M.　11, 178,
　　202
『窒息するオフィス』　211
知的労働　16, 18
中食　110
中範囲の理論　182
チューリング・テスト　116
懲役刑　25, 70, 82

懲戒　25
調教　24-5, 80, 99
調査ゲーム　94, 141
調査労働　19, 76-7, 141
長時間労働　59, 78, 83, 89, 168,
　　191, 208
挑戦意識　185
朝鮮人虐殺　62
賃金　18, 21-2, 30, 86-9, 179, 192-
　　3, 213, 216
チンドン屋　37
賃労働　22
ツアープロ　200-1
通訳　48
円谷幸吉　203-4
つり　103
DV被害　177
ディープラーニング　28, 76, 162
提供ゲーム　94, 108-9
提供労働　19, 41-2, 68, 108-9, 170
抵抗／確保ゲーム　94, 131, 146
抵抗／確保労働　19, 35, 65, 114,
　　131
ディストピア　181, 183-8
ディプロマシー　131, 137
ディレクター　74
デジタルカメラ　164
鉄道マニア　141
鉄の檻　55
テトリス　122
デマ　50
手待ち時間　59
テレワーク　211
天体観測　77, 141
店長　74

244

電通事件　168

動画工程　88

動画マン　88

東京五輪マラソン　203

統計学的強者　143

道化−チアゲーム　105

道化−チア労働　37, 105

動植物化　44

「逃走中」　126

トーナメント戦　143, 144, 147

登攀形スポーツ　134

動物虐待　32, 36

動物行動　96, 176

動物写真家　59

特撮大怪獣　136, 220

特殊清掃　65, 132

特殊部隊　63-4, 127-8

登山家　67

特高　64, 69, 113

特攻　69

ドナー　41, 109

土俵　81, 153

ドミノ　139, 167

ともばたらき（double income）
　87, 212

トヨタ生産方式　122

豊臣秀吉　93, 124

ドラマツルギー　11, 92, 105

トリアージ　214

とりしらべ　46, 77, 187

トリマー　50

奴隷　24, 33, 42-4, 55, 67, 69, 103,
　124, 211

奴隷がり　103

ドローン　68, 133

トロプス　160

ドンファン　106

な

内部告発　34, 39

中岡哲郎　181

中山元　168

殴られ屋　41

ナチズム　130

731 部隊　35, 46-7

『ナニワ金融道』（マンガ，1990-96）
　33

名もなき家事　85-7

軟禁　29, 69, 83, 101

南京大虐殺　46

『難波金融伝・ミナミの帝王』（マン
　ガ，1992 〜）　33

肉体労働　16-8, 49, 118

二項対立　13, 16-8, 51, 107, 119,
　177, 179, 181, 205

日曜小説家　123

日曜大工　119

日曜歴史家　141

日本相撲連盟　150

ニヒリズム　169

ニュータウン造成　71-2

女房役　84

ネイルケア　119

捏造　36

ネット検索　11, 121

ネットサーフィン　121

ネバーランド　183

年間請負制　193

年中無休　86

年齢差別　158
脳挫傷　114
脳震盪　115, 145, 147
脳トレ　125
ノックアウトシーン　159

は

パークゴルフ　154, 156
ページ　129-30
"Purge"（映画）　129
バーチャルリアリティー　111
パートタイム労働者　195
『ハーモニー』（伊藤計劃）　185
敗者のいないゲーム　160
排除－制圧／駆除－捕獲／収穫労働
　　42, 50, 60, 71, 119, 135, 182
廃人製造社会　35
配膳　30, 85
売買ゲーム　94, 123-4
売買労働　19, 44, 49, 55-6, 123-4
俳優　28, 37, 104
ハイリスクゲーム　94, 136, 147,
　　151, 158-9
ハイリスク労働　19, 23, 42, 72-3,
　　136
ハインリッヒの法則　61
破壊ゲーム　94, 135-6, 185
破壊労働　19, 36, 49, 71-2, 135-6
ハクスリー、オルダス　185
爆破　71
薄利多売　209
『はじめの一歩』（マンガ，1989～）
　　159
パズドラ　122

ハッキング　63, 72, 76, 136, 185
バックカントリースノーボード
　　136
バックステージ　52, 84, 126, 177
発見／発掘－採掘／回収ゲーム
　　94, 120
発見／発掘－採掘／回収労働　19,
　　33, 50-2, 119
バッハ風のオルガン曲　163
ハニートラップ　105
パニック映画　128, 135
パパラッチ　59
パフォーマー　37, 73, 80, 108, 171,
　　200
パフォーマンスゲーム　45, 92, 94,
　　104-6, 108, 112, 116, 138, 147-
　　8, 151, 158-9
パフォーマンス労働　19, 36-8, 41-
　　3, 48, 52, 74, 77, 80-1, 99, 104-
　　5, 108, 162, 170, 201, 205
パラサイトシングル　212
ハラッサー　25, 45, 48
ハリウッド　128
ハロウィーン　104
パワハラ　26, 34, 100, 168, 201,
　　217
番くるわせ　144
犯行　33-4, 64, 113, 187
犯罪系ゲーム　127
犯罪ゲーム　94-5, 99, 103, 112,
　　114, 138
犯罪小説　103
犯罪労働　19, 23, 25, 29, 31, 33-6,
　　41-2, 44, 46-7, 49, 64, 82, 95,
　　101, 103, 105, 112, 114, 165,

169, 182, 186, 188

判事　37, 40

繁殖行動　63

ハンター　59, 61, 63, 126

反日分子　63

ヒーロー作品　102

ピエロ　37, 178

ひきこもり　71, 206

非国民　63

ビジネスゲーム　137, 167

秘書　74

匪賊　130

必需時間　28

ひとりゲーム（one-player games）
　95

被曝労働　73

ひまつぶし　170, 183, 185-6

ヒューマノイド　27-8, 45, 101,
　111, 183-5, 187-8, 219

病原体　55, 63, 124, 129

標準世帯　209, 213

美容整形　28

ビル解体工　71

ピンクカラーワーク　32, 101

貧者のスポーツ　155

ビン・ラーディン，ウサーマ　47,
　64

ファストフード　109

ファッションモデル　37, 44

フィギュア　118-9

フィギュアスクール　38, 134

フィッシング　102

フェイクニュース　50

フォーディズム　185, 209

フォックスハンティング　134

不快指数　84

部活動　83

不気味の谷　162

服役　37

福島第一原発　29

複製・通信技術　208

富士総合火力演習　140

藤村正之　12, 177, 222

不祥事　80

侮辱　147

舞台　11, 52, 77, 80, 141, 171, 187,
　220

フットサル　154-5

物品化　43, 55

不動産売買ゲーム　124

不ばらい労働（unpayed work）　18-
　9, 78, 86

ブラック企業　34, 61, 78, 169, 207,
　216

ブラッドスポーツ　47, 114, 152

プラモデル　118, 125

プリオン（タンパク質）　63

プリクラ　116

ブルーオーシャン　196-7

フレーム問題　116, 188

フロイト心理学　93

「フロー」状態　178

ブログ作家　123

プログラミング　16-7, 50, 118

ブロックあそび　125

プロデューサー　74

プロ転向　38-9

プロパガンダ　50

プロボクサー　200

プロ野球　144, 153, 201

プロレス　39, 73
文化大革命　46
文書ゲーム　91, 94, 119, 122-3
文書主義　54-5
文書労働　15, 19, 54, 122
文脈理解　188-9
ヘアケア　27
ヘアスタイリング　119
兵棋演習　140
『平成狸合戦ぽんぽこ』（映画,
　1994年）　36, 72
ベイトソン, G.　105
ベーシックインカム　182
ペット　24, 46, 50, 58, 80, 85, 116
辺野古　35, 65
ペルセウス　102
ヘルパー　30
変顔　104, 116
編曲　57
弁護人　37, 39
変身メイク　104
保育園　24
ホイジンガ, ヨハン　11, 92, 172
冒険　75, 134
冒険家　67, 73, 183
奉仕　32, 42, 101, 109-10, 177, 206
放置型ゲーム　126
法定労働時間　193
暴力団　33, 37, 46, 65, 67, 73, 77,
　138, 169
ポーカーフェイス　98
ポーター　67
ボードゲーム　75-7, 116, 131, 137,
　139, 141, 147, 157, 161-2, 167
ホームグロウン・テロリズム　61

捕獲／収穫ゲーム　42, 94, 102, 120
捕獲／収穫労働　19, 33, 44, 50, 52,
　60, 66, 71, 119, 135, 182
ボクシング　47, 73, 114-5, 131, 159
ボクシング・ゲーム　159
ボクシング漫画　159
ポケモンGO（スマホゲーム）　134
保守管理労働　61
保守点検　120
ホスピタル・クラウン　37
母性　85
ホックシールド, A.R.　21-4, 87,
　97-8
「ほぼ日刊イトイ新聞」　196
『ホモ・ルーデンス』（ホイジンガ）
　11, 172
ボランティア　78, 104, 109-10,
　167, 170, 177-8, 183
politics　39-40, 107-8
ボルダリング　134, 161
ポルノ画像　111
ホロコースト　46, 62, 130
ホワイトカラー　16-7, 122, 210
本質主義　192, 195

ま

マーケティング　44, 149, 201
マーシャルアーツ　114
マージャン　139
マートン, R.K.　182
『マイノリティ・リポート』（映画,
　2002年）　187
マインドスポーツ（頭脳戦）　131,
　138, 147

マクドナルド化 53, 79, 85, 110, 210
マゾヒスト 135
待子サン 84
松下幸之助（実業家） 210
マッドサイエンティスト 53
松永伸太朗 87-9
『マトリックス』（映画, 1999 年） 93
マニュアル 16-8, 24, 59
マフィア的組織文化 213
魔法のｉらんど 110
ママさんバレー 154, 157-8
マラソン 161, 201
マリーシア 147
マルクス, K. 22, 168, 182-3, 186
水商売 26, 45, 68
水谷英夫 21-2, 26
ミソジニー 32, 105, 136
密室 36, 69, 82
密猟 36, 64
未必の故意 29, 35, 115, 168
身分秩序 81
宮台真司 98, 192, 194-6
ミュージシャン 37, 104
みるスポーツ 145, 149, 151, 153, 158-9, 216
民族浄化 46-7
無差別爆撃 49
虫バスター 129
無人攻撃機 68
無人偵察機 68
ムラ八分 34
メイキャップアーティスト 50
免疫機能 63

メンタルケア 27
メンテ（ナンス）ゲーム 52, 91, 94, 120
メンテ（ナンス）労働 15, 19, 53, 60, 65, 81, 83, 85, 121
モータースポーツ 73, 133-4, 152, 161
模擬発表 141
模型制作 125
もちかえり残業 78, 194
モニタリング 26-7, 29, 100-1, 116
モノ化 53
モノポリー（ボードゲーム） 125
モラルハラスメント 26, 117, 168
モンスター捕獲ゲーム 121

や

「八百長」疑惑 199
野球小僧 177
薬物売買 33
ヤジ 37, 40, 104-5, 108
安冨歩 48
安原荘一 29
ヤセ我慢競争 162
『ヤバい経済学』 199
山下文男 214
山スキー 136
『闇金ウシジマくん』（マンガ, 2004 年～） 34
誘拐 33, 53, 122
有　害　 33, 53-4, 62-4, 71, 121-2, 129, 135, 181
有償労働 22
優生思想 129

有用 33, 51, 54, 102
愉快犯 136, 185-6
雪山登山 137
用具係 52
要支援 32
ヨーガ 125
余暇社会学 170
余剰（slack） 205

ら

ライアン，デイヴィッド 60
ライバル 40, 76, 95-6, 104, 147-8
ライフセイバー 32
らい予防法 62
落語家 37
ラグビー 73, 115, 146-7, 149, 154
ラジコン 133
拉致連行 35, 67
楽観主義 189-90, 192, 194-5, 218, 223
ラファルグ，ポール 195
乱開発 36
ランニング 134, 153
リーグ戦 143-4, 147
陸軍登戸研究所 46
陸上競技 116, 133-4, 153, 158
『リクルート』（映画，2003 年） 43
離職者 83
リスク抹殺空間 186
リッツァ，ジョージ 53-4
理念型 15-9, 23, 39, 51, 60, 78, 91-5, 119, 133, 140, 145, 160, 166, 168, 172-3, 176-7, 179, 181, 200, 205, 220

リバーシ 131
リハビリ 174
リベンジ・ポルノ 103
流通革命 210
料理研究家 67
料理人 43, 67
旅行研究家 67
『リングにかけろ』（マンガ，1977-1981） 159
リ ン チ 34, 39, 47, 99-100, 103, 112, 117
ルドゥス（Ludus） 92
ルドロジー（Ludology） 92
ルワンダ虐殺 46, 63
ルワンダ内戦 62
レイシズム 34
隷従 42
冷凍食品 110
『レオン』（映画，1994 年） 47, 70, 101-2
レジャー・スタディーズ 170
『レジャー白書』 161
レスター・シティ FC（サッカーチーム，イングランド） 144
レスリング 39, 114, 131, 217
裂傷 115
レッスンプロ 200
レッドオーシャン 197
レッドパージ 62
レッドリスト 32
レトルト食品 110
恋愛依存症 106
恋愛ゲーム 99, 105-6, 112, 127
連合関係（rapport associatif） 93
連字符ゲーム 12-3, 76, 91-4, 97-8,

118, 126, 145, 149, 158-9, 161,
165-6, 169, 179, 219-21
連字符（hyphen）労働　12-3, 15,
19-21, 49, 51, 58, 74, 78, 91-
2, 94, 97-8, 159, 165-6, 169-70,
181, 188, 219, 221
レンブラント風の絵画　163
労働（labour）　18, 107, 181, 203
労働災害　61
労働社会学　11, 218
労働者の権利　171
「労働＝贈与」論　198
ローカル化　160
ロケット砲　68
ロシアンルーレット的災厄　187
ロジスティクス　51, 74-5, 138
ロボット化　54, 58

わ

ワークアウト　125
ワーク・ライフ・バランス　168,
179, 191, 221

著者紹介

ましこ・ひでのり（msk@myad.jp）

1960年茨城県うまれ。東京大学大学院教育学研究科博士課程修了（博士：教育学）。日本学術振興会特別研究員などをへて、現在、中京大学国際教養学部教授（社会学）。主要著作：『日本人という自画像』、『ことばの政治社会学』、『増補新版 イデオロギーとしての「日本」』、『あたらしい自画像』、『増補新版 たたかいの社会学』、『幻想としての人種／民族／国民』、『知の政治経済学』、『社会学のまなざし』、『愛と執着の社会学』、『加速化依存症』、『ゴジラ論ノート』『コロニアルな列島ニッポン』（以上単著、三元社）。共著に「社会言語学」刊行会編『社会言語学』(1-17号＋別冊2)、真田信治・庄司博史編『事典 日本の多言語社会』（岩波書店）、前田富祺・野村雅昭編『朝倉漢字講座5 漢字の未来』（朝倉書店）、『ことば／権力／差別』（三元社, 編著）、『行動する社会言語学』（三元社、共編著）、大橋・赤坂・ましこ『地域をつくる―東海の歴史的社会的点描』（勁草書房）、田尻英三・大津由紀雄 編『言語政策を問う！』（ひつじ書房）、米勢・ハヤシザキ・松岡編『公開講座 多文化共生論』（ひつじ書房）、Mark ANDERSON, Patrick HEINRICH ed. "Language Crisis in the Ryukyus" Cambridge Scholars Publishing ほか。

あそび／労働／余暇の社会学

言語ゲーム・連字符カテゴリー・知識社会学を介した行為論

発行日…………2018年6月30日 初版第1刷

著　者…………ましこ・ひでのり

発行所…………株式会社 三元社

〒113-0033　東京都文京区本郷1-28-36
電話／03-5803-4155　FAX／03-5803-4156

印　刷＋製　本…………モリモト印刷 株式会社

© 2018　MAŜIKO Hidenori
ISBN978-4-88303-461-1
http://www.sangensha.co.jp

ことばの政治社会学
ましこ・ひでのり／著　●2800円

ことばの政治・権力・差別性を暴きだし、「透明で平等な媒体」をめざす実践的理論の運動を提起する。

加速化依存症　疾走／焦燥／不安の社会学
ましこ・ひでのり／著　●1700円

せわしなくヒトを追い立てる現代社会の切迫感はどこからくるのか。「時間泥棒」の正体に肉迫する。

愛と執着の社会学　ペット・家畜・えづけ、そして生徒・愛人・夫婦
ましこ・ひでのり／著　●1700円

ヒトはなぜ愛したがるのか。愛着と執着をキーワードに動物としてのヒトの根源的本質を解剖する。

知の政治経済学　あたらしい知識社会学のための序説
ましこ・ひでのり／著　●3600円

疑似科学を動員した知的支配の政治経済学的構造を、社会言語学・障害学・沖縄学をもとに論じる。

幻想としての人種／民族／国民　「日本人という自画像」の知的水脈
ましこ・ひでのり／著　●1600円

ヒトは血統・文化・国籍等で区分可能であろうという虚構・幻想から解放されるための民族学入門。

あたらしい自画像　「知の護身術」としての社会学
ましこ・ひでのり／著　●1800円

現代という時空とはなにか？ 社会学という鏡をのぞきながら、自己像を描き直す。自己とはなにか？

日本人という自画像　イデオロギーとしての「日本」再考
ましこ・ひでのり／著　●2300円

アジア・国内少数派という鏡がうつしだす「日本」および多数派知識人の「整形された自画像」を活写する。

イデオロギーとしての日本　「国語」「日本史」の知識社会学
ましこ・ひでのり／著　●3400円

有史以来の連続性が自明視される「日本」という枠組みを「いま」「ここ」という視点から解体する。

たたかいの社会学　悲喜劇としての競争社会
ましこ・ひでのり／著　●2500円

傷ついた自分をみつめなおすために！ 「競争」のもつ悲喜劇にたえるための、心の予防ワクチン。

表示は本体価格

言語帝国主義　英語支配と英語教育

R・フィリプソン／著　平田雅博ほか／訳

●3800円

英語はいかにして世界を支配したのか。英語教育が果たしてきた役割とは？　論争の書、待望の邦訳。

ことばとセクシュアリティ

D・キャメロン＋D・クーリック／著　中村桃子ほか／訳

●2600円

「欲望の社会記号論」により権力構造下での抑圧、矛盾、沈黙をも取入れ、セクシュアリティと言語に迫る。

社会言語学のまなざし　シリーズ「知のまなざし」

佐野直子／著

●1600円

様々な「話すという事実」において、何がおきているのかを記述し、「ことば」の多様な姿を明らかにする。

日本語学のまなざし　シリーズ「知のまなざし」

安田敏朗／著

●1600円

日本語への問い。なぜ、「ことば」への過度の期待が持ちこまれるのか。「日本言語学」のための一冊。

コミュニケーション論のまなざし　シリーズ「知のまなざし」

小山亘／著

●1700円

コミュニケーションは単なる情報伝達ではなく、歴史・文化・社会の中で起こる出来事であることを示す。

社会学のまなざし　シリーズ「知のまなざし」

ましこ・ひでのり／著

●1700円

「社会学のまなざし」の基本構造を紹介し、それがつむじだすあらたな社会像を具体的に示していく。

ことば／権力／差別　言語権からみた情報弱者の解放

ましこ・ひでのり／編著

●2600円

現代標準日本語の支配的状況に疑問をもたない多数派日本人とその社会的基盤に知識社会学的検討を。

コロニアルな列島ニッポン　オキナワ／オホーツク／オガサワラが

ましこ・ひでのり／著　てらしだす植民地主義

●1700円

日米安保下、戦後日本は準植民地であり、沖縄などを植民地とする歴史的現実を社会学的視点から照射。

ゴジラ論ノート　怪獣論の知識社会学

ましこ・ひでのり／著

●1700円

映画ゴジラシリーズをめぐる言説から無自覚なナショナリズムや、ゆがんだ歴史意識を明らかにする。

表示は本体価格

戦時下のピジン中国語 「協和語」「兵隊支那語」など
桜井隆／著　●7500円

従軍記、回顧録、部隊史等も資料に取り入れ、言語接触のありさまや日中語ピジンの再構築を試みる。

帝国・国民・言語
平田雅博＋原聖／編　●2300円

帝国、国民国家の辺境における言語状況はどのように対応され、人々にいかなる影響をもたらしたのか。

多言語社会日本　その現状と課題
多言語化現象研究会／編　●2500円

「多言語化」をキーワードに、日本語・国語教育、母語教育、言語福祉、言語差別などをわかりやすく解説。

共生の内実　批判的社会言語学からの問いかけ
植田晃次＋山下仁／編著　●2500円

多文化「共生」の名のもとに何がおこなわれているのか。図式化され、消費される「共生」を救いだす試み。

「正しさ」への問い　批判的社会言語学の試み
野呂香代子＋山下仁／編著　●2800円

言語を取り巻く無批判に受容されている価値観、権威に保証された基準・規範を疑うことでみえるもの。

言語権の理論と実践
渋谷謙次郎＋小嶋勇／編著　●2600円

従来の言語権論の精緻な分析を通し、研究者と法曹実務家があらたな言語権論を展開する。

言語復興の未来と価値　理論的考察と事例研究
桂木隆夫＋ジョン・C・マーハ／編　●4000円

言語の多様性が平和をもたらす。マイノリティ言語復興ネットワークの可能性を理論的・実践的に展望。

危機言語へのまなざし　中国における言語多様性と言語政策
石剛／編　●2500円

多民族・多言語多文字社会である中国における「調和的言語生活の構築」とは、何を意味しているのか。

ことばの「やさしさ」とは何か　批判的社会言語学からのアプローチ
義永美央子＋山下仁／編　●2800円

言語研究において「やさしさ」とは如何に表れるかを批判的に捉え直し、新たな「やさしさ」を模索する。

表示は本体価格

ポストコロニアル国家と言語　フランス公用語国セネガルの言語と社会

砂野幸稔／著

●4800円

旧宗主国言語を公用語とするなかで、言語的多様性と社会の共同性はいかにして可能かをさぐる。

アフリカのことばと社会　多言語状況を生きるということ

梶茂樹＋砂野幸稔／編著

●6300円

サハラ以南14カ国の、ことばと社会をめぐる諸問題を論じ、アフリカ地域研究のあらたな視点を提示。

批判的談話研究とは何か

R・ヴォダック＋M・マイヤー／編

●3800円

談話への様々なアプローチと理論的背景を解説した、「社会的実践」としての談話を批判的に研究する。

言語戦争と言語政策

L＝J・カルヴェ／著　砂野幸稔ほか／訳

●3500円

言語を語ることの政治性と世界の多言語性がはらむ緊張をするどく描きだす社会言語学の「古典」。

言語学と植民地主義

L＝J・カルヴェ／著　砂野幸稔／訳

●3200円

没政治的多言語主義者や危機言語擁護派の対極に立ち、言語問題への徹底して政治的な視点を提示する。

ことばへの権利　言語権とはなにか

言語権研究会／編

●2200円

マイノリティ言語の地位は？　消えてゆくのは「自然」なのか。あたらしい権利への視点を語る。

言語学の戦後　田中克彦が語る①

田中克彦／著

●1800円

異端の言語学者が縦横に自己形成の軌跡を語り、現代の言語学をめぐる知的状況を照射する。

近代日本言語史再考　Ⅴ　ことばのとらえ方をめぐって

安田敏朗／著

●3600円

歴史的、そして現在も日本社会で「みえない」ものとされたことばを前提に「みる」側の構図をえがきだす。

「多言語社会」という幻想　近代日本語史再考Ⅳ

安田敏朗／著

●2400円

突然湧いてきたかのような「多言語社会」言説の問題を析出し、多言語性認識のあらたな方向を提起する。

表示は本体価格